张利国 常砚军 成方舟 ◎著

国企治理实战100问

GUOQI ZHILI SHIZHAN 100WEN

企业管理出版社
ENTERPRISE MANAGEMENT PUBLISHING HOUSE

图书在版编目（CIP）数据

国企治理实战100问 / 张利国，常砚军，成方舟著. —北京：企业管理出版社，2022.12

ISBN 978-7-5164-2757-6

Ⅰ. ①国… Ⅱ. ①张… ②常… ③成… Ⅲ. ①国有企业—企业管理—研究—中国 Ⅳ. ① F279.241

中国版本图书馆CIP数据核字（2022）第219555号

书　　名：国企治理实战100问
书　　号：ISBN 978-7-5164-2757-6
作　　者：张利国　常砚军　成方舟
责任编辑：徐金凤　黄　爽
出版发行：企业管理出版社
经　　销：新华书店
地　　址：北京市海淀区紫竹院南路17号　　邮　　编：100048
网　　址：http://www.emph.cn　　电子信箱：emph001@163.com
电　　话：编辑部（010）68701638　　发行部（010）68701816
印　　刷：北京虎彩文化传播有限公司
版　　次：2022年12月第1版
印　　次：2022年12月第1次印刷
开　　本：710mm × 1000mm　1/16
印　　张：28.5印张
字　　数：422千字
定　　价：98.00元

序　一

PREFACE

2016 年 10 月，习近平总书记在全国国有企业党的建设工作会议上提出了坚持“两个一以贯之”，明确要求建设现代企业制度，即中国特色现代国有企业制度。“特”就特在把党的领导融入公司治理各环节，把企业党组织内嵌到公司治理结构之中，明确和落实党组织在公司法人治理结构中的法定地位，做到组织落实、干部到位、职责明确、监督严格。

中国特色现代企业制度的提出，将国企治理机制健全完善提到了新的理论和实践高度。同时，鉴于国企治理机制内涵的丰富性和实践的复杂性，对于国有企业而言，持续完善并形成更加成熟、更加定型的国有企业治理机制面临较大的挑战。

一、内涵的丰富性

从历史视角看，国企治理机制历经国企经营市场化改革、产权清晰化改革，再到当前治理法治化改革，国企治理机制改革表象聚焦于国企法人治理机制改革，但本质上是经营市场化、产权清晰化和治理法治化综合的系统性机制改革；从结构视角看，区别于西方关注解决委托代理问题构建的“三会一层”治理主体架构，国企治理机制在强化党组织、董事会、经理层基础治理主体基础上，兼顾股东会、监事会、职代会支撑治理主体，形成了“五会一层”的治理主体架构；从内涵看，国企治理机制围绕“权责法定、权责透明、协调运转、有效制衡”等原则展开，突出强调依法治企的关键要求。

二、实践的挑战性

鉴于国企治理机制健全完善不可割裂的历史延续性，以及治理主体多元化复杂关系的有机融合要求，国有企业在具体推进实施治理机制深化改革过程中面临的挑战性显而易见。从纵向角度看，不仅涉及国资监管机制的配套改革，也涉及各级国有股东管控机制的同步转变；从横向角度看，不仅涉及党的领导与治理机制的有机统一，也涉及党组织作为领导主体、董事会作为决策主体、经理层作为执行主体权责分工和有效衔接的优化调整，还涉及经营层市场化机制改革的配套深化。而且，国企治理作为国有企业顶层管理机制，对国有企业内部制度机制的配套同步、优化调整也提出了更多、更深刻的要求。

中国特色现代企业制度指明了国企治理机制建设完善的总体方向。虽然阶段性深化改革面临的挑战和困难不小，但国有企业在国企治理机制改革“1+N”政策指引下，在国企改革三年行动的推动下，中央企业和地方国有企业践行改革要求，积累了丰富的实践经验，解决和回答了诸多难点和难题，形成了可供借鉴的中国式解决方案。

北京知本创业管理咨询有限公司（以下简称知本咨询）聚焦国企改革，践行为国企改革不遗余力提供智力支持的使命和责任，结合本公司的实践咨询案例和跟踪研究的优秀国企案例，形成了国企改革100问系列之《国企治理实战100问》，以期传播优秀经验方法，助力国企治理机制深化改革。

三、突出核心重点和难点问题

鉴于国企治理机制建立完善的复杂性，本书内容在关注国企治理机制覆盖面足够大的同时，更加聚焦关注国企改革实践过程中遇到的重点、难点及堵点问题。

由此，本书主要内容包括：一是对中国特色现代企业制度的核心要义进行了全方位的思考解析；二是重点围绕党的领导融入公司治理这一关键特色，国企董事会建设运行这一重要中枢，国企治理与管控优化这一突出矛盾，国企经理层市场化实施运行这一协同机制四大方面进行了问题的提出和解决方案的探讨；三是对国企职工民主参与公司治理和大监督体系再融合的现实要求进行了必要的探讨。

四、兼顾经验总结和前瞻探索

鉴于国企治理机制健全完善的长期性，本书涉及各个问题的解决方案主要以政策明确规定要求下国企实践经验的总结为主形成。在此基础上，对于政策尚未有明确指引而国企实践中面临的操作难点，本书也提出了诸多待思考的问题及对应可探讨的解决方案，根本的出发点在于，以政策为指导依据，通过总结传播国有企业创新性践行治理机制经验，为更加成熟、更加定型的中国特色现代企业制度注入更丰富的内涵，助力国有企业合规改革并实现更具活力、更高效率的高质量发展目标。

我们深知国企治理机制持续完善的系统性和重要性，并力求将我们总结的问题和解决方案贡献给广大国有企业朋友参考借鉴。本书涉及的内容范围可能仍不够全面，部分问题的解决方案可能仍不够深入，还有更多的难题仍需要持续思考并结合实践创新提出解决方案，但只要能让广大国有企业参阅时得到一定的启发或借鉴，我们都将备感荣幸。

中国特色现代企业制度仍将在不断实践中持续健全完善，我们也将持续跟踪研究和深入思考，并总结更多更优的具体解决方案贡献给广大国有企业。

张利国

知本咨询执行董事

序 二

PREFACE

2022 年是国企改革三年行动的收官之年，关注国企改革的朋友们非常关心未来国企改革的重点和新任务。党的二十大报告为大家提供了很好的指引，“完善中国特色现代企业制度”虽然在以前的政策文件中就已经多次提过，且在国企改革三年行动中更是一项重点推进的任务，但在五年一届的中国共产党全国代表大会的报告中尚属首次提出，可以预见在未来相当长的一段时间内，中国特色现代企业制度的完善将是国企改革优先级重点任务之一。

中国特色现代企业制度主要包括公司制股份制、分配制度、市场化用工制度、领导人员分类分层管理制度和公司治理机制，各项改革进展不一，快一点的像公司制改革已经基本完成，慢一点的还在持续推进与完善中。近年来公司治理方面大量政策法规、监管制度加快出台，广大国有企业如何根据改革要求，结合自身实际建立健全公司治理？治理举措又该如何转化为治理效能？

知本咨询作为聚焦国企改革的专业研究与咨询机构，在帮助广大国有企业建立健全公司治理制度的过程中，经常会为国企提供一些实务性很强的治理咨询建议或方案，其中相当一部分源于我们辅导国企治理改革落地实践的经验总结，也有一部分是我们为了更好地提升治理转化效能，主动预研、预判地提供的一些前瞻性、创造性建议。

无论是政策设计者还是改革实践者，普遍感受到国企治理改革远比其他单项国企改革难度要大。尽管经过多年的努力，已经取得了显著的进展，但距离更加成熟、定型和完善、有效还有不小的距离，这主要是因为国企治理本身是一套精密复杂的系统，落地实施又是一项综合性系统工程，而且还要在“两个一以贯之”原则要求下与更加广阔复杂的中国特色现代企业制度的其他改革有机融合、协同匹配。为此，知本咨询在提供治理建议或方案时，始终站在中国特色现代企业制度的全局高度，始终按照系统有机兼容、落地合理高效的原则服务客户。构思与撰写本书时，作者本着同样的原则，甄选100项落地实践中关注度很高的问题，从中国特色现代企业制度整体视角研究公司治理，重点聚焦党组织、董事会和经理层三个主线治理主体有效联动发挥关键作用的问题，并对中国特色治理监督提供一些合理化的落地建议。

知本咨询虽然是一个经济组织，但“知本人”有着强烈的社会责任担当意识，矢志要在推动中国国企改革的壮丽事业中竭尽所能地提供启发建议和咨询辅导，《国企治理实战100问》正是我们践行这一光荣使命的又一次努力，愿在中国国企治理现代化的伟大征程中贡献绵薄之力。

国企治理任重道远、意义重大！需要探索、研究和创新的问题很多，本书中的研究和总结难免有不足之处，敬请专家和读者批评指正！

知本咨询　常砚军

2022年冬　北京八大处

目录

CONTENTS

第 2 章
国企党建融入公司治理 / 69

第 3 章
国企董事会建设 / 143

第 5 章 国企经理层建设 / 345

第 6 章 国企职工参与民主管理 / 405

| 第 1 章 |

C H A P T E R 1

中国特色现代企业制度核心要义

第1问 如何全面准确理解中国特色现代企业制度的核心内涵？

中国国有企业正处在一股巨大的历史洪流当中，中国特色现代企业制度正在深刻改变着国企、民企的今天和明天。

究竟怎样才能清晰、客观、深入地理解“中国特色现代企业制度”呢？

我们需要“历史观”。

中国特色现代企业制度，是在中国国企改革的历史长河里逐渐形成并持续演化、更新迭代的产物，是国企成长的新阶段、新命题和新特征。

国企改革四十年的三大阶段

中华人民共和国国有企业的历史，到现在还不算太长，有七十多年。

回溯这七十多年，国企无论处于哪个历史时期，都没有间断过制度完善和体制机制建设；虽然各个历史时期的任务和重点不同，但方向是一致的，都在发展中不断追求更高、更远。

用一个简单的图就能说明，国企七十年能够清晰划分成四个阶段（见图 1-1）。而谈到国企作为企业的改革，要重点看四十年来的后三个阶段。

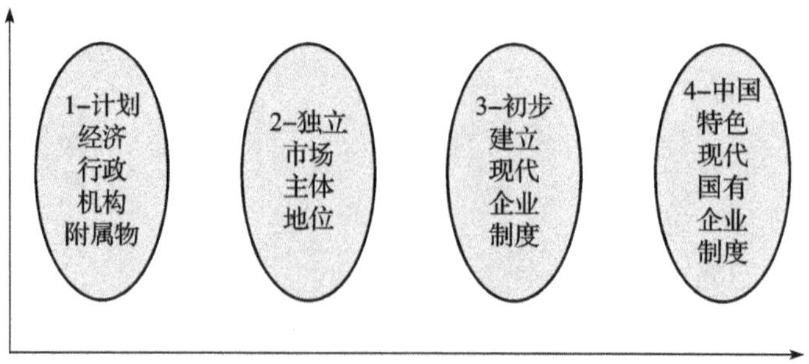

图 1-1 国企的四大阶段

在改革开放之前，中国国有企业（当时叫国营企业）都是在计划经济体制下，为了满足经济运行各方面的需要，作为国家行政机构的一个组成部分而存在和发展的。所以当时的企业归于电力部、石油部、交通部、机械工业部、纺织工业部等部委和地方同类行政机构领导。

1. 国企改革第一阶段：谋求独立市场主体地位

改革开放的第一阶段，国有企业初步从计划经济中走出来而开展的国企改革，我们总体称之为“建立独立市场主体地位”的改革。

从这个阶段开始，国有企业从计划指令当中释放出来，开始以市场需求为基础提供产品；国有企业负责人从行政级别当中释放出来，开始以经济价值衡量贡献。

这个阶段的企业，开始主动而不是被动地经营和管理。当时的一个概念直到今天仍有很多企业在提倡，那就是“五自经营”：自主经营、自负盈亏、自我发展、自我约束、自担风险。

1990—1995 年间，全国国企都在学习“邯钢经验”。“邯钢经验”的核心是“模拟市场核算，实行成本否决”，将成本与效益挂起钩来，将效益与分配挂起钩来，其本质是激发微观主体活力。这个案例对于今天的改革仍有借鉴价值。

第一阶段国企改革留给我们的不仅是历史的记忆，更多的是对当下国企解决微观问题的宝贵经验。今日国企之改革，需要踏在“建立独立市场主体地位”的台阶上，才能继续前行。

2. 国企改革第二阶段：初步建立现代企业制度

建立现代企业制度，是过去二十多年来中国国企改革的主旋律。

1993 年，党的十四届三中全会提出建立现代企业制度。到党的十五大又提出力争到 20 世纪末大多数国有大中型骨干企业初步建立现代企业制度的目标。

在中国建立现代企业制度的基本要求是什么呢？

要求是“十六个字”：产权清晰、权责明确、政企分开、管理科学。

这十六个字说明，现代企业制度就是要在企业产权清晰明确的基础上，充分实现政企分开条件下的企业微观独立经营和管理现代化。

正是因为有这“十六字”指导，在《中华人民共和国公司法》(以下简称《公司法》）制定和颁布后，大量的传统国营企业逐步改造为以有限责任公司和股份公司为主体的现代公司体制，中国资本市场迎来了3000多家上市公司。到2021年年末，中国国企基本完成了公司化改制的历史任务。

在建立现代企业制度的过程当中，随着2003年之后国资监管体制调整到位，国有企业进一步开始建立和完善法人治理结构，推进和规范董事会试点改革，这些改革都为国企进一步制度优化奠定了基础。

3. 国企改革第三阶段：中国特色现代企业制度

国企改革进入第三阶段，并非凭空而来，而是为了解决几个大问题：

第一，代表国家经济能力的国有企业，需要解决好长期以来在学习西方治理架构过程中，无形中党组织领导作用受到弱化的问题；

第二，源自西方的现代企业制度和公司治理模式和中国国企发展水平、特点不完全兼容的问题；

第三，国企快速成长为集团化、国际化、多元化大企业后，管理能力和管理体系不配套的问题。

所以，在2016年10月全国国有企业党的建设工作会议上提出了“两个一以贯之”，明确要求建设中国特色现代企业制度。

中国特色现代国有企业制度，“特”就特在把党的领导融入公司治理各环节，把企业党组织内嵌到公司治理结构之中，明确和落实党组织在公司法人治理结构中的法定地位，做到组织落实、干部到位、职责明确、监督严格。

中国特色现代企业制度，是要在已经初步形成的现代企业治理层面，吸取中国国企的特色要求和长期治理实践，形成一套真正可以为中国国企长期竞争力提升而设计实施的基本制度体系。

这个制度体系的核心是什么？

中央全面深化改革委员会第十七次会议审议通过的《关于中央企业党的领导融入公司治理的若干意见（试行）》提出了十六个字要求，要坚持“权责法定、权责透明、协调运转、有效制衡”的公司治理机制。

中国特色现代企业制度，仍然是在顶层设计和公司治理层面展开的改革实践，这个实践的核心是“法定”，实现的方式是“透明”，作用的机理是“协调”，建设的目标是“制衡”。

4. 中国国企改革的三级台阶

中国国有企业从谋求独立市场主体地位走来，面对建设中国特色现代企业制度的新阶段，先后经历了第一阶段经营市场化改革和第二阶段产权清晰化改革，正在开始第三阶段的治理法治化改革。

经营市场化，代表着第一阶段改革的中心目标，国企通过市场主体地位的明确和建立，找到了微观主体的活力激发点。

产权清晰化，代表着第二阶段改革的核心内容，国企通过现代公司制度和产权安排，找到了企业体制现代化的发力点。

治理法治化，代表着正在开始的中国特色现代企业制度改革的主要任务。法治化，就是要实现依法治企，依据《公司法》《中国共产党章程》（以下简称《党章》）等法律法规，制订《公司章程》等企业规章制度，有规矩、有清单，实现包括“五会一层”在内的中国现代国企治理协调运转，有效制衡。

从经营市场化、产权清晰化到治理法治化，是中国国有企业一步步实践和探索出来的改革发展道路。

这三个阶段是连续的、持续提升的，我们很难想象哪家企业可以超越历史的要求，直接飞跃到治理法治化的高级阶段。所以，建议每家企业都要系统全面审视本企业改革所处的阶段，本企业需要解决的问题是经营市场化，还是产权清晰化，还是治理法治化？需要针对性进行补课。

中国国企改革的第一级台阶，走了大致 15 年；

中国国企改革的第二级台阶，走了大致 25 年；

中国国企改革正在开始的第三级台阶，也必定需要时间来夯实、筑牢。

第2问

中国特色现代企业制度有哪些主要治理主体？

中国特色现代企业制度，是要在中国的国情下，为建设世界一流的中国企业提供理论保证、制度保证。这个特色制度下应该有哪些治理主体？它们如何协调、高效、有机运转？目前阶段要重点解决什么问题？

六大主体，两条主线，五会一层

实现中国企业理论自信、中国企业制度自信，具体的方法路径是什么呢？

在持续出台的国企改革政策中，已经逐渐清晰。

首先是加强党组织领导并融入公司治理。

2017年，国务院国资委印发《关于加快推进中央企业党建工作总体要求纳入公司章程有关事项的通知》，要求在公司章程中进一步明确党委（党组）在企业中的法定地位，推动中央企业集团全部完成“党建进章程”，同时全部实现党委（党组）书记、董事长“一肩挑”，全部落实党组织研究讨论作为公司决策重大事项的前置程序。

2020年年底，中央全面深化改革委员会第十七次会议审议通过《关于中央企业党的领导融入公司治理的若干意见（试行）》，明确了中央企业党委（党组）是党的组织体系的重要组成部分，发挥领导作用。

其次是强调改进国有企业职工民主参与管理的作用。

2020年年底，国务院国资委下发《关于印发〈国有企业公司章程制定管理办法〉的通知》，要求国有企业章程中专门划分出段落篇章对企业职工民主管理与劳动人事制度进行原则规范。

我们认为，通过持续的改革实践和理论探索，中国特色现代公司治理的主体架构基本清晰，那就是“六大治理主体”，从“三会一层”变为“五会一层”。

中国特色现代公司治理的六大治理主体是哪些呢？

这六大治理主体根据功能定位不同，可以进一步划分为三个基础治理主体和三个支撑治理主体。

党组织、董事会、经理层是基础治理主体，通过“领导—决策—执行”主链条推动国企成长发展。

股东会、监事会、职代会是支撑治理主体，分别从出资人角度、内外部监督角度、员工民主管理角度支撑国有企业健康持续。

这些治理主体的基本定位和功能是什么？

1. 领导—决策—执行主线治理

党组织是国企的领导核心，要突出领导作用，重点是突出“把方向、管大局、保落实”的功能。

董事会是国企的决策轴心，要强化决策作用，核心功能是“定战略、作决策、防风险”。

经理层是国企经营指挥中心，要持续加强执行作用，不断深入“谋经营、抓落实、强管理”。

从领导，到决策，到执行，党组织、董事会和经理层的主体功能已经确认和明确，基本实现了“权责法定、权责透明、协调运转、有效制衡”的要求。

2. 出资权利—内外监督—民主管理支撑治理

股东会作为全体股东讨论和审议企业重大事项的治理主体，要行使“按股投票、按资分配”等主要职责。

西方企业监事会主要是代表股东履行内部主要监督责任；而中国国有企业在监事会之外，监督体系还包括了审计、纪检监察等诸多部分。所以，我们要综合考虑监事会在国企治理中的具体定位，具备条件的国企也不拘泥于设立形式监事会，可由审计机构等其他监督主体替代发挥功能，重在治理体系内监督实效能够落地。

职代会是中国国企实行民主管理的基本形式的一个方面，核心功能是维护职工群众知情权、参与权、表达权、监督权。

六大治理主体的功能定位，如果继续总结，可能是图 1-2 的样子。

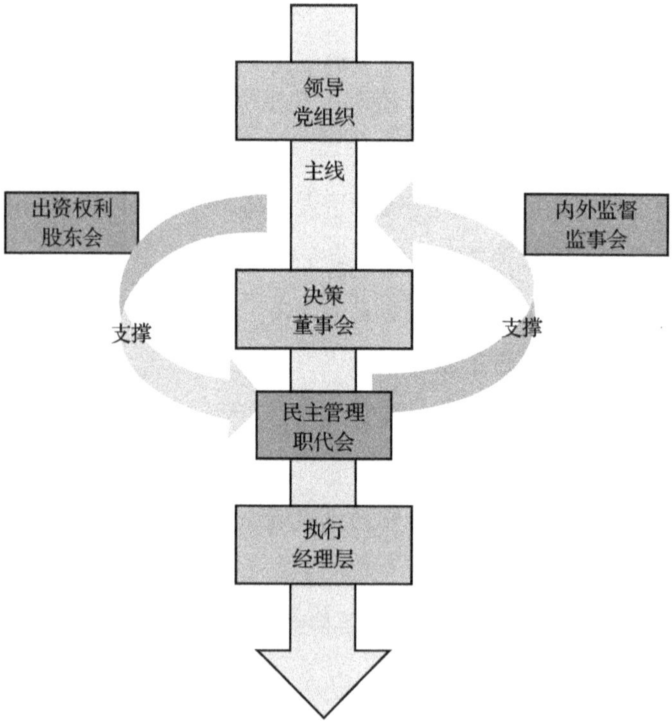

图 1-2　六项治理改革

六大治理主体核心改革任务

六大主体分别有哪些核心改革等待去探索、去突破?

1. 党组织领导：关键是法治化、程序化融入公司治理

《关于中央企业党的领导融入公司治理的若干意见（试行)》，进一步明确中央企业党委（党组）是党的组织体系重要组成部分，在公司治理结构中具有法定地位，我们认为就是要帮助以党组织前置研究清单为基础的法治化、程序化工具，推动党组织更好地融入公司治理体系，促进经营实践。

2. 董事会决策：核心是落实职权，提升决策能力

国有企业董事会从形式型升级为决策型，有大量的改革工作需要完成。董事会结构要完善充实，董事会决策能力要提高，董事履职能力要真正强化。

3. 经理层执行：中心是激发活力，保证行权履职

国有企业经理层要逐步和党委成员、董事会成员的组成差异化、职责差异化，通过任期制和契约化管理强化任期、考核和激励约束，通过推行职业经理人制度充分融入市场。

4. 股东会优化：力推国有股东管控方式升级

根据企业特点，从集团垂直管控模式向治理型管控方式转型升级，同时分层、分类开展授权放权，配合董事会做实做强。

5. 监事会放大：在新的条件下配合建立大监督体系

建立协调机制，推进出资人监督和纪检监察监督、巡视监督、审计监督、社会监督等统筹衔接，推动各类监督有机贯通、相互协调，提高监督效能。

6. 职代会健全：巩固和创新职工民主管理方式

落实职代会职权，建立参与民主管理事项清单，分类管理和保障国企职工知情权、参与权、表达权、监督权。真正形成有中国特色的企业和职工权责分明、共同促进、和谐民主的治理新格局。

中国特色现代企业制度的建设，必然是一个长期探索、长期实践、持续优化、迭代更新的过程。公司治理的改革作为这个历程中核心的制度建设内容，刚刚拉开帷幕，需要充分发挥基层创新的能力和魄力，围绕这六大治理主体的改革要求不断实践。

第3问

如何理解中国特色现代企业制度在国企改革三年行动中的地位?

国企改革三年行动是一件全国范围内国企的深刻系统变革。改革方案是针对全国国企情况的高度总结，也是对全国共性问题的系统描述。

改革方案解决全局，企业方案就必须根治个体。目前来看，最大的误区可能出现在如何将全国改革方案层层细化、个性化到企业微观主体的过程中。在这个“搭梯子”的阶段，一些地区、企业采用了学格式、套模板、抄文字的办法。

怎么走出这个认知误区？知本咨询认为有“三知”：知蓝图、知关键、知短板。

知蓝图：八大改革领域

国企改革三年行动的蓝图已经绘就，企业微观的改革是要在这个蓝图框架内设计和完成的。“实施国企改革三年行动推动国有企业改革发展有关情况政策例行吹风会”对这个蓝图进行了概括。

国企改革三年行动聚焦八个方面的重点任务。

一是要完善中国特色现代企业制度，坚持“两个一以贯之”，形成科学有效的公司治理机制；

二是推进国有资本布局优化和结构调整，聚焦主责主业，发展实体经济，推动高质量发展，提升国有资本配置效率；

三是积极稳妥深化混合所有制改革，促进各类所有制企业取长补短、共同发展；

四是要激发国有企业的活力，健全市场化经营机制，加大正向激励力度，也由此提高效率；

五是形成以管资本为主的国有资产监管体制，着力从监管理念、监管重点、监管方式、监管导向等多方位实现转变，进一步提高国资监管的系统性、针对性、有效性；

六是推动国有企业公平参与市场竞争，强化国有企业的市场主体地位，营造公开、公平、公正的市场环境；

七是推动一系列国企改革专项行动落实落地；

八是加强国有企业党的领导党的建设，推动党建工作与企业的生产经营深度融合。

知关键：四条改革主线

国企改革三年行动主要聚焦八大改革领域，近百项改革内容，如何确定每家企业的关键点呢？我们认为，这里面有“四条主线”：

一是治理与管控主线。从如何将党组织、各方股东、董事会、经理层、职代会各方治理融入一体，到集团组织向下授权放权，到集团总部去除行政机关化，到做实下属公司董事会，激发各级企业独立经营动能，这些内容都是治理与管控主线的改革核心，要放在一起。

二是产业与战略主线。国有资本要强调产业配置效率，减少同业无序竞争，实现资本有序进退；国有产业要强化产业布局，补链、强链、延链；国有企业要强力聚焦主责主业，实现市场化退出，科学展开投资，推动去虚向实。国企改革，在产业和战略上要实现强身健体。

三是产权与制度主线。深化混改和股权多元化改革，在关键的市场端实现股权市场化、管控市场化、激励市场化，做好混与改的平衡。要推动竞争类国有企业更深更广地展开市场化改革，国民共进，成为市场微观活力的发动机。

四是创新与激励主线。未来几年国企要充当创新的主力部队，通过改革大力强化创新体系构建，在关键领域突破卡脖子技术，用事实回应“国企难以创新”等错误观点。同时，在包括创新在内的各个经营管理领域内，用足、用好各类正向激励工具，激发人才、团队、企业的积极性。

国企改革三年行动，落实到企业层面，需要根据这四条主线的线索和内容，有机细化、组织本企业的改革施工图。

知短板：抓手和切口

国务院国有企业改革领导小组第五次会议指出，落实三年行动方案，要把握好“一个抓手、四个切口”。

“一个抓手”就是加强党的领导和完善公司治理相统一。

“四个切口”，一是提高效率，增强企业活力，形成更高质量的投入产出关系；二是狠抓创新，强化创新激励，在加快实现科技自立自强方面发挥支柱带动作用；三是化解风险，突出主责主业，压减企业管理层级，压实监管和股东责任；四是规范核算，在实行公益性业务分类核算、分类考核上取得重要成果，加快建立和完善国有经济统计指标体系和评价制度。

这里提到的抓手和切口，是从国家宏观角度提出的要求。对于每一个企业来讲，都要明确自己的改革切入点，找到改革工具的抓手。

在知、行、果三角逻辑里，知为前提。国企改革三年行动，真正知道、读懂、悟透、瞄准才能行之有力，果之累累。要知什么呢？那就是知蓝图、知关键、知短板，在此基础上一企一策，积极行动，方有始终。

第4问 中国特色现代企业制度建设有哪些核心层面工作？

在国企改革的历史进程中，建设完善中国特色现代企业制度，使之更加成熟定型，是一项战略性任务，全国的国有企业都要做好、做实、做透。

对于企业来说，实施落地是建设完善中国特色现代企业制度的基本工作。如何将上面所说的政策原则在本企业实实在在推动下去、坚持不懈，并且制度化、规范化，是一个必须完成的使命。

三层实施逻辑

中国特色现代企业制度的主线，大概可以分成三个层次来理解。

第一个层次，坚持和加强党的全面领导。坚持和加强党的全面领导是国有企业的光荣传统，也是国有企业的根和魂。这个根和魂的核心是四个坚持，坚持党要管党、从严治党，坚持服务生产经营不偏离，坚持健全选人用人机制，坚持加强国有企业的基层党组织建设。

第二个层次，完善法人治理结构。2017年《关于进一步完善国有企业法人治理结构的指导意见》指出，国有企业的法人治理结构应该是一个“产权清晰、权责明确、政企分开、管理科学”的现代制度，要使企业的各类法人主体责任到位，能够有效地履行职权，真正发挥治理作用。

第三个层次，激发经营层活力。对于国企来说，要保证选人用人机制市场化和激励约束机制的多样化、精准化。

党组织领导作用的三个方面

1. 正确理解“把、管、保”

党对国有企业的领导作用体现在哪些方面？我们的答案是政治领导、思想领导和组织领导这三个方面。党组织作为领导核心和政治核心，其功能体现在“把方向，管大局，保落实”。

党组织如何把方向？就是要在思想上政治上行动上与党中央保持一致，坚决贯彻党的理论和方针路线，确保国有企业坚持改革发展的正确方向。

党组织如何管大局？就是要在坚持大局意识的情况下进行行动，议大事，抓重点，加强集体领导，推进科学决策，履行经济责任、政治责任和社会责任，这就是国有企业的大局。

党组织如何保落实？保落实是对内的，一个国有企业的党组织要管干部，聚人才，带班子，建队伍，抓基层，打基础，领导群众并发挥其作用，聚心聚力，让所有的人为企业的中心工作来奋发图强；然后为了党中央的精神和上级部署的落实，不折不扣地推动促进落实。

2. 强化国企党组织领导作用三条途径

加强党对国有企业的领导，就是要在企业的决策、执行、监督各个环节，明确党的作用、工作方式，让党组织发挥作用的方式组织化、制度化和具体化。

途径 1：把党的领导和核心作用与其他治理主体的边界捋清楚，形成权责法定、权责透明、协调运转、有效制衡的局面。

途径 2：通过干部职工加强党的领导。在国有企业里要健全职工代表大会制度，在重大决策上充分听取职工的意见，通过坚持和完善职工参政议政的制度加强党在国有企业管理过程中的作用。

途径 3：强化党对国有企业干部的管理。要坚持党管干部的原则，党组织通过选拔任用具有某些特点的干部来强化对国有企业的管理。

3. 制定党组织前置研究事项清单

在具体经营决策事项当中，需要党组织在公司决策中发挥党的领导作用，前置程序的把关。在把握前置和决定事项上应当把握好以下两点：

第一，党组织有决定权的决策内容。决定权是指涉及党的建设、落实党中央的决策部署，企业重要人事任免类重大决策由党委研究决定。

第二，党组织有把关权的决策内容。涉及企业经营管理类“三重一大”事项，应由党组织进行前置研究讨论，然后将建议提交给董事会或经理层履行决策程序。

完善法人治理三大工程

董事会是公司的经营决策机构和治理中枢，抓好董事会建设是当前完善法人治理的主要切入点，应当围绕国有企业董事会“定战略、作决策、防风险”三个基本功能展开。董事会要做实做强，配齐配全，下一步建设应该干好三件事：

1. 优化董事会结构

政策已经非常明确，原则上国有企业要建立外部董事占多数的董事会，以确保董事会独立于任职企业、拥有独立的决策能力。要做到这一点，董事会结构就需要做更大的、更多元化的安排。

2. 推动科学决策

由于董事会召集时间的有限性，以及董事履职的有限性，为了做好这一点，我们建议董事会一定要“长腿”，就是董事会要通过增强专业委员会的能力让自己的决策有真正的能力。

3. 提升履职能力

董事履职能力的建设一直是难点问题、关键问题。这几年从国务院、国资委到地方国资监管部门，出台了很多关于董事会评价和董事履职能力评价的基本的框架性的政策，每一家国有企业在执行的过程当中都需要把这些政策根据自己的实际情况进行细化、落地、量化，这样董事履职能力提升才能有很大进步。

激活经营层

中国特色现代企业制度，第三个层面是充分激发经营团队的活力和潜力。

如何才能激活呢？知本咨询认为核心是把两件事情做好。

第一件事情是推行市场化的干部选人用人机制。要从原先的国有企业管理干部变成任期制、契约化的干部任用机制，符合条件的要进一步实行职业经理人制度，从而推进中国特色现代企业管理制度的市场化机制。

第二件事情是一企一策，充分授权放权。国有企业在业务执行当中，董事会要发挥决策作用，要成为治理中枢，要有一个很好的股东单位授权；董事会再根据企业情况将部分权利授给经营层行使，这样有效的授权机制也是推动经营层活力提升的重要部分。

建议国有企业的授权机制建设从用人权、分配权、财务权、投资权、经营权、规划权六个维度展开。

总体来看，中国特色现代企业制度是党在领导中国国有企业的改革发展的历程当中，经过多年的实践摸索出来的，是新阶段、新时代对国有企业管理体系、基本制度的总体概念。党组织领导、法人治理完善、经营层激活三个层面共同构成了中国特色现代企业制度的基本结构。

第5问 如何深入理解《国有企业公司章程制定管理办法》相关规定?

2020年年底，国务院国资委和国家财政部联合制定的《国有企业公司章程制定管理办法》正式公开发布。

这个文件的出台，虽然只是一个办法类的部门规章，但确实是对未来国企改革发展起到关键作用的重要政策之一。

公司章程为什么重要

建设现代企业制度，关键是实现依法治企。国企要“依法治企”，必须依哪些“法”？这些“法”有什么相互关系呢?

国有企业要实现依法治企，就要从上至下实现三层次政策合规、内容递进，其内容分别是国家法、企业规和内部制。居于第三层次的企业内部制度规范、流程大家都非常熟悉了，下面重点讲前两层。

1. 国家法

国企的长治久安，必须严格按照“三个基本大法”来确定法治建设的总体方向。

这“三个基本大法”就是《中国共产党章程》《公司法》和《企业国有资产法》。

党的章程确定了国有企业党组织要发挥把方向、管大局、保落实的基本作用，确定国有企业发展要坚定的政治方向。

《公司法》确定了建设现代企业必须建立的法人治理结构和内部运营基本框架。

《企业国有资产法》确定了国有企业资产监督管理的机制，确定了维护国有资产安全、防范国有资产流失的基本原则。

2. 企业规

三个国家大法是每个企业都适用的法治原则，那怎么样才能在企业个体上发挥作用？如何变为具象化、程序化、可执行的企业治理结构和原则呢？

这就必须要在企业层面制定一个基本规范，也可以称为“企业基本法”，这就是《公司章程》。如果是多元股东，可能还需要一个让所有股东都认可、遵守的契约文件，那就是《合资协议》。

《公司章程》在依法治企的体系里具有关键性作用。这个作用，我们初步称之为“公司治理基础设施”。

对于一家国有企业来说，《公司章程》里要明确党组织、股东或出资人、董事会、经理层的基本权责界限和相互关系，实际上就是搭建本企业治理的四梁八柱，构建一个长治久安、持续发挥作用的基础设施。

当我们明确了《公司章程》的法人治理基础设施作用后，就越发理解到本次出台面向全国国企的章程制定管理办法，其目标就是突出强调公司章程这个关键性公司文件的意义，要求每家企业都要对照这个办法对本企业的章程再次进行审视、优化，真正让章程成为中国特色现代企业制度落地的枢纽。

新章程有何不同

这次《国有企业公司章程制定管理办法》中规定的章程，与之前大家熟悉的公司章程有哪些关键不同呢？

总体来看，《国有企业公司章程制定管理办法》规定的新章程内容，是在《公司法》要求的章程内容基础上的进一步充实和完备。

《公司法》规定公司章程时，对总则、股东、股东会、董事会、经理层、监事会以及基本财务会计制度和解散清算等涉及公司生存发展的重要事项进行了规范。这个要求是对一家现代公司制企业的基本架构要求，无论国别、无论所有制，现代公司都要遵循。

《国有企业公司章程制定管理办法》提出，一家国企公司的章程要包括但不限于 11 项内容。详细观察比较这 11 项内容，相比《公司法》有两处重要新增，如表 1-1 所示。

表 1-1 《国有企业公司章程制定管理办法》新增部分

新增章程	主要内容
公司党组织	公司党组织条款应当按照《中国共产党章程》《中国共产党国有企业基层组织工作条例（试行）》等有关规定，写明党委（党组）或党支部（党总支）的职责权限、机构设置、运行机制等重要事项。明确党组织研究讨论是董事会、经理层决策重大问题的前置程序
职工民主管理与劳动人事制度	这个部分明确国企公司制企业开展职工民主管理的原则，体现职工权利，同时规定劳动人事制度，并维护职工合法权益

根据这个文件的规定，今后国企公司的章程要用明确的体例，规范地将党组织对于国有企业的领导作用制度化、程序化写入其中，这是党组织深度融入公司治理的核心体现。

本文件对于已经运用了近 30 年的《公司章程》进行了时代性的完善和创新，通过把党组织领导和发挥职工民主管理制度纳入章程这个关键性基础设施，实现了对中国特色现代企业制度在公司治理主体层面必须突出党的领导作用的清晰阐述，是重要理论和实践突破。

国企如何落实新章程

如何通过可行、可操作、可检验的改革推动本公司落实《国有企业公司章程制定管理办法》？

1. 科学定位“六大治理主体”

国企法人治理进入党委会、股东会、董事会、监事会、职代会和经理层共同参与治理的“五会一层”新时期。在这个过程中，合理把握每个治理主体的责权，不留空白、不失平衡，就显得十分重要。

2. 详细编制权责清单

要建设更为成熟定型的中国特色现代企业制度，就需要把治理概念变成流程编码，把主体定位量化为权责清单。要配套新章程落实，国有企业必须有一系列权责清单作为保障。

3. 合理配套相关机制

《国有企业公司章程制定管理办法》对中国特色现代企业制度的新章程内容进行了关键性规范，涉及国有企业法人治理基础设施的深化完善。进行章程条款的文字改变容易，但是据此推进一个完备的新治理体系，必须有更多机制配套才行。

第6问 多元股东国有企业“修改公司章程”会有哪些概念难题和操作难题？

混合所有制或者股权多元化企业，如何做到依法治企？

国有股东转变管理角色，如何做到有法可依？

从上到下，大家都要有一个共识，那就是要以“公司章程”为基础，构建企业长治久安的法治环境。

国家有法律，企业有规章。公司章程对所有股东有约束力，对企业基本方向有规范力，它是企业成长的宪法、基本法，它的制定和修订显得十分关键、十分必要。

对于公司章程在混改企业的地位和作用，国企改革政策已经有了明确的指向：“推动混合所有制企业深度转换经营机制，在股东充分协商基础上依法制定章程，切实维护各方股东的合法权益，严格落实董事会各项法定权利，支持对公司治理健全的国有相对控股混合所有制企业依法实施更加市场化的差异化管控。”

一个符合《公司法》要求的公司章程包括哪些内容呢？归纳一下，大致有十四章，也就是十四项主要内容：

（1）总则。主要是公司名称、经营范围之类。

（2）股东。列举公司股东信息，以及《公司法》赋予的、公司股东都需要承担的责任和享有的权利，比如不得撤回出资的义务，以及优先认购股权的权利等。

（3）注册资本。公司注册资本金额、投资比例、出资方式等。

（4）股权转让。规定诸如原股东优先认购等法定程序。

（5）股东会。《公司法》规定的股东会职权和决策流程。

（6）董事会。明确董事会结构，以及《公司法》规定的董事会权利。

（7）执行董事。规定在不设立董事会的公司里执行董事的权利。

（8）经营管理机构及经理。规定公司经营层的结构，特别是总经理的责、权、利。

（9）法定代表人。规定公司法人代表的法定权利和责任。

（10）监事会。规定监事会结构和监事会权利。

（11）监事。如果不设监事会的，可以由监事这一部分来代替。

（12）财务、会计。公司的财务会计制度和政策基本规定。

（13）解散和清算。按法律规定确定的相关程序。

（14）附则。

从整体看来，这十四项主题内容是对一家公司制企业基本治理结构和管理框架的法律原则性规定。

混改管控，或者是差异化管控，关键是规定国有股东在混改企业中具有哪些特有的权限边界，其他股东经过协商有哪些必须保证的自身权限。这些权限是股东层面的，并非混改合资企业层面的内容，在现有的公司章程文本结构里，基本找不到修改的位置。

怎么办呢？继续探究，进入章程修改第二层级。

章程的法律地位决定了它是一个对混改合资企业内部架构的约束文件，想要把关于各方股东的特有权限写进去，一是找不到位置，二是也不能越俎代庖。

如果要解决这个混改管控中的核心问题，就需要把焦点从章程上移开，转移到《投资协议》或者《合资协议》上。

混改企业也好，股权多元化企业也罢，都是多元股东的合资企业。在开展新公司的设立或者股权投资时，需要大家坐在一起商量，最终签订一个各方都同意的文件，这就是《投资协议》或者《合资协议》，我们简称“协议”。

协议的内容是天然的股东约定文件，能够非常详细地规定不同股东方在本次合资项目中的责、权、利。如果企业要混改，国有股东需要保留的管控权利和其他投资者需要保障的参与权利是可以明明白白写在这个文件当中的。

股权多元化企业的股东协议内容结构是什么样子的？我们用中国境内的中外合资企业投资协议做个样子。

中外合资企业的协议，一共有十一章：①合资企业基本情况；②投资金额和方式；③公司组建和审批；④投资各方权利和义务；⑤股权转让；⑥竞业禁止；⑦保密信息；⑧采购与销售；⑨董事会；⑩管理层结构；⑪劳动、税收、外汇。

如果将这十一章内容和公司章程的十四项内容比较一下，就能发现有一致重合的部分，包括董事会和内部管理结构等，这是大家协商同意的部分；也能发现有不少特有的部分，这些部分恰恰是我们在混改中讨论优化和修订的关键条款。

第一，投资各方的权利和义务。

在这个部分里，是真正需要混改企业各个股东进行深入协商的，特别是国有股东，要从核心战略考虑，从集团整体管控考虑，从国有企业监管要求考虑，确定在企业混改或者股权多元化之后，国有股东还必须保留哪些权限，哪些目前执行的纵向管控体系还有必要继续，哪些是放权给混改企业自行决策的。

第二，股权转让和竞业禁止。

股权转让的部分，涉及混改中国有股东和外部股东对于股权的基本处理约束。比如出现哪些情况，相关的股东可以单方转让股权或者禁止转让股权；出现哪些情况，混改参与股东的股权权利要发生变化等。

在竞业禁止内容里，要对参与混改企业的股东在集团里开展同类竞争性业务的权限进行明确约定。

第三，采购与销售。

采购与销售涉及混改企业未来与国有股东如何开展业务，以及是不是能够产生关联交易的重大基础问题。

一家企业集团的下属企业，通常或多或少有来自本集团的业务，要么构成收入来源，要么形成经营成本。在这家企业混改并引入外部投资者后，如何来开展和规范这样的关联交易呢？是不是会产生利益输送或者国资流失的担心呢？

这些问题需要在混改谈判中约定清楚，通过采购与销售的条款来确定混改企业怎么样和国有股东产生关联交易，公平合理、长治久安。

除了上面谈到的二个关键性条款的修订细化，还需要在董事会、管理层、劳动用工、规章制度等重点领域同步进行《公司法》和《合资协议》两个法律文件的完善。

第7问 如何正确将国有企业三年改革行动要求写进公司章程?

2021年6月24日，国务院国有企业改革领导小组召开将国企改革三年行动重点要求纳入公司章程等制度体系专题推进会，对这项工作进行了明确部署。

三年行动重点要求纳入公司章程等制度体系，应该如何操作?需要注意哪些问题?

公司章程有多重要

《公司法》规定:“设立公司必须依法制定公司章程。公司章程对公司、股东、董事、监事、高级管理人员具有约束力。”

可见，公司章程既是公司成立的基础，也是公司赖以生存的灵魂。

公司章程就是企业层面的“宪法”，是依法治企的基石。公司章程的所有内容规定，一旦签字盖章，出资人也好、股东也好、董监高也好，都需要心存敬畏、严加遵守。

三年行动要进章程的4类13个要点

国企改革三年行动是一张改革全景图，显然不能把每个细节全部装进公司章程，细节全部进入也和章程自身“宪法”定位不相符。

那么，哪些内容必须进章程呢?

根据本次推进会的部署，核心是四个方面的原则问题、方向问题，进一步细化为13个修订要点。

重点一：党组织领导融入公司治理。

如何把党的领导和公司治理融合，实现“权责法定、权责透明、协调运转、有效制衡”的治理效能最大化？关键是在公司章程中进一步明确三个基本事项。

功能定位：要明确党组织“把方向、管大局、保落实”的领导作用。

权责范围：要用本企业适用的党组织前置研究事项清单来规定党组织的权责范围。

前置程序：党组织前置研究的原则性和程序性要求要补充进来。

重点二：强化董事会建设。

国企改革三年行动中，对于加强董事会建设、落实董事会职权进行了若干重要规定，这里的重要原则问题都需要细化优化在公司章程之中。

董事会结构：需要将外部董事占多数的原则，规定到本企业章程中的董事会成员席位分配内容中。

董事会职权：将本企业落实董事会职权的工作结果写进公司章程，同时注意与党管干部原则相衔接。

董事会运行：章程中要明确董事会“定战略、作决策、防风险”的职责定位，并优化董事会管理相关规范和细则。

董事会授权：明确董事会对经理层的授权原则、管理机制、事项范围、权限条件。

重点三：健全市场化经营机制。

健全市场化经营机制是三年行动中的核心篇章之一。根据推进会部署，这个部分需要将三大内容有针对性地体现在公司章程中。

市场主体地位：公司章程中需要明确强化企业市场主体地位的基本原则。

任期制和契约化：要将规范任期管理、科学确定契约目标、刚性兑现薪酬、严格考核退出等四项基本原则纳入公司章程。

市场化激励约束：公司章程里要明确规定推行员工公开招聘、管理人员选聘竞聘、末等调整和不胜任退出，以及建立具有市场竞争力的关键核心人才薪酬分配制度、灵活开展多种方式的中长期激励等基本原则。

重点四：混改企业机制改革。

积极稳妥深化混合所有制企业改革，以“改机制”为核心。这中间有几点具体工作。

完善治理：通过公司章程规范各个治理主体责权利，切实维护各方股东权利。

转换机制：对于混改企业，要将落实董事会职权、推行经理层成员任期制和契约化管理或职业经理人制度、深化三项制度改革等重点改革要求写入公司章程。

差异管控：混改企业要将本企业的管控原则和授放权事项纳入公司章程，充分体现差异化管控的指导思想。

以上四大类，一共 13 个要点的要求，就是本次推进会明确规定全国国有企业都需要针对本企业章程进行优化的核心内容。

章程优化怎么实操落地

为了进一步帮助大家在实操中不遗不漏，将三年行动核心内容都用本企业章程固化下来，知本咨询提供了一个章程优化对比表，如表 1-2 所示。

表 1-2 章程优化对比

章程内容结构	三年行动优化内容要点	注意事项
总则	8. 市场主体地位	
经营宗旨、范围和期限		
出资人机构或股东、股东会（包括股东大会）	11. 混改企业完善治理，明确股东责权利	章程和合资协议同步修改
公司党组织	1. 党组织功能定位；2. 党组织权责范围；3. 党组织前置研究程序规定	

续表

章程内容结构	三年行动优化内容要点	注意事项
董事会	4. 董事会结构；5. 董事会职权；6. 董事会运行；7. 董事会授权；12-1. 混改企业落实董事会职权；13. 混改企业差异管控	
经理层	9. 任期制和契约化管理；12-2. 混改企业经理层任期制和契约化、职业经理人制度	
监事会（监事）		要同步规定与其他监督体系的关系
职工民主管理与劳动人事制度	10. 市场化激励约束；12-3. 混改企业深化三项制度改革	
财务、会计、审计与法律顾问制度		
合并、分立、解散和清算		
附则		

广大国企在实操过程中，可以对照上述表格，将四大类13项三年行动的要求纳入章程内容，增补进国有企业章程的相关章节，做到前后衔接一致。

第8问 国企法人治理政策文件的历史脉络是什么样的？

1993年11月，党的十四届三中全会上首次正式提出建立产权清晰、权责明确、政企分开、管理科学的现代企业制度，但尚未单独点出公司法人治理。同年12月，为公司法人治理提供法律保障的《公司法》完成立法。

1999年9月，党的十五届四中全会审议通过了一个全会级别的国企改革专题决议——《中共中央关于国有企业改革和发展若干重大问题的决定》，提出建立现代企业制度是国有企业改革的方向，对国有大中型企业实行规范的公司制改革，建立健全法人治理结构。公司“法人治理”概念首次高规格提出。

2000年3月，国务院制定《国有企业监事会暂行条例》，对国有重点大型企业监事会建设提出规范。同年8月，国家经贸委制定的《国有大中型企业建立现代企业制度和加强管理的基本规范（试行）》用158个字对建立规范的法人治理结构提出了原则性要求，主要是依照《公司法》明确“三会一层”的职责，充分发挥董事会对重大问题统一决策和选聘经营者的作用。

2003年10月，党的十六届三中全会再次强调，要建立健全国有资产管理和监督体制，深化国有企业改革，完善公司法人治理结构，加快推进和完善垄断行业改革。

2004年6月，国务院国资委针对大型中央企业开展国有独资公司建立和完善董事会试点工作制定了《关于国有独资公司董事会建设的指导意见（试行）》。

2006年3月，国务院国资委制定了《国有独资公司董事会试点企业职工董事管理办法（试行）》。

2007年8月，国务院国资委制定了《中央企业职工代表大会制度的指导意见》。

2008 年 10 月，全国人大常委会制定《中华人民共和国企业国有资产法》，规定了履行出资人职责机构的权利，要求国家出资企业应当依法建立和完善法人治理结构。

2009 年 4 月，国务院国资委制定了《董事会试点中央企业董事会规范运作暂行办法》和《董事会试点中央企业职工董事履行职责管理办法》，11 月制定了《董事会试点中央企业专职外部董事管理办法（试行）》。

2010 年 7 月，中央办公厅、国务院办公厅为廉政建设和规范决策，制定了《关于进一步推进国有企业贯彻落实“三重一大”决策制度的意见》。

2013 年 11 月，党的十八届三中全会开启新时代全面深化改革进程，通过了《中共中央关于全面深化改革若干重大问题的决定》，要求推动国有企业完善现代企业制度，健全协调运转、有效制衡的公司法人治理结构，鼓励有条件的私营企业建立现代企业制度。

2015 年 8 月，《中共中央国务院关于深化国企改革的指导意见》（中发〔2015〕22 号）正式公布，这是新时代指导和推进国有企业改革的纲领性文件，属于新时代国企改革“1+N”政策体系的 1 号文件。这个文件对“健全公司法人治理结构”提出了较为详细的指导意见，强调了重点是推进董事会建设，建立健全权责对等、运转协调、有效制衡的决策执行监督机制。同年 9 月，《国务院关于国有企业发展混合所有制经济的意见》（国发〔2015〕54 号）发布，在混改的改革出发点和落脚点中明确指出，要通过深化国企混改，推动完善现代企业制度，形成定位清晰、权责对等、运转协调、制衡有效的法人治理结构。

2017 年，《国务院办公厅关于进一步完善国有企业法人治理结构的指导意见》（国办发〔2017〕36 号）正式发布，以该文件为“1”的国企法人治理机制“1+N”政策体系持续健全完善，为国企法人治理机制深化改革奠定了重要基础。

第9问 如何理解国企法人治理文件总纲“36号文”的核心要义？

2017年4月，国务院办公厅发布了《国务院办公厅关于进一步完善国有企业法人治理结构的指导意见》（国办发〔2017〕36号，以下简称36号文），为进一步健全各司其职、各负其责、协调运转、有效制衡的国有企业法人治理结构提出了纲领性意见。

36号文是新时代国企法人治理体系的核心纲领性文件

回顾此前法人治理的有关政策规定，不难发现36号文至少创下了五个“首次”：

首次面向除金融、文化等一贯特殊的国企之外的全部国有企业制定法人治理专项指导意见；

首次在一份文件中将中国特色的六大法人治理主体及各自的治理地位、主要权责和建设要求讲清楚；

首次在国家级政策文件中明确公司章程在企业治理中发挥基础作用；

首次将完善国企法人治理结构提升到国家治理体系和治理能力现代化的高度；

首次在国家级国企改革政策文件中将依法治企作为法人治理必须坚持的原则之一。

作为新时代国企法人治理的核心纲领性文件，36号文为新时代国企法人治理体系擘画了四梁八柱，后面陆续发布的多项配套或协同政策文件在36号文的框架下叠床架屋，共同实现国企法人治理政策文件体系的纲举目张。

图1-3可以大致勾勒出新时代法人治理体系内的文件关系。

图 1-3　新时代国企法人治理政策文件体系

36 号文对“法人治理”的总体要求

1. 问题导向、精准施策

问题诊断：部分企业尚未形成有效的法人治理结构。

问题表现：权责不清、约束不够、缺乏制衡。

对策目标：健全法人治理结构、打造四自市场主体。

对策要点：各司其职、各负其责、协调运转、有效制衡。

改革原则：坚持深改、党的领导、依法治企、权责对等。

2. 顶层设计、系统解决

中国特色的国企法人治理在借鉴西方经验的基础上，根据中国自己的情况进一步内嵌了领导主体（党委或党组），扩大了监督主体（监事会之外通过职工代表大会进一步强化职工民主监督，以及外部审计、监察、巡视和社会监督），以 36 号文为标志，正式设计形成了定位较为清晰、体系基本成熟的六大治理主体架构（见图 1-4）。

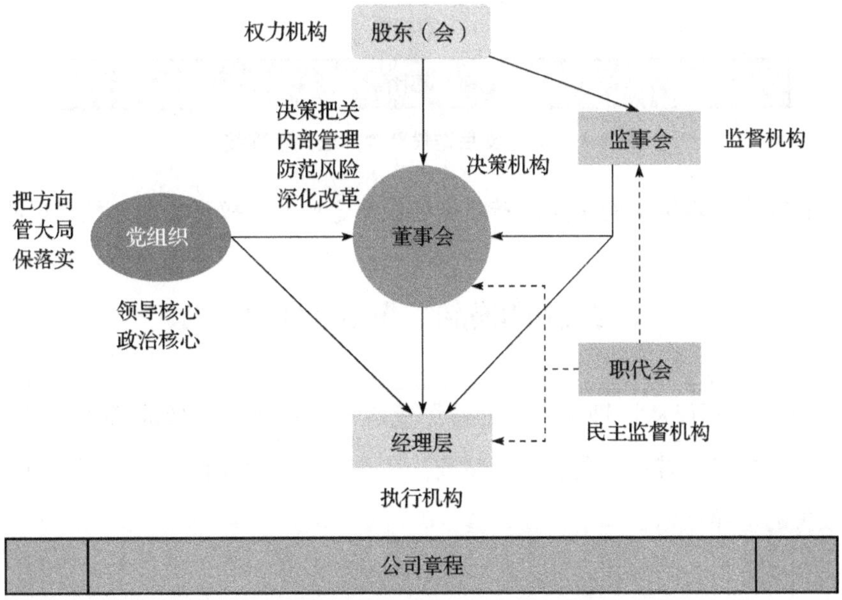

图 1-4　36 号文下的法人治理结构

抚今追昔，在36号文完成中国特色国企法人治理整体体系和架构设计以来，经过四年多的落地建设和实践反馈，通过进一步强调党的全面领导，按照“两个一以贯之”的原则将党的领导有机融入公司治理后，各治理主体在“各司其职、各负其责”的基础上更好地实现了“协调运转、有效制衡”，形成了定位更加精准清晰、职责更加明确到位、体系更加成熟定型的六大治理主体架构（见图1-5）。

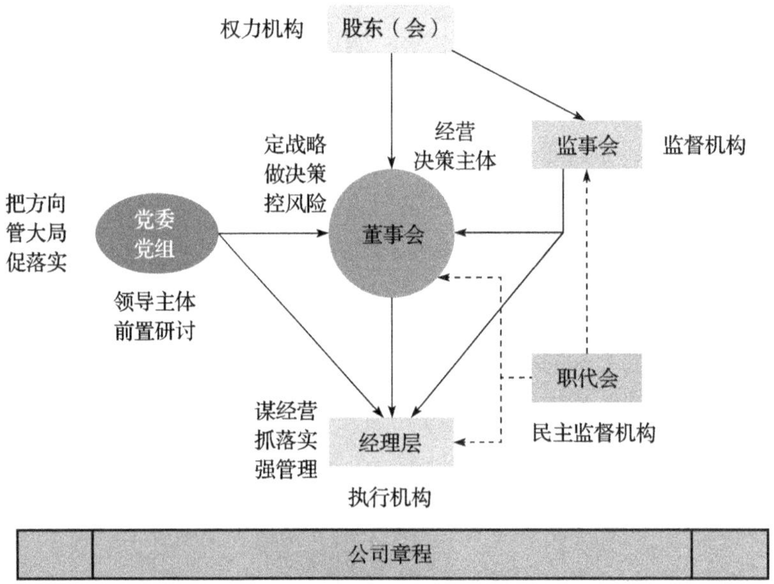

图1-5 36号文后迭代至今的法人治理结构

目前进一步优化的重点已转向更加成熟定型的“权责法定、权责透明”。

36号文精准施策、规范治理的意见

36号文不仅从治理体系方面总结完成了顶层设计，如前所述，还在较为具体的重点、难点问题上诊断精确，在一份纲领性文件中给出了尽可能有的放矢的指导意见。

厘清治理主体权责，解决权责不清问题

36 号文对六大治理主体的功能定位和主体权责分别进行了厘清界定，功能定位方面，前述六大治理主体架构图已经直观反映。主体权责方面，36 号文着墨很多，很清晰，此处无须赘述，只强调三点：

第一，出资人（股东）应当依照法律法规和公司章程规定的职权行使治理职权，除此之外，不得干预依法自主经营、自负盈亏、自担风险、自我约束、自我发展的市场主体的自主经营活动。

第二，要“依法落实和维护董事会行使重大决策、选人用人、薪酬分配等权利，增强董事会的独立性和权威性”。

第三，要“建立规范的经理层授权管理制度”。

建立健全约束机制，解决约束不够问题

在有效的法人治理结构下，各治理主体既要按照各自定位和权责积极地行权履责，又要在制衡和协调的动态平衡中恰当地履职尽责。36 号文在建立健全约束机制方面亮点纷呈。

1. 用依法治企的举措约束各治理主体，使其不越位、不缺位、不错位

36 号文对于公司章程赋予了更高的地位和更权威的作用，提出“健全以公司章程为核心的企业制度体系，充分发挥公司章程在企业治理中的基础作用”，强调“以公司章程为行为准则，规范权责定位和行权方式”。

然后要求各治理主体“依照法律法规和公司章程……强化权利责任对等，保障有效履职”。

对于（控股）股东要求“法无授权……不得干预企业正常生产经营活动”，“主要依据股权份额通过参加股东会议……与其他股东协商做出决议等方式履行职责，除法律法规或公司章程另有规定外，不得干预企业自主经营活动”。

对一级企业的国家出资人机构也要“依据法律法规和公司章程规定行使股东权利、履行股东义务，有关监管内容应依法纳入公司章程……研究提出出资人机构审批事项清单”。

2. 构建权责对等的终身追责约束机制

是否作为？作为成效如何？36号文强调要通过“完善履职评价和责任追究机制，对失职、渎职行为严格追责，建立决策、执行和监督环节的终身责任追究制度”，以形成刚性约束。

3. 通过权责配置建立管控“委托—代理”冲突的约束机制

36号文主张对两层“委托—代理”关系均实行事前委托方选聘代理方、事中事后代理方向委托方报告并接受委托方的审核、考评和奖惩（结果或影响续聘）。

委托方股东（会）要“通过委派或更换董事、监事（不含职工代表），审核批准董事会、监事会年度工作报告，批准公司财务预决算、利润分配方案等方式，对董事会、监事会以及董事、监事的履职情况进行评价和监督”。

一次代理受托方董事会要“落实董事会年度工作报告制度”，应“建立规范透明的重大事项信息公开和对外披露制度……建立董事会决议跟踪落实及后评估制度”。

二次代理委托方董事会要“行使……选人用人、薪酬分配等权利”；董事会对经理层要“建立董事会决议跟踪落实”制度，“积极探索董事会通过差额方式选聘经理层成员”。

二次代理受托方总经理要“向董事会报告工作，董事会闭会期间向董事长报告工作”。

4. 通过利益挂钩形成理性经济人的约束机制

36号文强调要通过“对经理层成员实行与选任方式相匹配、与企业功能性质相适应、与经营业绩相挂钩的差异化薪酬分配制度”和“探索完善中长期激励机制”，以形成强烈的经济利益捆绑性约束。

36号文还主张通过“国有独资公司经理层逐步实行任期制和契约化管理……有序推进职业经理人制度建设”，指出通过任期制和契约化管理或职业经理人制度有利于建立起新型经营责任制，鼓励以经营业绩考核结果联动任期、岗位和薪酬的变动，形成有效的激励约束机制。

多措并举强化制衡，解决缺乏制衡问题

前述约束机制的建立健全，有利于促进自我控制和“委托—代理”关系中的制衡。法定监督机构监事会的设置自然会从治理结构上形成制衡，大家都懂，不再赘述。除此之外，36 号文还提出了若干制衡举措：

1. 将党组织作为治理主体，从架构上强化了治理制衡

36 号文强调使党组织成为企业法人治理结构的有机组成部分，为解决“内部人控制”问题提供了有效制衡途径。党组织一方面通过思想领导引导企业领导人员正确看待自身的角色定位，积极投身国企改革发展事业；另一方面，通过双向进入、交叉任职方式，及时把“对党忠诚、勇于创新、治企有方、兴企有为、清正廉洁”的同志选拔到国有企业领导岗位上来，坚决贯彻党的主张，防止国有企业在市场经济中被异化侵蚀，保持其“国企为国”的本色。

2. 重要领导职务分设制衡

36 号文规定“国有独资、全资公司的董事长、总经理原则上分设”，以有利于决策和执行的制衡。

3. 将职代会作为民主监督的治理主体加入治理架构

36 号文主张通过“健全以职工代表大会为基本形式的企业民主管理制度，支持和保证职工代表大会依法行使职权，加强职工民主管理与监督，维护职工合法权益。国有独资、全资公司的董事会、监事会中须有职工董事和职工监事”，以有利于在社会主义中国的国有企业中加入职工民主监督制衡。

4. 外部人员制衡

36 号文有关外部董事、外派监事和出资人机构委派国有独资公司总会计师等规定，有利于对“内部人”形成一定程度的制衡。

5. 机制制衡

36号文指出，“建立董事会决议……后评估制度”有利于促进董事会积极履职、科学决策和合理风控。

“建立决策、执行和监督环节的终身责任追究制度”有助于促进履行治理职务行为的个人积极、稳妥地履职行权。

36号文作为新时代完善国企法人治理的核心纲领性文件对加快规范和完善法人治理产生了巨大的推动作用，需要全面深入理解。

第10问 党委、国有股东、董事会、经理层“权责清单”制定原则是什么？

伴随国企改革，在推动中国特色现代企业制度实践落地过程中，有一项工作非常重要，它主要涉及两个方面、四个主体：

其一，把加强党的领导和完善公司治理统一起来，加快建立权责法定、权责透明、协调运转、有效制衡的公司治理机制。

其二，国有企业党委（党组）把方向、管大局、保落实，董事会定战略、作决策、防风险，经理层谋经营、抓落实、强管理，各治理主体不缺位、不越位，不相互替代、不各自为政。

基本要求已经非常明确，需要进一步解决的是如何在国企治理体系优化细化的实操中把上述政策整体要求和企业具体治理结构及日常决策运营事项有机结合，使得党委（党组）、国有股东、董事会、经理层真正功能到位，实效明显。

有没有什么更科学、更具象、更落地的管理工具能给这个中心任务保驾护航呢？有的，这就是“权责清单”。

具体来说，包括：《党委前置研究清单》《国有股东授权清单》《董事会决策事项清单》《经理层经营权限清单》等。

“三会一层”功能再透视

要想把上述“四大权责清单”搞明白，就需要先对相关治理主体的功能和定位有系统把握。

在单体国企内部，大家对于三会一层的分工和落地已经有了较为明确的认识。在国企集团内部，由于有母公司的治理体系和管控机制，使得单体下属企业决策不能单独进行，而是必须与母公司股东战略意图保持一致。在此环境下，国企治理决策体系涉及的主体就更多了。国企治理环境和主体关系如图 1-6 所示。

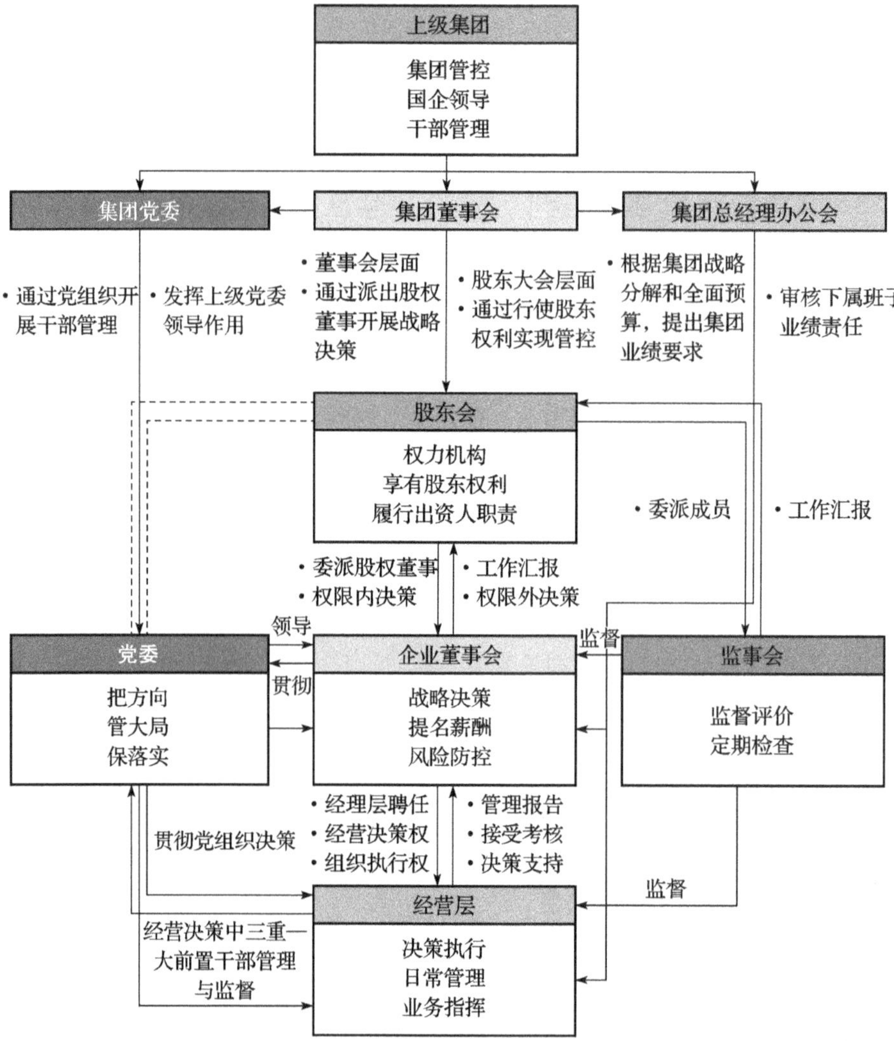

图 1-6　国企治理环境和主体关系

这张图，基本把现实管理中一家集团中的国企治理环境和主体关系用“三个横”“三个竖”“三个坐标”总结出来了。

三个横。这第一横，清晰地看到是国企母公司的决策和管控组织；第二横，是国企自身的决策组织；第三横，是国企日常经营管理组织，由企业经理层牵头。

三个竖。第一竖，就是母公司党委与本企业党委的垂直领导；第二竖，是母公司通过股东会、董事会对于本企业经营层的决策传导；第三竖，是在日常经营中，母公司的经理层和职能层对于本企业经理层和职能体系的指导协调，这一竖也构成集团职能管控的主要部分。

三个坐标。治理的核心议题之一是把党组织、董事会、经理层三大主体功能作用界定明确，关键是把领导作用、决策作用、执行作用区分清楚：

党委——领导作用：把方向、管大局、保落实。

董事会——决策作用：定战略、作决策、防风险。

经理层——执行作用：谋经营、抓落实、强管理。

"党委决策前置事项清单"制定原则

企业重大决策事项在提交董事会讨论之前，需要在党委先行讨论，形成一致意见后交董事会。这一点不仅是政策原则，也已经成为所有国企决策的基本流程。

制定《党委决策前置问题清单》是关键中的关键。怎么梳理确定哪些问题需要进入清单呢？

我们要明确党委组织权限是分成两种的：

（1）决定权。这是指在特定几个方面，党委的意见是决定性的。具体来讲，涉及党的建设、落实党中央决策部署、企业重要人事任免等重大决策由党委研究决定。

（2）把关权。这是指对于其他"三重一大"问题，党委的研究结论是提供讨论的。对于依据法律法规、监管机构要求和企业管控模式，应由董事会、经理层决定的重大经营管理事项，需由党委前置研究讨论。

一个完整的《党委决策前置问题清单》，将包括决定的部分和把关的部分两种，国企要划分前述特定方面和"三重一大"问题，分别确定。

“国有股东授权清单”制定原则

国企，特别是混改和股权多元化的国有企业，需要制定《国有股东授权清单》。

首先，对于已经有多元股东的国企来说，控股的国有母公司只是其中一家占股比较大的股东；如果直接给控股企业的董事会进行所谓“授权”，就忽视了中小股东的权利，也越过了股东会法律边界。

其次，国有股东的授权，一般是允许下属企业直接决策特定的事项。从法人治理的逻辑来说，下属企业该类决策很多是通过本企业董事会决策的。国有股东不能直接给股权多元化的董事会授权，只能给下属企业董事会里本方派出的董事们进行授权，让他们在董事会决策过程中代表国有股东发表意见。

所以，《国有股东授权清单》是国有股东给派出董事授权，授权他们在清单事项范围内，直接组织和参与本人任职的国企董事会决策过程，以缩短决策流程，真正做实董事会。

“董事会决策事项清单”制定原则

《董事会决策事项清单》描述的是董事会应该负责对哪些事情有决策权。完成这些清单事项的梳理，要从三个角度并行展开。

第一个角度：依法。

需要在满足《公司法》基本要求的基础上再进行完善补充。

《公司法》规定的董事会决策事项包括11项。

第二个角度：依规。

在相关国企改革的政策中，关于做实董事会、落实董事会职权等部分，需要把这些董事会行权的具体政策要求事项逐一明确。

第三个角度：依理。

依理，就是要从董事会在企业法人治理中的角色定位来明确其决策范围。

董事会作为公司决策中心，主要功能是定战略、作决策、防风险。所以，在重大战略事项、公司“三重一大”决策事项、重要风险控制事项等方面，需要根据每个企业的实际情况，明确本企业董事会的权责边界。

“经理层经营权限清单”制定原则

《公司法》规定的经理层职权包括八项。

在公司法八项职权中，最后一项是比较重要的部分。对于董事会授予的其他职权，需要每家企业在确定董事会职权时，以及国有股东在给派出董事授权时，进行综合评估确定。

经理层成员的核心职责是落实和执行董事会的决议，接受和完成董事会制定的绩效考核综合目标，同时主持并负责日常经营管理各项事宜，并依规享有职权。

《经理层经营权限清单》需要根据以上基本原则，与《董事会决策事项清单》一并确定。

以上是党委、国有股东、董事会、经理层几个治理主体“权责清单”在实践落地过程中需要关注和思考的基本问题，“权责法定、权责透明、协调运转、有效制衡”也会随着这些清单的完善更深入地贯彻到企业治理体系设计当中去。

第11问 党委会、董事会、总经理办公会权责如何有效衔接？

国企党委会、董事会、经理办公会，作为参与公司治理的三大集体决策环节，经常面临一些类似的问题：

什么时候经理办公会自己做决定就可以了？

什么时候要党委前置研究之后，再由经理办公会讨论落实？

什么时候党委会、董事会、经理办公会一个都不能少？这个会议顺序谁先谁后呢？

2022年3月30日，国务院国企改革领导小组召开完善公司治理机制、提升运转质量效能专题推进会（我们简称“治理专题会”），提出了明确的要求：

“党组织、董事会、经理层各自的权责清单，要把权责边界和内容界定清楚；同时，不同类型的清单相互之间也要有效衔接。”

无论从实践的问题出发，还是从政策的要求来看，我们现在要解决的，就是打通“党、董、经”三大治理主体在管理决策中的神经脉络，既搞清楚这三个子系统的逻辑，也要把它们的管辖边界、交叉重合、流转顺序全部界定清楚。

具体怎么做到呢？

不只是要数学统计，还需要画图，画结构图，画施工图！

1. 治理主体决策关系图

党委会、董事会、经理办公会作为国企重大事项决策的议事组织，相关议事讨论事项的关系，画一张“治理主体决策关系图”就基本说明白了（见图1-7）。

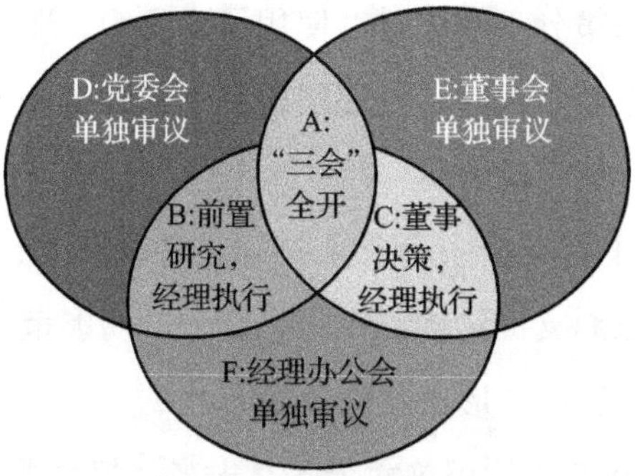

图 1-7　治理主体决策关系

这张图的结构非常简单，总结起来叫作"三个圈六个区"。

先画三个圈，示意一个范围和边界，用它们分别代表需要党委会审议的事项范围（图左侧），需要董事会审议事项范围（图右侧），以及需要总经理办公会审议的事项范围。

这三个圈的位置应该是什么样子的？

我们这张决策关系图已经做了解答，它们三圈交错，互相衔接，互相支撑，有部分重合，也有各自独立的部分。一眼看去，有点像奥运五环的样子，只不过拿走了两个而已。这样才能体现出协调运转、有效制衡的效果。

如果这三个圈的边界位置没有把握好，就可能陷入一些企业的实操误区。

比如，有的公司把大量的决策事情都一股脑写进了党组织前置研究事项清单，所有的事情都先开个党委会形成意见，请党组织大包大揽，这时三个圈就可能变成下面的样子（见图 1-8）。

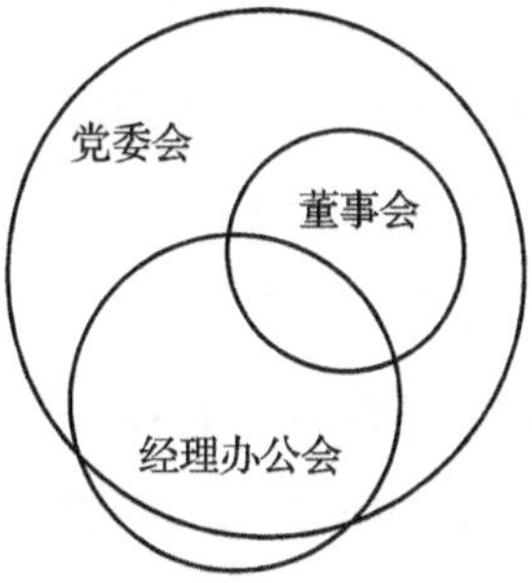

图 1-8　治理主体决策关系实操误区

显然，这样的决策分工结构过度使用了党组织，弱化了董事会的决策功能，也在很大程度上越俎代庖了经理层应该承担的责任，所以，我们要从底层结构上进行规范，加以避免。

那么，怎么样才能产生一个三角拉开，各自独立，合力支撑的三圈结构呢？那就需要把三圈支撑结构当中每个部分的功能范围都搞清楚，一一排列，划定责任区域，这就会形成“六个区”。

我们用字母 A 到 E 来标识这六个区。先来一起熟悉一下：

A 区：这个区域的审议事项，需要经过党委前置研究、总经理办公会审议，董事会决策三个流程；

B 区：这个区域的审议事项，是先经过党委会研究，再直接交由经理层执行和具体落实的；

C 区：这个区域的审议事项，无须经过党委前置研究，由董事会决策，并由经理层落实；

D 区：这个范围是党委会单独审议事项；

E 区：这是董事会单独审议事项的区域；

F 区：这是总经理办公会自行审议决定的事项区域。

让我们回头再看图 1-6，三个圈、六个区的基本划分，能够实实在在将党委会、董事会、经理层审议决策范围支撑起来。下面我们要继续细化的工作，就是要结合每家公司的实际情况，把每个区的细节内容填充上去，确保不重不漏，相互平衡。

2. 六区职能填充

为了让党委前置研究清单、董事会权限清单、经理层权责清单的关系梳理更为具体，知本咨询建议首先从现有的权限表开始，结合各个业务和管理事项，针对上面治理关系图中的六个区，一一进行判断和填充。

A 区：哪些事情需要“三会”全开？

2019 年末颁布的《中国共产党国有企业基层组织工作条例（试行）》（以下简称《国有企业基层组织工作条例》），规定了 6 大类党委前置研究事项；2021 年颁布的《中央企业党委（党组）前置研究讨论重大经营事项清单示范文本（试行）》（以下简称《示范文本》），进一步将其细化为 17 细项。因此，对于党委前置研究的基本事项范围，各个企业想必已经比较清楚了。

董事会需要进行哪些重大事项决策呢？《中央企业董事会工作规则》也做了比较翔实的 8 项规定。

这 8 项规定和《国有企业基层组织工作条例》对于党组织前置研究事项的 6 项总体内容规定，有很大的部分是相互重合的，基本涉及“三重一大”问题。

对于“三重一大”事项，需要集体讨论决策，这些事项内容的大部分要先经过党委会进行前置研究和方向把关，然后经过总经理办公会议审议具体内容，最终提交董事会进行相关决策。

所以，各家企业在制定各项权责清单时，首先要把自己的“三重一大”事项内容梳理出来，区分情况作为 A 区的核心内容。

这里值得提醒的是，知本咨询这张治理主体决策关系图，把 A 区的边界画得大了一圈，包括了党委会和董事会两个主体交集的区域。

这是因为，在企业实际经营中，如果一个事项必须有党委会和董事会分别开会专门研究决策，那么必然需要经理层集体会议讨论实施落实，很少会存在只在党委和董事会审议决策的情况。

同时，我们需要指出，并不是所有“三重一大”事项都必须前后经过党委会、总经理办公会和董事会的三道审核，可以结合党委前置研究内容规定，根据企业授权体系的整体安排，将其中一部分交由经理办公会集体决策，以此方式实现“三重一大”集体决策的要求。

B 区：哪些事项需要党委前置研究，经理办公会实施落实？

不必召开董事会，但需要党委前置研究出具决定或者把关意见，再经过总经理办公会进行讨论和贯彻落实的事项，组成了 B 区。

根据相关政策规定，这个区域的事项也有好几类，在此做个列举：

第一种，在安全稳定方面，安全应急、环保、重大法律案件等重要事项；

第二种，在核心人员管理方面，职能部门中层干部以及下属企业领导人员的聘任和解聘事项；

第三种，在经营业务方面，企业重要的采购或者对外投资，没有达到董事会审批限额，同时又没有给经理层授权的事项；

第四种，其他企业认为在经理层决策前有必要前置研究的事项。

在B区事项的确定过程中，提请各位国企朋友注意的是，经理层是业务执行和控制的主体，党委前置研究是起到对重大事项的把关作用，并不是一个“金钟罩”或者“保护伞”；所以不需要有意识地扩大前置研究的范围，将很多原本应该由经理层担责的事项都扩大进入前置研究程序，这样既会加大会议的数量，又会使责权利错位。

同时，我们也要再次明确“授权不前置，前置不授权”的基本原则，由国有控股股东或者董事会已经授权给经理层的各项权限，不再进行前置研究，充分释放经理层的活力。

C区：哪些事项要董事会决策，经理层执行？

董事会的定位是“定战略、作决策、防风险”。根据这个定位所产生重要审议议案，一般的程序是由公司总经理办公会讨论通过，然后提交董事会审议，做出决策后，再由经理层执行。

过去几年的实践经验是，绝大多数董事会审议的议案都是需要本级党委前置研究，或者由国有股东单位先提出意见再由董事表决的。这两种情况，都限制了董事会作用的发挥，造成C区的空间压缩，功能受限。

怎么优化呢？

核心是要在落实董事会职权方面进行更大程度的努力，通过将6项基本职权落地，来把通过董事会决策的事项真正充实起来。

同时，将党组织“把方向、管大局、保落实”的职责和董事会“定战略、作决策、防风险”的功能划分清楚，给予董事会决策充分和独立的空间。

通过这样的优化后，C区的审议决策事项就更加清晰了。对此，我们有如下几个方面的建议。

（1）涉及研发、科技创新、市场营销战略等价值链环节的重要决策的审议事项；

（2）涉及风险体系、内部控制体系、法律合规体系的审议事项；

（3）涉及经理层业绩考核和薪酬分配的审议事项；

（4）其他企业认为必要的事项。

D ～ F 区：党委会、董事会、经理办公会独立审议事项

A、B、C 三个联合交叉决策区填充清楚后，剩下的 D ～ F 区的事项划分，就相对简单清晰了。

D 区是党委会单独审议决策的事项。这里面包括执行上级重要决策的事项、党建工作重要事项、党委管理干部人员任免事项等。

E 区是董事会单独审议决策事项，包括年度董事会议需审议议案，董事会各专门委员会提交议案、董事会向经理层授权方案等。

F 区是经理层单独审议决策事项。这部分事项涉及领域最广，包括了企业日常经营管理的各个重要环节和价值链各个流程。

每家企业都要依据董事会对经理层的授权，以及国有股东的管控授权详细制定。经理层单独审议决策事项，与企业的权限手册联系最为广泛和紧密。

我们最后总结一下。这张治理主体决策关系图，目的就是帮助大家整体梳理党委会、董事会、经理办公会权责清单，使之相互衔接配套，构成一个完整系统。

第12问 党委会、董事会、总经理办公会，集体决策过程差异在哪里？

在中国特色现代企业制度的六大治理主体当中，居于中心位置的是党委会、董事会和经理层。

一家国企的“三重一大”决策，按政策要求，需要依次由党委会进行前置研究，提出意见供董事会决策，然后交给经理层落实。在这个过程中，经理层通常要在上面两个治理主体讨论和决策的前后，召开总经理办公会，对相关议案进行总体判断和执行安排。

党委会、董事会、总经理办公会，都是通过会议形式进行集体决策的，它们三者在决策模式、过程上到底有哪些不同呢？在管理实践中应该注意什么细节问题呢？

三同两不同

在讨论党委会、董事会、总经理办公会的决策过程有哪些不同点之前，我们先来说说这三个决策会议形式的相同点。这样大家才可能有全面的理解。

第一，无论开哪个会进行决策，采用这种集体决策形式的目的、目标都是一样的。

利用集体决策这种形式，可超越个体决策带来的局限，实现更加理性的决策效果。通过群策群力的决策方式，可找出更多的可能性，提升决策的科学性。

第二，党委会、董事会、总经理办公会，决策的基本流程是相当接近的。

无论开上面哪一种会议，决策的流程基本是下面六个步骤：

步骤 1：确定议案。

步骤 2：相关负责人介绍内容。

步骤 3：按照特定顺序，由不同参会人员进行意见表达。

步骤 4：会议召集人或主持人进行总结。

步骤 5：通过特定程序明确会议对议案的结论。

步骤 6：形成书面记录和纪要。

第三，三种决策会议审议的“三重一大”议案是重合的。

这一点无须解释。

以上就是党委会、董事会、总经理办公会决策过程的三个相同点。但从决策过程、决策模式等规定看，党委会、董事会、总经理办公会的区别是很明显的。

差别 1：模式不同。

总经理办公会，实行经理负责制；

党委会，实行民主集中制；

董事会，实行票决制。

差别 2：机制不同。

在经理负责制的基本要求下，一家公司召开总经理办公会，其他参会的副总经理等经理班子成员所提出的议案意见只是给公司总经理提供建议和参考，最终是否采纳、如何采纳要看公司总经理的意见，最终的会议决定要按照总经理的意见表达为准。

党委会决策需要依据民主集中制思想，坚持“集体领导、民主集中、个别酝酿、会议决定”要求，通过民主发言、少数服从多数的基本原则进行，表决事项应该获得至少半数以上赞成。

董事会决策按照《公司法》规定，“决议的表决，实行一人一票”，具体根据公司章程规定进行。根据议案本身的重要程度，需要获得半数以上甚至 2/3 以上的董事表决同意。

总经理办公会怎么决策

通常，总经理办公会这种议事和集体决策程序，是属于企业《总经理议事规则》进行规定的。

在这个议事规则中，对于总经理的责权利进行规范，同时会对总经理办公会决策方式进行明确。

比如，某股份公司的相关规定节选如下："总经理办公会议实行集体讨论，统一决策的议事机制。总经理办公会议对所议事项应进行充分讨论，力求一致，有意见分歧时，由总经理在充分听取意见的基础上作出决定。不同意见可以保留，并在会议记录中说明。"

从该股份公司的规定可以看出，总经理办公会议是要实行集体讨论和统一决策的，如有不同意见应由总经理最终确定意见并形成决定。这一点充分体现了总经理负责制的原则。

党委会怎么决策

根据《中国共产党章程》相关规定："党的各级委员会实行集体领导和个人分工负责相结合的制度。凡属重大问题都要按照集体领导、民主集中、个别酝酿、会议决定的原则，由党的委员会集体讨论，作出决定；委员会成员要根据集体的决定和分工，切实履行自己的职责。"

同时，"党组织讨论决定问题，必须执行少数服从多数的原则。决定重要问题，要进行表决。对于少数人的不同意见，应当认真考虑。如对重要问题发生争论，双方人数接近，除了在紧急情况下必须按多数意见执行外，应当暂缓做出决定，进一步调查研究，交换意见，下次再表决；在特殊情况下，也可将争论情况向上级组织报告，请求裁决"。

基于这样的基本规定，国企党委会在讨论具体议案时，一般遵循的流程是：

（1）根据参会党委成员的实际情况，逐一充分发表对议案的明确意见；

（2）党委书记提出表决事项，并执行末位表决制；

（3）所有事项表决，赞成人数应超过应到会人员的半数方可通过；

（4）如果出现较大意见分歧，除因特殊紧急必须进行表决外，一般暂缓做出决定，待认真调查研究和充分交换意见后，提交下次会议讨论决定。

董事会怎么决策

董事会决策流程，要依据各公司的章程制定。根据一人一票的原则，由公司董事会成员对议案进行审议并表决。

我们引用相关政策来说明：

《国务院办公厅关于进一步完善国有企业法人治理结构指导意见》（国办发〔2017〕36 号）提出要规范董事会议事规则，并明确规定：

“董事会要严格实行集体审议、独立表决、个人负责的决策制度，平等充分发表意见，一人一票表决。”

国务院国资委 2019 年发布的《中央企业公司章程指引（试行）》对于董事会的表决和决议也进行了明确要求：

“董事会会议应当有过半数董事且过半数外部董事出席方可举行。董事会决议的表决，实行一人一票。

“董事与董事会决议事项所涉及的企业等相关主体有关联关系的，不得对该决议行使表决表，也不得代理其他董事行使表决权。”

三同两不同，这就是党委会、董事会、总经理办公会的共同点和差异点。

第13问 对党委会、董事会、经理办公会“重复决策现象”怎么看？怎么办？

很多国企“三重一大”的经营决策事项，以及领导认为重要的业务事项，现在基本需要由党委会、董事会、经理办公会分别开三次会进行决策。各个公司治理主体前后审议决策同一事项所产生的所谓“重复决策现象”应该怎么理解、怎么处理？这个问题需要深入讨论。

什么是“重复决策”，怎么看待“重复决策”

想要正确认识重复决策，我们就要从不同治理主体的决策依据和程序说起。

一看党委前置研究和决策要求。

根据相关政策规定，国企党委要发挥好领导作用，要明确党组织研究讨论是董事会、经理层决策重大问题的前置程序。同时，党委前置研究的内容，要依据相关条例，从六大方面进行范围界定。

二看董事会职能和决策要求。

国企董事会的三大核心职责之一就是“作决策”，无论是根据《公司法》规定的董事会职权，还是《公司章程》确定的董事会决策边界，抑或是国企改革政策要求落实董事会职权的内容，都将包括战略、计划预算、投资、资本运作、核心人员等重要问题列为董事会决策事项。

三看经理层决策要求。

国企经理层是经营指挥中心，要对经营过程中的若干问题进行判断和决策。经理层也是公司战略规划、计划预算、管理制度、改革措施等重大经营管理事项的动议者、组织者。按照集体决策制度，经营层做出重要决策通常是通过总经理办公会讨论完成的。

党委会、董事会、经理层分别的决策内容在“三重一大”事项上虽有交集，但不尽是重复决策。

关键要看三大治理主体的审议者是不是高度重合，关注重点是不是完全一样。

一个企业的重大决策事项，前后经历多次商讨和论证是非常正常的事情。对于一个组织的重要决策，这种多治理主体分别参与决策是国际、国内的共同做法，是正常的、合理的，这显然不能叫“重复决策”（“重复决策”，隐含了一个前提，那就是同样的人、同样的事、同样的模式，反复上演了多次）。

“重复决策”产生原因：人员不分，清单不明

为什么一些国企会在“三重一大”问题上，用同样的人、同样的方式反复审议同样的事情呢？

知本咨询认为有两个主要原因：

1. 组成人员高度重合

由于中国特色现代企业制度的建设仍在进行当中，所以对一些企业集团的下属企业来说，还没有百分百完成不同治理主体的搭建工作，这就有可能造成党委会、董事会、经理层人员的高度重合，甚至完全一样。

如果人员高度重合，那么不同治理主体的功能发挥就会出现障碍，同时“重复决策”现象就会随之产生。

2. 议事边界和重点错位

对于党委会“把、管、保”，董事会“定、作、防”，经理层“谋、抓、强”这个准确的职能界定，有些企业是清楚的，有些企业还有些混沌。而且，即使是概念上清楚，但是到了具体决策事项时，还是有可能产生议事边界和重点错位。

举个例子，比如说“三重一大”决策事项中，包括企业重要投资项目、

资本性支出问题，在《国有企业基层组织工作条例》中有明确规定，“企业资产重组、产权转让、资本运作和大额投资中的原则性方向性问题”是要由党委前置研究的六种情形之一。

“原则性、方向性”问题，不是一个投资项目的所有事项、操作事项。一些企业可能会把原则性、方向性问题，以及其他所有的投资项目决策实施问题，都一股脑拿到党委进行前置研究。这种一点点的偏差日积月累，一边使得党委会前置研究功能偏离和无意义扩展，另一边就造成了本来应该负责决策的董事会和经理层职能虚化和决策重复。

所以，所谓的决策重复问题，需要企业真正把党委会、董事会、经理层的治理功能定位切实搞清晰、摆到位；只有边界清晰、各居其位，才能各司其职、各负其责、协调运转、有效制衡。

“重复决策”如何改进——人员拉开，各就各位

正是因为存在着人员不分、清单不明的问题，所以国企治理层“重复决策”现象时不时被提及。解决这个问题的对策是：

第一，合理科学配置党委、董事会和经理层的人员结构，让组成人员差异化；

第二，通过清晰的权责清单，对各个治理主体的决策责任和议事内容进行约定，让“权责透明”，运行顺畅。

三大治理主体作为中国特色现代企业制度的治理主线，每个都有自身的组织要求。如何在三者之间实现最优配置呢？我们认为要注意由内而外的三大层次：

（1）三层交集，就是居于最中间的岗位人员，这类人员要全部贯穿三类治理组织；

（2）二层交集，这是指在党委、董事会、经理层三个治理主体中，同时占有两个治理主体位置的人员；

（3）单一岗位，就是在三大治理主体中，只占有一个位置的人员。

从前，这三种治理主体的人员是高度一致和重叠的；现在，将通过结构优化把党委、董事会和经理层有效分开，既保证有机统一，又保证治理到位和相互制衡。

三大治理主体成员结构化演变如图 1-9 所示。

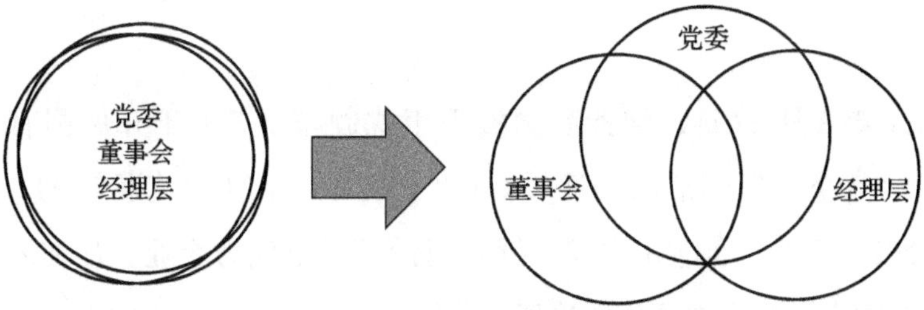

图 1-9 三大治理主体成员结构化演变

这样的人员拉开带来的好处是明显的：一是每个治理主体的人员结构是不同的，可以有效行使自己的功能分工；二是由于部分人员兼具两个或者三个治理主体的角色，他们的角色联动可以有效沟通信息，保证治理的连续性。

现在应当进行的改革，就是八个字：人员拉开，各就各位。

中国特色现代企业制度，三大治理主体既要相互制衡，又要有机衔接；核心就是在效率和风险上进行科学平衡，既要防止断裂，也要尽量避免重复。关于“三重一大”问题的重复决策现象，理解了其中要义，就能够通过结构优化、边界清晰的方法有效解决。

第14问 国有企业创建“公司治理示范企业”的核心政策框架是什么?

2021年8月27日，国务院国资委正式颁布了《关于开展国有企业公司治理示范企业创建活动的通知》(以下简称《治理示范通知》)，要求在2021—2022年间，推选并建成一批公司治理示范优秀企业。如何才能让本企业成为国有企业当中的公司治理示范标杆呢?

一个基础，四根支柱

先从整体把握。公司治理的示范企业，应该具备一个基本的治理硬件基础设施。这个基础设施，如果用盖房子来作比方，那就是“一个基础，四根支柱”(见图1-10)。

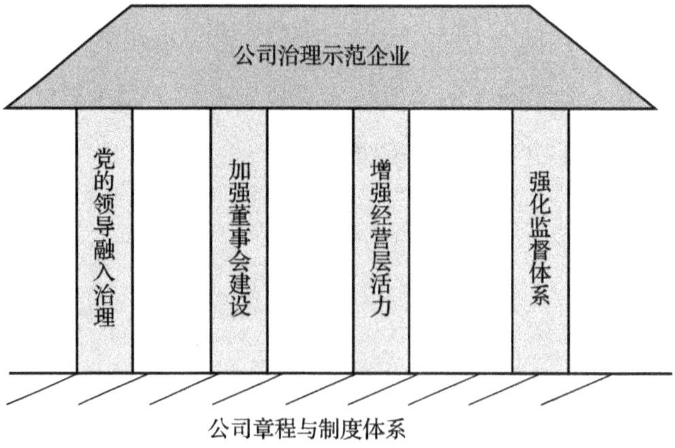

图1-10 公司治理硬件基础设施

在创建公司治理示范企业过程中，首先要打好基础。这个基础就是公司章程，以及与之相关的企业内部制度体系。

同时,《治理示范通知》明确提出，在章程基础之上，需要在四个并列的领域展开公司治理的建设。我们将这四个方面看作公司治理示范企业基础设施的“四根支柱”。

第一根支柱，是把党的领导融入公司治理各环节；

第二根支柱，是加强董事会建设，落实董事会职权；

第三根支柱，是增强经理层经营活力；

第四根支柱，是强化监督体系建设。

设计好、构建好、强化好四根支柱是一家国有企业建设中国特色公司治理的核心工程，也是保证“公司治理大厦”安全稳定的基础工作。

分层分类，确定“治理坐标”

需要重视的是,《治理示范通知》一开始就强调“分层分类打造公司治理示范企业”，国有企业怎么样展开公司治理项下的分层分类呢?

1. 三大分层

从分层角度来看，我们认为至少应该有三层。

企业集团层：是指中央企业集团公司和各省市监管的一级集团企业。这些企业多数为国有全资或独资企业，基本完成了董事会建设。

专业公司层：很多集团公司二级或三级子公司有独立的市场和业务体系，在集团内形成了清晰的专业分工和专业定位，管理上按照利润中心定位，并且能够较为充分地履行本业务范围内的各项职权。

运营单元层：这些企业是一家企业集团的基层生产经营组织，战略定位基本为业务执行和具体操作，不具有过多重大决策功能，党组织呈现为总支、支部等形式。

2. 七大分类

根据公司治理模式的差异给国有企业进行分类，从治理机制涉及内容来看，关键是根据“治理利益攸关方”的差异进行分类。

利益攸关方可能包括几种：①国有监管机构或者相关政府部门；②企业

的其他股东；③公众公司的大量中小股东；④国外的政府和监管部门及其法律规定。

如果我们按照“治理利益攸关方”的需求差异和影响差异来定义国有企业公司治理的不同类型，应该可以划分出七类。

第一类，全资或独资企业；第二类，上市公司；第三类，国有绝对控股企业；第四类，国有相对控股企业；第五类，国有参股企业；第六类，中外合资企业；第七类，国有企业海外投资子企业。

根据以上三个分层、七大分类的基本结构，对于《治理示范通知》当中的“分层分类打造公司治理示范企业”要求，再画一张示意图就能够找到自己企业的“治理坐标”了。国有企业公司治理类型如图 1-11 所示。

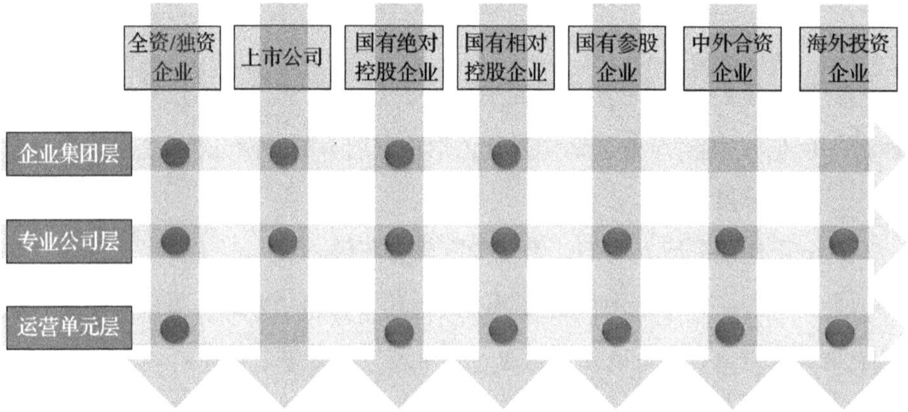

图 1-11　国有企业公司治理类型

分层分类后，每家企业都能够基本知道本公司所处的“治理坐标”方位，并且能够根据这个位置企业的特点要求进行个性化设计。

国有企业开展“创建公司治理示范企业”行动，核心改革工作有哪些？

《治理示范通知》就公司治理改革的目标要求和关键工作给出了一个系统、标准的答案。

在“一个基础，四根支柱，分层分类”基础上，该文件对于创建公司治理示范企业，进行了重点任务的详细分解。具体来说，可以划分为18个关键要点（见图1-12）。

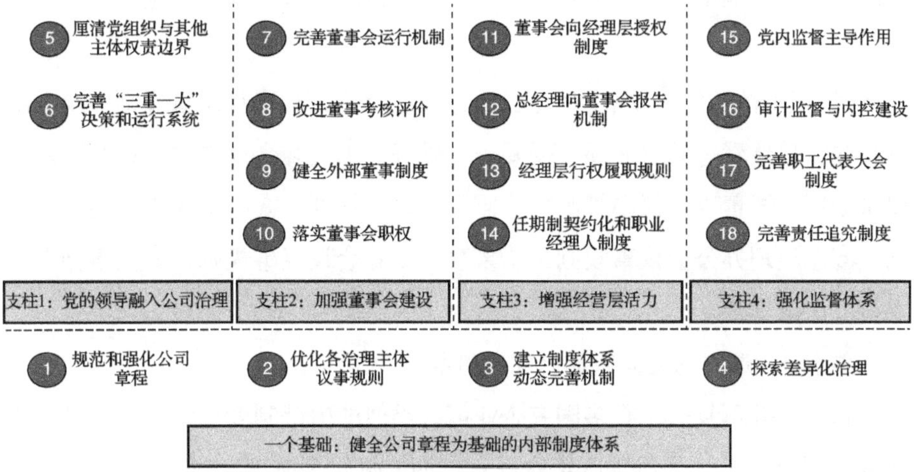

图1-12　创建公司治理示范企业十八个要点

健全公司章程四大要点

要点1：规范和强化公司章程

首先是规范章程内容。虽然《国有企业公司章程制定管理办法》已经明确规定了企业章程的章节和基本内容，但是每一条、每一款的个性化规定需要企业根据股权结构、治理现状、各方约定等情况进行具体细化。

其次是强化章程约束。只有个性化的、细化的章程，才能适应企业经营管理的各种情况，才能对各个治理主体产生约束，对股东产生约束。同时，也要在章程中明确，相关治理问题要首先从章程中找原则、找办法，超过章程规定的管理问题，通过协商解决，建议不要再出现随意发文、随意安排任务、随意占用变更决策形式的“随性管理”情况。

要点2：优化各治理主体议事规则

公司章程优化细化之后，各个治理主体更加明确自身的权责定位，接下来就要对每个治理主体决策管理边界内的流程和方式进行约定和规范。第一是打通各个主体的关联，不能矛盾冲突；第二是重新调整每个治理主体的议事内容；第三也很重要，那就是审视一下现行的议事规则是不是符合章程的要求。

《治理示范通知》中要求“立、改、废、释”，有哪些议事规则涉及立改废释呢？总体看一共有8项，需要一一做好：①党委会议事规则；②股东会议事规则；③董事会议事规则；④监事会议事规则；⑤职工代表大会议事规则；⑥总经理办公会议事规则；⑦董事长专题会议议事规则；⑧董事会专门委员会议事规则。

要点3：建立制度体系动态完善机制

这一点并不复杂，很多国有企业都有类似的内部制度规定，核心是企业要专门制定一个“公司制度年度或者定期修订管理制度”，指定一个负责公司整体制度管理优化的部门来每年牵头回顾和优化全部制度。

要点4：探索差异化治理

公司治理越往基层企业组织延伸，实际情况就越复杂。基层党组织有的是总支，有的是支部；基层企业董事会建设可能没有完全到位，有的采用执行董事兼任总经理可能更妥当，有的企业涉及众多不同所有制的股东。从治理结构上解决这些问题的思路只有一种，那就是“实事求是”。

党的领导融入公司治理两大要点

要点 5：厘清党组织与其他主体权责边界

企业要厘清党组织在治理体系框架里的权责边界，一是要从概念上搞清楚什么是党组织的“把方向、管大局、保落实”的定义，什么是董事会“定战略、作决策、防风险”的功能，什么是经理层“谋经营、抓落实、强管理”作用。

只有将党组织的领导核心作用、董事会决策中心作用、经理层指挥中心作用都摆到位，才能实现各治理主体不缺位、不越位、不相互替代、不各自为政的治理一体化目标。

更为重要的管理工作是制定包括党组织、董事会、经理层和上级控股股东在内的四大权责清单，将权责界定量化、表格化、流程化，这样才能便于执行和操作。具体来说是：①党委前置研究讨论事项清单；②国有股东授权清单；③董事会决策事项清单；④经理层经营权限清单。

要点 6：完善“三重一大”决策和运行系统

“三重一大”事项的决策和执行监督问题成为本次创建治理示范企业的关键内容之一。为了保证整个治理体系不产生监管空白或者过于交叉重复，就需要对于“三重一大”决策和运行系统进行系统审视和机制设计。

我们认为，这个机制设计有三个部分。

第一部分：“三重一大”事项清单。

第二部分：“三重一大”事项决策流程。

第三部分：“三重一大”事项报告和监督制度。

加强董事会建设四大要点

要点 7：完善董事会运行机制

董事会运行机制，涉及董事会如何更好地进行现场会议、如何在平时收集了解决策执行信息、如何实现各董事有效地工作和沟通、如何发挥董事会的支持保障作用、如何发挥董事会专门委员会作用、如何推动各董事履职能力提高等诸多方面。

这确实是一个系统工程，国企应该从哪些方面入手进行完善呢？可能针对以下 8 大规范的具体展开是有效的：①董事会工作规范；②专门委员会工作规范；③董事会会议召集和决策流程工作规范；④董事选聘工作规范；⑤董事履职工作规范；⑥董事考核工作规范；⑦董事会决议跟踪与后评估工作规范；⑧董事文化操守规范。

要点 8：改进董事考核评价

建议国企在三个方面思考展开董事考核评价的改革优化工作。

第一，建议采用“三分类”考核的模式。将董事长、专职董事、董事总经理等职务考核与企业业绩考核直接挂钩。同时，对于股东派驻兼职董事、外部董事采用董事履职行为考核模式；对于独立董事、职工董事采用向股东大会或者职工代表大会述职的形式进行综合评价。

第二，一人一表，个性考核。每个董事根据职权和专门委员会职责，进行个性化考核指标设计，展开一人一表的综合考核设计，突出本人履职结果和过程的实效。

第三，考核评价与股东授权有机结合。考核的内容和考核标准，要充分考虑到不同董事授权，考虑到责任、权力和利益的平衡，系统推动，不能偏废。

要点 9：健全外部董事制度

外部董事制度的进一步健全是一个顶层设计实施，系统向下、层层分解到位的过程。可以说主要责任在企业集团公司本部层面，并不是基层国企能够单独搞好的。

如果从工作层面分解，健全外部董事制度，有两个层次的工作重点：

（1）健全外部董事召集人制度。

《国务院办公厅关于进一步完善国有企业法人治理结构的指导意见》要求：“国有独资公司要健全外部董事召集人制度，召集人由外部董事定期推选产生。”

突出外部董事召集人的角色，就是要使这个岗位在董事会发挥更大的作用、实质的作用、独立的作用，进而从这个方向推动董事会规范化的建设。

（2）健全外部董事选聘制度。

目前，国企外部董事的来源渠道大多为上级单位选择的本集团内部一些同级别的资深经历干部。他们的补充有助于企业决策科学化，但是这样的渠道仍然显得单一和不足，开放性和包容性不够。

要解决这个问题，就需要企业集团公司集中建立一个本集团外部董事人选的“人才库”。我们建议学习独立董事制度，外部董事逐步取消干部级别，这样有助于打破企业集团内部不同级别干部难以上下兼任董事的局面，实现人才能力最大程度利用和释放。

要点 10：落实董事会职权

国企集团不同层级的董事会落实职权的工作不可能一刀切，要充分考虑集团管控整体布局，以及各级企业的行权能力配套建设，分批有序落实董事会六项重点职权（中长期发展战略规划、高级管理人员选聘、业绩考核、薪酬管理、工资总额备案制管理、重大财务事项管理）。

增强经营层活力四大要点

要点 11：董事会向经理层授权制度

董事会应在具备相应职权的基础上，进一步开展给经理层班子的经营授权，形成经理层经营职权清单。

做好这项工作，有几个必要的前置内容。

首先，经理层成员要全面完成任期制和契约化管理，或者已经执行了职业经理人制度。

其次，公司董事会可以将原本董事会决策的相关权限，授予经理层行使，这些授权才是授权事项。

要点 12：总经理向董事会报告机制

总经理向董事会报告机制是决策层和执行层进行互动的主要方式之一。总经理由董事会聘任，向董事会负责，同时要形成报告机制的规定规范。

这个报告机制可以分为定期报告、年度报告和专题报告三种形式。

要点 13：经理层行权履职规则

经理层行权履职规则并不是一个单一的文件制度，而是一系列经理层有效开展工作的机制总称。

比如，要从董事会给经理层的授权文件开始，明确经理层的行权范围；要从经理层任期制和契约化入手，明确经理层各个成员的聘任时间、岗位职责、年度和任期考核目标、薪酬激励方式；要从总经理办公会、经理层参与的专题分析会等方面制定流程和办法等。

要点 14：任期制和契约化管理及职业经理人制度

关于任期制和契约化管理、职业经理制度，从中央到地方已经出台了诸多改革政策文件，从原则到实操进行了非常详尽的规定。企业微观层面的落实，一方面是严格按照要求推进工作，努力合乎规范；另一方面是从经营责任制的综合改革高度，实实在在按照 2021 年 3 月底国企改革专题推进会“五个硬规范”的明确规定，在聘任、考核、薪酬、行权、退出五大方面，制定和执行好自身的制度，不走形，不虚晃一枪。

强化监督体系四大要点

要点 15：党内监督主导作用

健全“大监督体系”，加强党内监督主导作用，推进纪检监察、巡视、审计等各类监督活动联动、贯通、一致，提升公司的治理监督效力。

要点 16：审计监督和内控建设

国有企业内部审计的作用持续得到发挥，关键内容是企业内部控制体系、风险管理体系和合规经营体系的全面梳理和持续优化。

要点 17：完善职工代表大会制度

根据 1986 年中共中央、国务院颁发的《全民所有制工业企业职工代表大会条例》，职工代表大会应行使的职权要从四个方面来保障“四大权力”，推动职工参与民主管理。

通过“听取”的方式保障“知情权”；

通过“审议”的方式保障“参与权”；

通过“审议通过”的方式保障“表达权”；

通过“评议”的方式保障“监督权”。

完善职工代表大会制度，就是要完善细化职工代表大会民主管理事项清单，进而更好地保障上述四项职权的落地。

要点 18：完善责任追究制度

国企建立、健全、完善责任追究制度既是一种监督机制，也是一种保护机制。

从监督的角度来讲，要明确在各个重要领域的责任追究方式程序，让追责制度成为一种有效约束。

从保护的角度来看，要充分根据企业实际情况制定尽职容错免责制度及其清单，用来给国企改革营造氛围。

最终，通过约束和保护共同发挥作用，让责任追究更加精准有力。

创建公司治理示范企业的 18 个关键管理优化内容，是治理示范企业“一个基础、四根支柱、分层分类”核心框架的核心部分，不仅对于示范企业有用，对于每家国企的治理改革优化都有重要指导作用。

| 第2章 |

C H A P T E R 2

国企党建融入公司治理

第16问

国企党建如何有法可依？要落实的党内规章有哪些？

2021年7月1日，习近平总书记在庆祝中国共产党成立100周年大会上宣布，我们党已经“形成比较完善的党内法规体系”，这一制度建设是党100年来持续推进建章立制特别是党的十八大以来全面深化党的建设制度改革的结果，标志着党内法规制度建设由此迈入高质量发展新阶段，全面从严治党、依规治党站在了新的历史起点上。

党内法规具有强烈政治属性、鲜明价值导向、科学治理逻辑、统一规范功能，高度凝结党的理论创新和实践经验。根据中央纪委国家监委发布的官方数据，截至2021年7月1日，全党现行有效党内法规共3615部。有关分类构成如表2-1所示。

表2-1　党内法规分类明细表

划分标准	项目	法规数量
按行政层级划分	中央	211
	中央纪律检查委员会以及党中央工作机关	163
	省、自治区、直辖市党委	3241
	总计	3615
按效力层级划分	党章	1
	准则	3
	条例	43
	规定	850
	办法	2034
	规则	75
	细则	609
	总计	3615

那么国企党建都有哪些规章制度需要遵循呢？要系统回答这个问题，就要坚持按照党的规章“1+4”的基本框架，有效梳理相关制度，并挑出重点深入学习，同步匹配国企党内法规体系建设和管理。具体来说，就是：以《党章》为根本，以民主集中制为核心，以准则、条例等中央党内法规为主干，以部委党内法规、地方党内法规为重要组成部分，由各领域各层级党内法规组成的有机统一整体。按照“规范主体、规范行为、规范监督”相统筹相协调的原则，在《党章》之下分为党的组织法规、党的领导法规、党的自身建设法规、党的监督保障法规四大板块。党的规章“1+4”基本框架如图 2-1 所示。

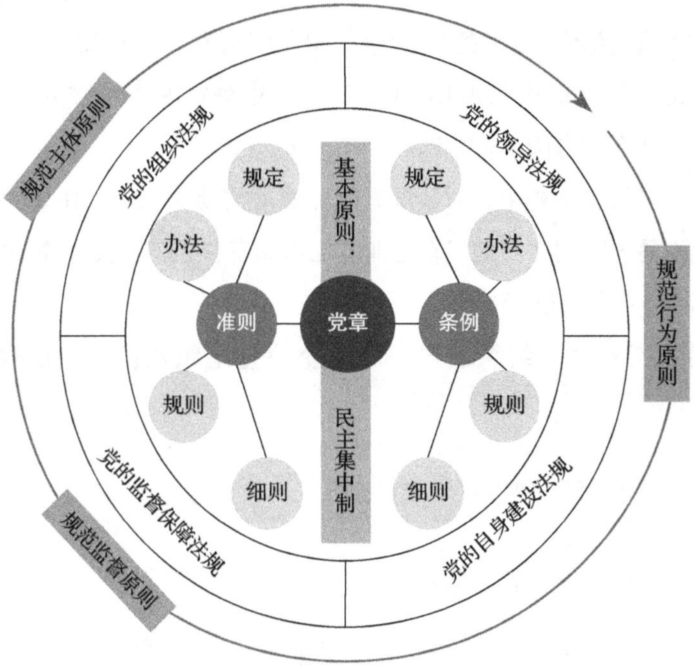

图 2-1　党的规章“1+4”基本框架

《党章》

《党章》是立党、治党、管党的总章程，对党的性质和宗旨、路线和纲领、指导思想和奋斗目标、组织原则和组织机构、党员义务和权利及党的纪律等做出根本规定，是党的根本大法，是全党必须遵守的总规矩，是全党最基本、最重要、最全面的行为规范。国企各级党员干部都要以《党章》为坚持党的全面领导、加强党的自身建设的根本依据，以《党章》为党要管党治企根本遵循。《党章》在党内法规体系中位阶最高，任何党内法规以及任何党的制度都不得同《党章》相抵触。

党的组织法规

党的组织法规是调整党的各级各类组织产生、组成、职权职责等的党内法规，为管党治党、执政治国提供组织制度保障。截至 2021 年 7 月 1 日，现行有效的党的组织法规共 153 部，其中，中央党内法规 15 部，部委党内法规 1 部，地方党内法规 137 部。

在这么多组织法规中，对于国有企业而言需要深入学习和坚决遵循的首要关键规则是《中国共产党国有企业基层组织工作条例（试行）》和《中国共产党支部工作条例（试行）》等。

中国共产党党建组织法规与国有企业党组织建设相关法规如图 2-2 所示。

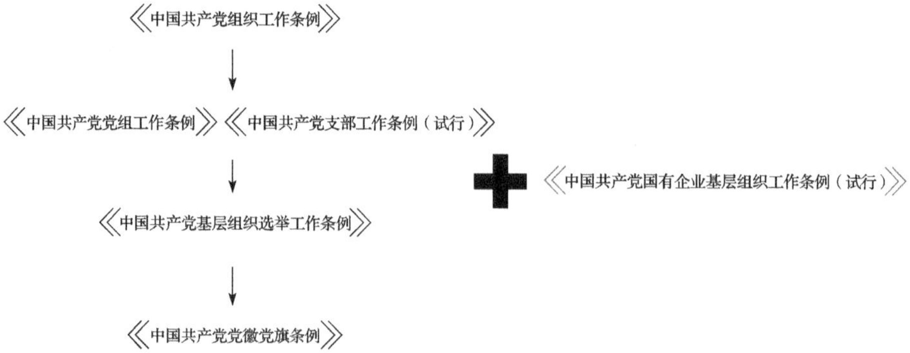

图 2-2　中国共产党党建组织法规与国有企业党组织建设相关法规

党的领导法规

对国有企业而言，党的领导法规是规范和保障党对各方面工作实施领导，明确党与企业单位、纪律监察机关等领导与被领导关系的党内法规，为党发挥总揽全局、协调各方领导核心作用提供制度保障。截至 2021 年 7 月 1 日，现行有效的党的领导法规共 772 部，其中中央党内法规 44 部，部委党内法规 29 部，地方党内法规 699 部。

党的自身建设法规

党的自身建设法规是调整党的政治建设、思想建设、组织建设、作风建设、纪律建设等的党内法规，为提高党的建设质量、永葆党的先进性和纯洁性提供制度保障。截至 2021 年 7 月 1 日，现行有效的党的自身建设法规共 1319 部，其中，中央党内法规 74 部，部委党内法规 76 部，地方党内法规 1169 部。

对于国有企业而言，应当抓住政治建设、思想建设、组织建设、作风建设、纪律建设等方面开展工作。

党的监督保障法规

党的监督保障法规是调整党的监督、激励、惩戒、保障等的党内法规，为保证党组织和党员干部履行好党和人民赋予的职责提供制度保障。截至 2021 年 7 月 1 日，现行有效的党的监督保障法规共 1370 部，其中中央党内法规 77 部，部委党内法规 57 部，地方党内法规 1236 部。

国有企业要建立大监督体系，首先要严格遵守中国共产党党内监督条例等，把强化党内监督作为党的建设的重要基础性工程，全面落实党内监督责任，着力使监督的制度优势充分释放出来。此外，《中国共产党巡视工作条例》等党的监督法规深化了政治巡视，充分发挥着巡视监督的利剑作用。

同时，要充分发挥党的纪律检查机关的作用，落实纪委双重领导。在监督执纪过程中，要严格按照《中国共产党纪律检查机关监督执纪工作规则》《纪检监察机关处理检举控告工作规则》等，保证纪检机关依规依纪履行职责。

第17问 国有企业应该在哪些方面入手加强党的领导?

习近平总书记2016年在全国国有企业党的建设工作会议上特别指出："要明确党组织在决策、执行、监督各环节的权责和工作方式，使党组织发挥作用组织化、制度化、具体化。"

我们就从党组织的决策、执行、监督三个方面分析一下在国有企业中党如何加强领导。

决策环节

在决策环节，国有企业党组织主要遇到的问题集中在落实"讨论前置"决策程序上。例如：决策主体权责不清、"讨论前置"事项范围不明、决策程序不顺，甚至出现把党委（党组）会当成"筐"的现象。解决这些问题要做好三件事：设计党组织决策事项清单，明确党组织的权责边界，规范党组织决策流程。

1. 设计党组织前置研究事项清单

凡属于"三重一大"的决策事项，在提交董事会讨论之前，需要在党委先行讨论，形成一致意见后交董事会。这一点不仅是政策原则，也已经成为所有国企决策的基本流程。

党组织前置研究事项清单中要包含以下几类问题：

履行决定权的事项：涉及党的建设、落实党中央决策部署、企业重要人事任免等重大决策，要由党委研究决定，董事会、经理层按程序办理。

履行把关权的事项：对于依据法律法规、监管机构要求和企业管控模式，应由董事会、经理层决定的重大经营管理事项，需由党委前置研究讨论，以把握政治方向的正确。

2. 规范党组织决策流程

建立重大问题会前沟通机制。重大决策上会讨论前，各级单位领导班子成员之间要加强沟通协调、充分酝酿，尤其是党委（党组）书记和行政主要负责人要充分沟通，最好会前形成共识。要探索建立上会计划制，提前至少一周编制拟上会议决策事项计划并提交党委（党组）班子成员，避免出现因时间、资料等限制导致决策不够深入的问题。

3. 明确责任主体

要把党的领导和核心作用、其他治理主体，包括董事会、经理层等这样的主体责任边界梳理清楚。各个决策主体要把握好自己的功能定位，既不能越位，也不能错位，更不能缺位。

4. 抓好干部管理，强调民主决策

要按照“对党忠诚，勇于创新，治企有方，兴企有为，清正廉洁”20字原则，选拔任用具有这些特点的干部来强化对国有企业的管理。

健全职工代表大会制度。在重大决策上要充分听取职工的意见，鼓励职工党员代表有序地参与到公司的治理里面去，通过坚持和完善职工参政议政的制度，加强党在国有企业管理的作用。

5. 落实追责制度

有权必有责。党组织嵌入决策过程后，也需要相应的问责机制、容错免责机制。具体来说，如果企业“三重一大”决策出现政治方面的问题，要主要追究党组织责任，重点问责党委（党组）书记这个第一责任人。

执行环节

在执行环节，国有企业基层党组织自身的建设直接决定了各项任务的落实情况，所以基层党建“三基建设”（党的基本组织、基本队伍、基本制度）成为主要的工作。

这其中主要包括以下几点。

（1）对基本组织的首要要求是：标准化。以支部标准化建设为抓手，充分发挥国有企业基层党组织保证监督作用。以组织健全、制度完善、运行规范、活动经常、档案齐备、作用突出“六条标准”为重点，推进党组织标准化建设，确保思想政治工作、从严教育管理党员群众工作落到实处。

（2）对基本队伍的首要要求是：以“三支队伍”建设为着力点，建强基本队伍。国有企业党组织要把基层党组织书记队伍、党务干部队伍和党员队伍“三支队伍”建设作为夯实党建基层基础的着力点，聚焦企业改革发展和生产经营中心任务，持续激发基层党组织书记领头雁作用、党务干部表率作用和党员骨干作用，全面打造关键时刻听指挥、拉得出，危急关头冲得上、打得赢的基本队伍。

（3）对基本制度的首要要求是：管根本管长远。紧紧抓住《中国共产党章程》《关于在深化国有企业改革中坚持党的领导加强党的建设的若干意见》《中国共产党国有企业基层组织工作条例（试行）》三大基本政策规定，深入学习和国有企业发展相关的各项党内法规。

监督环节

在监督环节，国有企业面临的主要问题是企业监督体制缺乏统筹协调，监督制度不健全，制度执行不力。要解决这些问题要做到以下两点。

第一，整合监督力量，构建“五位一体大监督”格局。加强党委（党组）全面监督，加强纪委专责监督，加强党的工作部门职能监督，加强基层党组织日常监督，加强党员的民主监督。发挥各业务部门监督职能的作用，整合各部门监督力量，形成“多维一体”的监督协调体系。

第二，健全完善考核问责机制，杜绝责任层层递减，落实责任监督。要强化问责制度建设的规范化、科学化，也要强化执行问责工作的精准性、独特性。

第18问 国有企业党委八大方面系统工作核心要点如何把握?

很多企业党的组织、干部、人员均已按照有关条例和上级党委党组要求建设完毕，但在推进党建工作管理精细化的过程中仍然存在一些问题。其中，首当其冲的一个问题就是：很多企业尚未思考过如何系统性地搭建框架，自上而下层层分解党委工作要点到各部门，明确责任主体并开展考核。

如果能自上而下建立公司党委重点工作分解机制，就能够更有效地形成公司党建工作机制。正确的做法是，由上级党委将年度工作下达到公司本级党委；再由党委协同各部门明确责任，由党委书记、党委副书记、党委委员逐级向下，将工作责任落实到基层；然后根据主体责任、分管关系层层考核，形成有效的党建工作运行体制。也就是说，党委落实工作机制要从（下列）模式 1 转变为模式 2。

模式 1 和模式 2 中都是以上级党委部门与下级党委部门一一对应的情况，实际中很多企业会出现下级党委在保证职能覆盖的情况下将多个部门合并的情况，比如组织部与宣传部合并等。党委落实工作机制模式如图 2-3 所示。

企业可以从如下各个方面建立这样的要点工作体系。

发挥党的政治核心作用——提高政治站位

党组织在国有企业中要发挥的首要作用就是担当企业的坚强政治核心，从大政方针、党的基本政策、基本会议、基本政治学习等方面入手，强化企业党建，提升企业全员政治站位。具体包括：

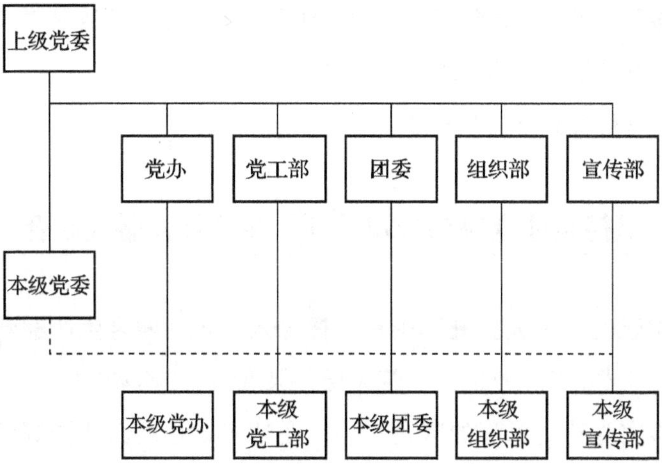

模式1

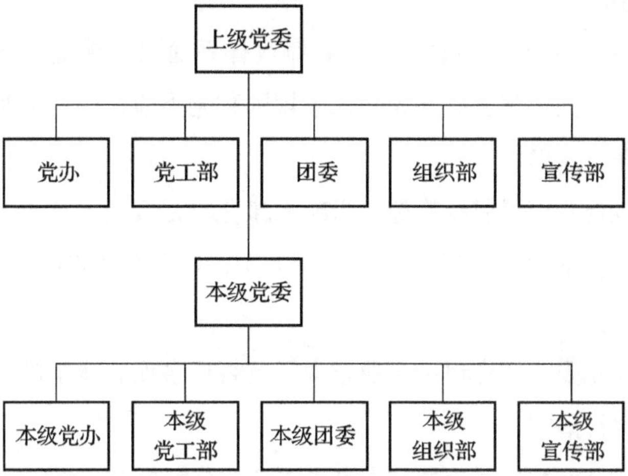

模式2

图 2-3　党委落实工作机制模式

（1）全面落实党中央和上级党委关于年度党建、治理、经营、改革等关乎企业战略、发展大方向的各项重点工作的安排部署，发挥党组织的政治优势和组织优势，坚决实现年度工作目标。

（2）做好党的主题教育、组织党的学习工作。

（3）持续跟进学习中央和上级文件、会议等精神，坚持将政治站位作为党委会“第一议题”来落实。

（4）落实党委中心组学习、组织生活会、民主生活会等制度。

（5）办好领导干部培训班、做好领导干部交流学习。

（6）完善落实党务公开制度。

坚持企业党建与公司治理、生产经营融入融合

国企党建的另一大关键作用是发挥融入治理、融合生产经营工作的作用，真正做到党组织“把方向、管大局、保落实”。具体包括：

（1）落实党建进章程的有关事项，在公司章程层面协同好党委、股东（大）会、董事会、监事会、经营层等治理主体的权责关系，形成可落地可实施的制度安排。

（2）坚持“两个一以贯之”，完善制度体系建设，规范“三重一大”决策和运行监管，坚决落实好党委会议事规则和党委前置讨论企业重大经营管理事项的程序、清单。

（3）规范企业班子成员管理，明确干部管理关系。

（4）聚焦企业改革发展和党建各项工作，建立党委年度调查研究计划，形成问题清单。

（5）建立党委会研究讨论企业重大经营管理事项的体制机制，形成有关制度并严格执行落实。

（6）落实企业党委讨论的重大事项决议的分解督办工作。

（7）强化对重大风险，廉洁履职和保密工作的教育、宣贯、检查工作，以及国家安全教育工作。

强化党组织功能

国有企业要根据《中国共产党国有企业基层组织工作条例（试行）》的有关要求建立党的组织，并匹配相关体制机制，促进基层党组织能力提升。具体包括：

（1）学习贯彻《中国共产党支部工作条例》《中国共产党国有企业基层组织工作条例（试行）》等党内法规，强化落实“基层建设、基础工作、基本功训练”的三基建设，提升基层工作质量。

（2）按照《党章》规定发展党员，组织指导党员教育培训计划，组织支部书记、党内业务、入党积极分子培训班等党员教育培训计划。

（3）管好基层干部，建立基层党组织换届提醒机制，加强指导督办。

（4）推进标准化党支部建设，建立党务工作指导手册、工具，规范各支部“三会一课”台账和各项工作流程。

（5）组织党员、领导干部民主生活会，指导各级单位组织民主生活会工作，开展对党员的民主评议工作。

（6）建立领导班子成员基层党建工作联系制度，每个班子成员重点联系和关注一到多个基层主体党建工作，明确责任主体。

落实党建工作责任制

要落实党建工作责任制有很多工作要做。具体包括：

（1）开展党委书记对基层党建、基层党的领导干部的述职评议机制。

（2）开展党建工作检查督促查，进行党建工作任务分解和考核评价。

（3）及时召开党委会讨论研究党建工作，定期组织召开党委办公会。

（4）落实党内规范性文件评审评议机制。

加强班子和干部人才队伍建设

这方面的具体工作包括：

（1）发挥党管干部作用，建立基层领导班子基本组织和管理结构清单或图表，明确领导班子成员业务管理关系、干部管理关系，合法合规选人用人，优化资源配置结构，做到干部能上能下。

（2）强调党管人才，打造由党组织领导的人才平台，着力打造管理、经营、科技、技术、服务、技能等人才队伍。

（3）优化人才招聘办法，比照市场机制优化创业政策、薪酬待遇、岗位条件和考核制度。

（4）改进人才评价机制，优化绩效指标，完善考评标准，改进人才评议机制与方式方法，从多个方面建立科学化、市场化的评价体制，做到人员能进能出。

（5）建立后备干部工作制度，形成完整的后备干部选拔、培养、激励、退出机制，并开展对于后备干部人选的系统培训。

（6）做好对干部的任期管理、契约化考核评价、轮岗交流制度等。强化对干部选拔、培养和使用的监督工作。

加强党风廉政建设

加强党风廉政建设至关重大，尤其是在国企管理领域。做好这项工作的关键点，具体包括：

（1）认真落实党风廉政建设两个责任，及时召开党风廉政建设和反腐倡廉工作会议。

（2）对党员领导干部经常性开展党风廉政建设教育，持续推进作风建设。

（3）集中开展整治形式主义、官僚主义的主题活动，开展纠治“四风”工作，做好巡查整改。

（4）推进纪检监察体制改革和大监督体系建设工作。加强纪检监察审计干部的培养和队伍建设。

（5）开展党风廉政和纪律工作的定期检查，制定提升优化计划并组织实施。

加强宣传思想文化工作

国企要围绕自身优势及特点，全面开展宣传企业核心价值及思想文化的活动，使宣传思想工作成效转化为推动企业发展的强大动力。该项工作关键点具体包括：

（1）贯彻落实意识形态工作责任制和网络意识形态工作有关机制。

（2）建立领导班子成员意见一致的工作机制。

（3）定期召开宣传思想文化工作会议，组织开展企业内部形势任务教育。

（4）做好新闻宣传报道策划，围绕公司重大产品服务、重要事件、重要人物加强新闻策划和传播。

（5）总结企业发展经验，落实企业文化内涵，强调企业文化与宣传工作融合。

（6）领导有关部门做好企业品牌推广，提升企业形象与影响力。

（7）抓好精神文明建设，开展志愿者活动，布置宣传窗口等。

工会团委工作

工会团委工作是强化党组织领导的强有力的保障，是党的群众工作的重要组织部分。做好该项工作的关键点具体包括：

（1）组织开好职工代表大会，做好职工代表大会提案的处理和督办工作。

（2）开展创新活动、技能比选等职工内部评优评先活动，做好评先表彰、推优申报工作，树立模范典型。

（3）做好员工合法权益维护、集体合同履约、员工关怀等工作。

（4）做好青年员工思想教育、青年典型、创新创效活动等工作。

第19问 如何理解党组织"把方向、管大局、保落实"的核心作用？

中国特色现代企业制度，核心是把握"两个一以贯之"，首要的工作任务是正确定位党组织、董事会、经理层等各个治理主体的责任，推动将党的领导全面融入公司治理，从而使"权责法定、权责透明、协调运转、有效制衡"的治理目标全面达成，治理效能得到实质提升。

党委"把、管、保"的九字规定，是国企将党组织融入公司治理的核心指导原则，也是一个顶层抽象原则。在每家企业落实当中，都需要结合本企业实际进行深入思考、具体分解、全面细化。

什么是"把方向"

《十九大党章修订案学习问答》中，对于"把方向"这个党委基本定位，是这样解释的："就是要自觉在思想上、政治上、行动上同党中央保持一致，坚决贯彻党的理论和路线方针政策，确保国有企业坚持改革发展的正确方向。"如果沿这段解释继续向下思考，对于国有企业党委要切实负起的"方向性"职责，可以继续细化为三个内容。

1. 把握思想方向

党委首先要在思想上引领国有企业全体员工，指出明确的政治方向，这个方向要坚决和党中央保持一致。国企党委的具体工作，就是要形成强大的思想统一力量、宣传号召力量，通过这种努力把握整个国有企业的思想方向。

2. 把握政策方向

国企党委要把坚决贯彻落实党的理论和路线方针政策作为核心任

务。对于一家具体的国企来说，把握政策方向实际上有三个层面的具体意义。

第一个层面，那就是党中央提出的、全党全国都要坚决贯彻执行的政策方针。

第二个层面，是在党中央政策部署下，相关部委和国资监管机构对于国资国企改革、创新、发展、监管、党建等方面制定的政策。

第三个层面，是本企业集团上级党委根据相关政策要求制定的政策和规范。

国企党委就是要把这些不断细化的政策原则贯彻好、落实好，完成把握政策方向的任务。

3. 把握行动方向

把握国企的行动方向，并不是要负责企业日常经营性活动，而是要在整体上保障国企的行动轨迹在一个符合政策要求、符合行业规律、符合自身条件的轨道上运行。

所以，整体来看，“把方向”包括了思想方向、政策方向、行动方向三个由上至下的层次。如果再说得形象一些，国企党委通过“把方向”给国企发展成长框定了一个边界，这个边界包括了“上线、下线、边线”（见图 2-4）。

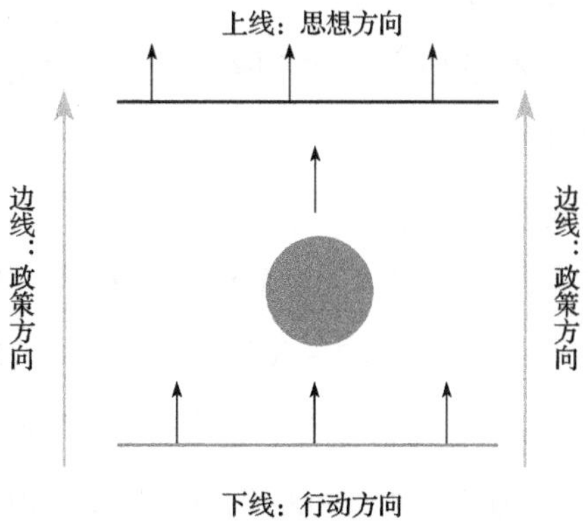

图 2-4　国企发展成长三条线

什么是“管大局”

“管大局”告诉我们，国企党委管的是“大局”，不是“小局”或者其他。在实际企业运作过程中，对于这个“大局”可以从四个方面进行分解落实。

1. 国企“五力责任”是大局

国有企业有重要的战略责任、经济责任和社会责任，这一点已经有非常清晰的政策要求，那就是国有经济要有“五力”——竞争力、创新力、控制力、影响力、抗风险能力。

对于一家具体的国企来说，如果企业所思考和讨论的议题和这“五力”中的一个或者多个直接相关，那么就涉及了国有企业的核心责任，就应该属于大局的内容，国企党委需要进行深入研究。

2. 企业长远利益是大局

什么是一家企业的长远利益呢？要么是关系到未来五到十年的发展道路和结果的，要么是关系到长周期投入产出关系的，要么是关系到企业生存发展基本能力和基础设施的，等等。长远利益和短期利益有时候会产生矛盾冲突，所以更加需要随时关注和重视起来，这就是“大局”。

3. 企业全局利益是大局

“管大局”，就是要考虑“全局利益”这个大局，管控好“局部利益”“自身利益”这些小局。

4. 企业主要矛盾是大局

从第四个角度来看，大局和非大局的区分，有时候表现为企业研究解决问题的不同。一个组织、一家企业在一段特定时间内，面临的主要矛盾是不同的，是发展变化的。一些企业发展的主要矛盾是开拓市场，另外一些企业成长的主要矛盾是创新缺乏，还有一些企业的主要矛盾是组织僵化，每家企业的答案都会有所不同。国企党委研究决策，就是要针对主要矛盾抓住不放，深深扎进去推动解决方案的寻找。从这个方面说，管大局就是“管主要矛盾”。

什么是“保落实”

国企党委的第三项核心功能是“保落实”，这里面最关键的字是“保”。对应到国有企业看，“保落实”就是国企党委要为企业完成好中心工作创造好环境氛围和必要条件。

国企党委到底应该在哪些方面“保”才能更好地行使这项职责，并推动企业目标达成呢？我们梳理了一下，大致应该有四个，也就是“四保”。

一保发展条件。

经理层要完成经营管理任务需要若干内外部条件，有些条件可能需要上级支持、政策协助、环境促进等帮助。这个时候，国企党委要做的工作就是主动帮助完善和落实这些必要的发展条件，从而使经理层更好地完成工作。

二保资源准备。

这是针对企业内部而言的。国企党委要通过自身的独特组织优势，联通上级党委、下级党总支（支部）、兄弟企业党组织，帮助企业动员和利用更有利于发展的财务资源、业务资源和人力资源，为经理层保驾护航。

三保组织队伍。

需要通过落实党管干部、党管人才的要求，选拔任命或聘任好干部，强化核心人才管理，为企业发展打造好组织人才队伍基础，凝心聚力确保把党中央精神和上级部署不折不扣地落到实处。

四保文化激发。

国企党委“保落实”还有另一个重要的方式，那就是在企业内部营造一个正能量的、奋斗的文化氛围，进而激发动能、释放潜能，推动企业目标实现。

综上所述，“保落实”就是要保发展条件、保资源准备、保组织队伍、保文化激发。

以上对于“把方向、管大局、保落实”进行了框架性、解释性展开。

“把方向”是从治理目标角度展开，“管大局”是从治理重点角度考虑，“保落实”是从治理方式角度细化。这样，国企党委通过“把、管、保”相结合的方式，同时在治理目标、治理重点、治理方式三个方面融入公司治理结构，并实现党组织的领导核心作用。

第20问 国企党建融入治理有哪些必须掌握的关键概念和重点工作？

国企强化党建并融入公司治理各个环节，是国企改革三年行动的核心任务之一，对于这项工作涉及的一些关键概念和核心要求，理解越全面，落实就会越有效。因而，我们将一些关系到国企党建融入公司治理的“关键词”略做整理，帮助大家做一个提纲索引。

党组、党委、党总支、党支部

国有企业的党组织，根据不同的级别和党员人数，划分成四个不同的类型。

《中国共产党基层组织工作条例（试行）》对于这四种党组织再次进行了界定和明确：“经党中央批准，中管企业一般设立党组，中管金融企业设立党组性质党委。”可以理解为，党组是国有企业党组织的最高层级。

党委、党总支和党支部的划分，是按照党员人数规模确定的。

“国有企业党员人员100人以上的，设立党的基层委员会（党委）。”“党员人数50人以上、100人以下的，设立党的总支部委员会（党总支）。”“正式党员3人以上的，成立党支部。”[①]

从职责定位上来看，国有企业党委（党组）发挥领导作用，国有企业党支部（党总支）以及内设机构中设立的党委围绕生产经营开展工作，发挥战斗堡垒作用。

---

① 出自《中国共产党国有企业基层组织工作条例（试行）》。

把方向、管大局、保落实

《中国共产党基层组织工作条例（试行）》中规定，国有企业党委（党组）要发挥领导作用，“把方向、管大局、保落实”。

如何来理解这三个词、九个字呢?

把方向：就是要自觉在思想上、政治上、行动上同党中央保持一致，坚决贯彻党的理论和路线方针政策，确保国有企业坚持改革发展的正确方向。

管大局：就是要坚持在大局下行动、议大事、抓重点、加强集体领导、推进科学决策，推动企业全面履行经济责任、政治责任、社会责任。

保落实：就是要管干部聚人才、建班子带队伍、抓基层打基础，领导群众组织并发挥其作用，凝心聚力完成企业中心工作，把党中央精神和上级部署不折不扣落到实处。

双向进入、交叉任职

“双向进入，交叉任职”是国有企业党的领导的具体体现。这一提法总的要求是，符合条件的党委（党组）班子成员可以通过法定程序进入董事会、监事会、经理层。同样，董事会、监事会、经理层成员中符合条件的党员可以依照有关规定和程序进入党委（党组）。

在公司治理层面上，各个治理主体核心岗位可以和党组织班子成员进行双向任职，保证在组织结构方面将党的领导和公司治理主体结合一体，据以贯彻党的路线方针。比如，“党委（党组）书记、董事长一般由一人担任，党员总经理担任副书记”等。

20 字企业领导人员要求

《中国共产党基层组织工作条例（试行）》对于做好选配企业领导人员的标准进行了再次重申，这就是：

对党忠诚、勇于创新、治企有方、兴企有为、清正廉洁。

这样的“20 字原则”，概括了国有企业选择领导人员时，需要考核和评价的基本尺度，并从态度、能力、业绩、品行四个维度建立了指标体系。

态度。作为国有企业的领导人员，必须做到对党绝对忠诚，有担当、有毅力，担得起责、吃得了苦、受得了委屈。

能力。国企领导人员需要有战略洞察、组织协调、经营管理、创新突破的能力和习惯。

业绩。“有方”“有为”从另一个侧面提出，一个国企领导人需要让企业、股东、员工、社会感觉到有方法、有策略，并且有作为、有水平，超过了一般的企业，能够实现行业平均之上的业绩。

品行。清正廉洁是国企领导人员的品质要求底线。

职工民主参与管理四项权利

中国特色现代企业制度与西方企业一条重要的不同之处，就是充分尊重和发扬职工民主参与公司管理的权利，职工民主参与管理是中国特色现代企业制度的重要组成部分，职工民主参与管理的核心是“四项权利”：

知情权、参与权、表达权、监督权。

职工的知情权如何来实现呢？一是通过厂务公开、业务公开；另外，企业召开的职工代表大会要定期听取董事会和总经理的工作报告。

职工参与哪些公司重要的决策事项呢？一般来说，包括企业经营方针、长远和年度计划、重大技术改造和技术引进计划、职工培训计划、财务预决算方案等。这些方案需要由职工进行审议。

表达权的履行主要是依靠职工代表大会行使对于若干重要事项的审议来完成的。企业重要改革方案、企业重组合并分立等重大资本运作方案、企业薪酬福利制度制定、企业重要规章制度等四类重要制度政策需要审议并通过。

监督权主要是要通过职代会来评议、监督各级领导干部，并提出任免和奖惩的建议。

三会一课

“三会一课”制度是党的组织生活的基本制度。“三会”是定期召开支部党员大会、支委会、党小组会；“一课”是按时上好党课。

支部党员大会每季度召开一次，主要内容是传达、学习党的路线、方针、政策和上级党组织的决议、指示，制定本单位贯彻落实的计划、措施；定期听取、讨论支部委员会的工作报告，对支部委员会的工作进行审查和监督；讨论和接收新党员和预备党员转正，讨论决定对党员的表彰和处分；选举支部委员会和出席上级党代表大会代表；讨论决定其他需要由支部党员大会讨论决定的重要问题。

支部委员会每月召开一次，主要内容是研究贯彻上级党组织的决议和指示；讨论制定完成工作任务的措施；研究党的建设和党员管理方面的问题；研究关于干部选拔、调整方面的问题；研究培养、发展新党员方面的问题等。

党小组会每月至少召开一次，由党小组组长主持。主要内容是学习上级组织有关文件精神和党报、党刊及其他相关材料，学习先进党员的模范事迹等；汇报党员个人思想和工作情况，分析本小组党员和群众思想状况，开展批评与自我批评；研究积极分子的培养和教育情况以及党员发展、转正情况；改选小组长、酝酿支委候选人和出席上级党代会的代表候选人；评选优秀党员、讨论对党员的处分及党务方面的工作等。

党课每年不少于四次，以集中学习为宜。内容是围绕各个时期的形势和任务，党的中心工作，结合本单位党员状况和生产经营实际，生动地、有针对性地、形式多样地进行党的路线、方针、政策教育，领导干部要亲自讲课。

一岗双责

“一岗双责”是在管党治党工作中长期发展，根据多次工作、会议、要求、相关规定，总结出来的一个具体要求。国有企业的“一岗双责”，是指国企党组织领导岗位既要履行岗位本身所赋予的经营管理职责，又要履行党建职责。

就此，《中国共产党基层组织工作条例（试行）》规定：“国有企业党组织履行党的建设主体责任，书记履行第一责任人职责，专职副书记履行直接责任，内设纪检组织负责人履行监督责任，党组织领导班子其他成员履行‘一岗双责’，董事会、监事会和经理层党员成员应当积极支持、主动参与企业党建工作。”

“条例”再次强调一岗双责，就是要求将国有企业党的建设纳入整体工作部署，坚持党的建设和企业经营发展同谋划、同部署、同推进、同考核，防止一手硬、一手软。

前置研究

党组织前置研究，是指国有企业党组织对于重大事项的研究讨论是董事会、经理层决策重大问题的前置程序，其作用在于落实党组织在公司治理中的法定地位。

就此，《中国共产党基层组织工作条例（试行）》明确规定：“国有企业重大经营管理事项必须经党委（党组）研究讨论后，再由董事会或者经理层做出决定。”

前置研究哪些事项呢？核心是6项：

（1）贯彻党中央决策部署和落实国家发展战略的重大举措；

（2）企业发展战略、中长期发展规划，重要改革方案；

（3）企业资产重组、产权转让、资本运作和大额投资中的原则性方向性问题；

（4）企业组织架构设置和调整，重要规章制度的制定和修改；

（5）涉及企业安全生产、维护稳定、职工权益、社会责任等方面的重大事项；

（6）其他应当由党委（党组）研究讨论的重要事项。

四同步、四对接

“四同步”，是指将党的领导融入公司治理各个环节，要做到坚持和落实党的建设和国有企业改革同步谋划；党的组织及工作机构同步设置；党组织负责人及党务工作人员同步配备；党建工作同步开展。

“四对接”，是指体制对接、机制对接、制度对接、工作对接。

“四同步、四对接”目的是使党组织作用组织化、制度化、具体化。

集体领导

民主集中制是党的根本组织原则。坚持集体领导制度，实现集体领导和个人分工相结合，是民主集中制的重要组成部分。

什么是国有企业的“集体领导”？那就是凡属重大问题，要按照集体领导、民主集中、个别酝酿、会议决定的原则，由集体讨论、按少数服从多数做出决定，不允许用其他形式取代党委及其常委会（或党组）的领导。

集体领导制度包括几个核心要点：

第一，落实议事规则和程序，健全定期报告和监督制度。

第二，领导班子成员要充分发表意见，决策形成后一抓到底，不得违背集体决定自作主张、自行其是。

第三，主要负责人必须发扬民主、善于集中、敢于担责。

第四，领导班子成员必须坚决执行党组织决定，如有不同意见可以保留或向上一级党组织提出。

第21问 国有企业党委和党支部分别要召开哪些会议?

国企党组织到底要开哪些会议呢?

如果做一次系统总结就会发现，党委和党支部（总支）要开的会存在一一对应的关系；但从工作要求上又有所区别，各有五项。对于支部而言，我们熟悉的“三会一课”就蕴含其中。总体来看形成了5乘以2加1，共11项重要会议的格局。国有企业党员干部应深入系统理解有关会议的区别与联系，按照既定规则将会议开实开好，履行必要程序，发挥各项会议作用。

党代表大会 / 党员大会（支部党员大会）

党代表大会是党的一项带有根本性的组织制度，是党的各级组织和部分基层组织讨论、决定党的重大问题和选举党的领导机关的会议，经上级党组织批准召开，由全体党员代表参加。代表名额的分配，由党委根据选举单位（以所属基层党组织为基本选举单位）的数量、党员人数和工作需要确定，并由这些选举单位按照党委提出的选举办法和差额比例，召开党员大会选举产生。

党代表大会作为根本性的组织制度，主要议事内容包括两项：一是听取和审查党委会（中共某单位第某届委员会）的工作报告，二是选举产生党委会作为其常设议事机构。

党代表大会有严格的7方面27项程序。

党员人数在500人以下的，一般不召开党代表大会，由党员大会直接听取党委会报告，并开展选举。

党员大会对应到党支部，则采用支部党员大会的形式，由全体党员参加。

党委会（支部委员会）

党委会是国有企业党组织最常见的会议形式，分为定期会议和临时会议。定期会议的内容、次数、召开时间由党委按照《党章》的要求结合工作实际做出具体规定。遇重要或紧急情况必须召开，或三分之一以上党委委员提议，或上级党委认为有必要的，应由党委书记组织召开临时党委会。

党委会要按照民主集中原则、依法合规原则和科学决策原则讨论或表决党委履行党建工作责任的研究决定事项，以及对企业重大经营管理事项履行前置研究程序。

支委会则是党支部的对应会议机制，可以根据需要随时召开；但原则上一般每月召开一次，对党支部重要工作进行讨论、做出决定等。需要注意的是，支部委员会不具备“三重一大”事项和重要经营管理事项前置讨论的权限，应当先行讨论，由上级党委把关。

党委会（支部委员会）职能如图 2-5 所示。

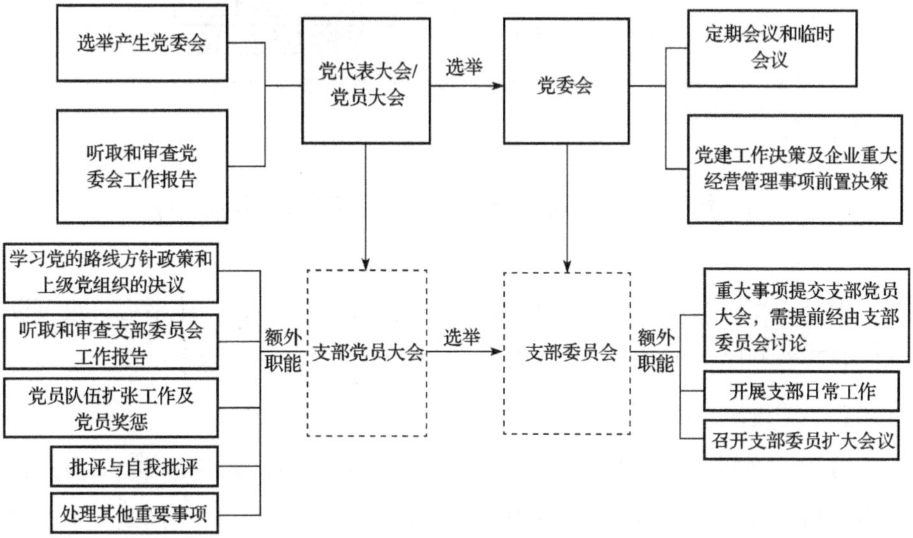

图 2-5　党委会（支部委员会）职能

党建工作领导小组会议（党小组会）

为了深化国有企业党的建设，国企党委应当建立党建工作领导小组，并召开国企党建工作会议。党建工作领导小组的主要工作是党的政策学习和对国企党建事项在企业的落实进行研究讨论、分解布置，包括但不限于国企党建、全面从严治党、党的理论宣传工作、党委安排部署的统筹协调推进事项和督促检查等。

类似的，在支部领导下，支部内也应召开党小组会议，作为党员组织生活的重要组成部分。党建工作领导小组会议（党小组会）职能如图 2-6 所示。

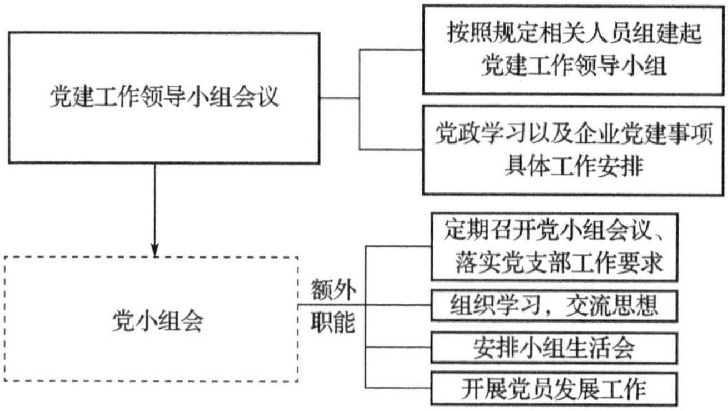

图 2-6　党建工作领导小组会议（党小组会）职能

党员领导干部民主生活会（双重组织生活会）

国企党委应在每年 11 ～ 12 月份召开党员领导干部民主生活会，也可以随时召开专题民主生活会，主要是促进党员领导干部开展思想交流、提高党性修养、增进班子团结。

对于党支部，除民主生活会外，还应参加党支部组织生活会。二者并称双重组织生活会，但不属于“三会一课”制度范畴之内，时间周期要求按照每年一次确定。

党员领导干部民主生活会（双重组织生活会）职能如图 2-7 所示。

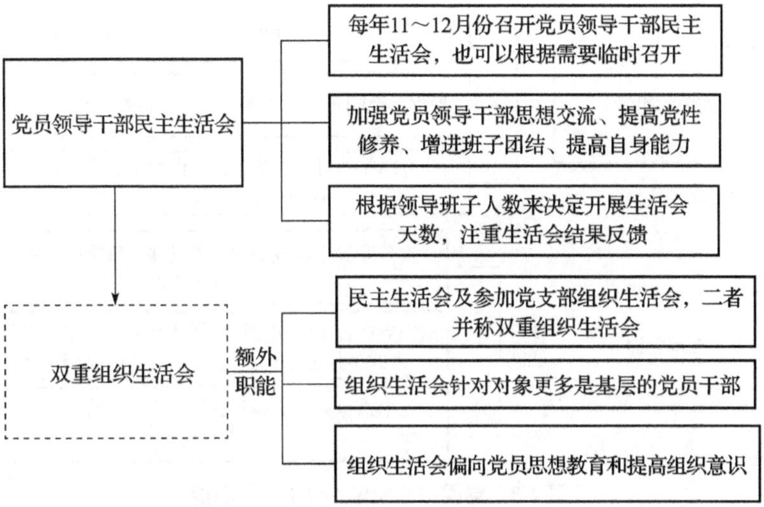

图 2-7　党员领导干部民主生活会（双重组织生活会）职能

党委中心组学习（党课）

党委中心组学习是各级党委领导班子在职理论学习的重要组织形式，是严肃党内政治生活、强化党性修养的重要内容，是加强领导班子思想政治建设的重要制度。党委中心组学习一般由党委组织，可以以集体学习研讨会议形式召集党员领导干部参加，体现了民主集中制中的“集中原则”。

对应的，支部等相对基层的党组织，则采用党课的形式，以集中学习为宜。党委中心组学习（党课）职能如图 2-8 所示。

党委办公会

党委办公会，一般是上级单位党委召开的例会，发挥会议传达、部署、通报、协调、沟通等功能，既是党委领导了解全公司党群系统各方面工作情况和研究部署党群系统重要事项的会议，也是党群系统各级各部门汇报和沟通协调重要事项的渠道。党委办公会一般由党委工作部或党办承办。

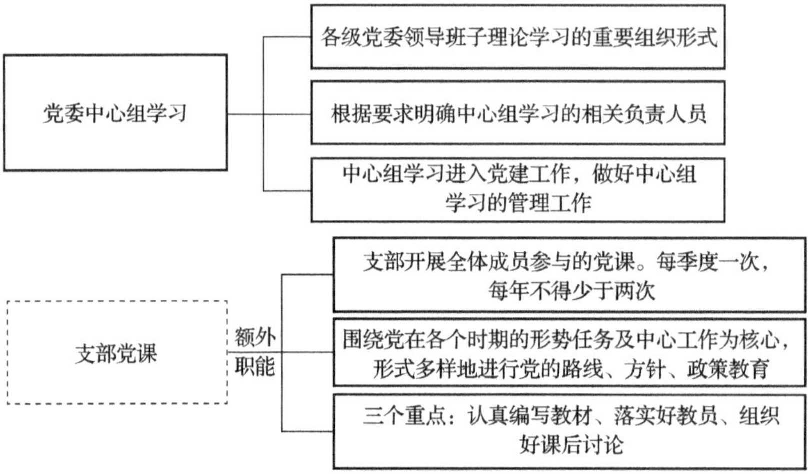

图 2-8　党委中心组学习（党课）职能

党委办公会职能如图 2-9 所示。

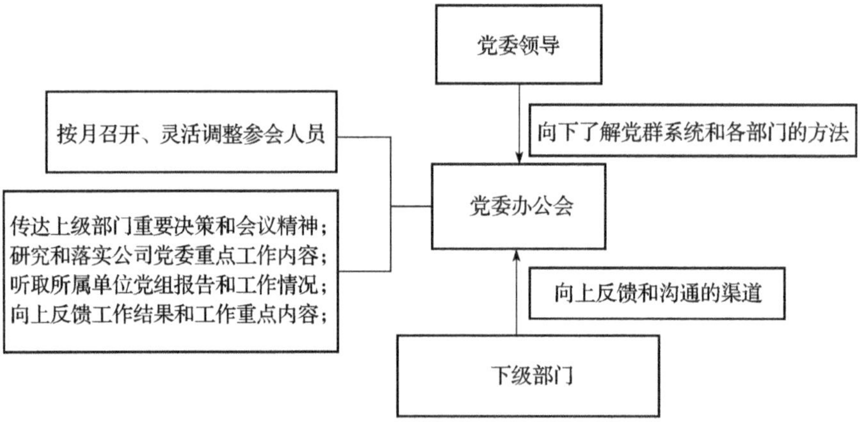

图 2-9　党委办公会职能

第22问 党委前置研究事项的内容依据和决策标准是什么?

《国企党委前置研究事项清单》(以下简称《党委前置研究清单》) 在中国特色现代企业制度完善中起到重要“联结器”的作用，每个国企都需要根据自身特点，在政策要求基础上，细化完善本企业的党委前置清单。

出发点：为什么这个清单很重要

发展要求：因为建设完善中国特色现代企业制度，迫切需要将党组织领导作用和公司法人治理结构相融合，各个治理主体的责权利需要更量化、可操作、能执行的制度规范。

实践要求：国企已经在全面执行党组织前置研究的原则规定，但是由于缺少操作性规范，实践中出现了党组织研究形式化、扩大化，甚至成为一个“筐”的情况。因而，有必要加快明确哪些事项应该前置研究，哪些不必前置研究，以使各个治理主体真正实现有效配合。

立足点：清单内容边界根据什么确定

党委前置清单依据的政策规定主要有三个:《中国共产党章程》《关于在深化国有企业改革中坚持党的领导加强党的建设的若干意见》《中国共产党国有企业基层组织工作条例（试行)》。

其中，在《中国共产党国有企业基层组织工作条例（试行)》中，对于国企中党组织的决策功能作用进行了六个方面明确的规定。这六个方面是制定《党委前置研究清单》示范文本的“立足点”。

这个条例第十五条规定："国有企业重大经营管理事项必须经党委（党组）研究讨论后，再由董事会或者经理层做出决定。"研究讨论的事项主要包括：

（1）贯彻党中央决策部署和落实国家发展战略的重大举措；

（2）企业发展战略、中长期发展规划，重要改革方案；

（3）企业资产重组、产权转让、资本运作和大额投资中的原则性方向性问题；

（4）企业组织架构设置和调整，重要规章制度的制定和修改；

（5）涉及企业安全生产、维护稳定、职工权益、社会责任等方面的重大事项；

（6）其他应当由党委（党组）研究讨论的重要事项。

发力点：前置研究的标准是什么

在企业应用党委前置研究程序要从"把方向、管大局、保落实"的核心意义开始。具体到党委前置研究问题上，应该体现在"四个是否"上：

（1）是否符合党的路线方针政策；

（2）是否契合党和国家的战略部署；

（3）是否有利于提高企业效益、增强企业竞争力、实现国有资产保值增值；

（4）是否有利于维护社会公众利益和职工群众合法权益。

"四个是否"是党委前置研究过程中把握决策原则和尺度的基本标准，也是决定是否支持一项决策的"关键点"。

详细分析"四个是否"，可以发现党委决策的重心和董事会、经理层决策是不同的，后者集中于决策事项自身的科学性、技术性、可行性，而党委决策是在整体方向、宏观大局等方面进行审视。

第23问 制定党委前置研究事项清单有哪些实操问题需要关注?

党委前置研究，是践行“两个一以贯之”，落实中国特色现代企业制度的重要机制保证。实现“权责法定、权责透明、协调运转、有效制衡”的治理目标，需要将党委前置研究事项清单化。

区分清单中两种权力类型

1. 决定权

党组织研究是决定的、终局的，可以称为“决定权”，它们分别是：

第一，贯彻党的路线、方针、政策的事项。

第二，企业组织、人才建设和重要人事任免事项。

第三，企业党建工作和基层党组织建设事项。

第四，涉及思想政治、精神文明、企业文化等思想文化导向的事项。

2. 把关权

所谓把关，是指党委会从“把方向、管大局、保落实”角度就相关事项进行深入研究讨论，提出自身意见，供企业董事会、经理层决策时进行重点考虑，协助董事会或经理层更科学地做出决定。但是党委会决策并不代替或者决定董事会或经理层的判断，如果相关意见出现不一致，可以经过会下沟通磋商解决。

把关权的确定和细化能够全面理顺党委、董事会、经理层的不同权责界限，对于各个治理主体有效运转、相互制衡治理目标的实现有重要作用。

前置研究事项细化标准

党委前置研究是发挥“把方向、管大局、保落实”作用的工作，而不是全部包办、代替其他治理主体决策内容，所以势必涉及区分“重大”和“非重大”、“大额”和“非大额”的问题，应通过具体可量化的事项金额和事项性质来划分不同治理主体的权责边界。

1. 按决策事项性质细化

这是指在企业制定党委前置研究清单时，需要对于部分经营管理事项按照其影响程度、涉及范围、业务特点等进行分层分类，从而区分出需要前置研究的重要事项。

相关事项可能会涉及这几个方面：

（1）重大投资和重大融资。对于投资和融资事项，一方面可以通过金额大小划分是否重大；同时，由于一些投资项目或者融资类型金额虽然不大，但是可能涉及特殊的项目、特别的融资工具等，这时需要根据事项性质进行分类细化。

（2）有重大影响的资产重组、产权转让、资本运作事项。同理，可以通过规定这几类涉及国有资本权益事项的具体类别来区分重大或者非重大。

（3）重要改革方案和基本管理制度。改革方案和管理制度是否重要？可以从改革方案涉及的组织层级来划分，可以从管理制度是否属于某类全局性制度来划分，进而加以明确。

（4）重大风险和重大诉讼。由于风险和诉讼的特点，较难以通过金额来区分是否重大，这时就要明确什么样的风险属于重大风险，有什么影响的诉讼算作重大诉讼。

2. 按决策事项金额细化

一些决策事项可以按照金额的大小来区分是否属于重大经营管理内容，进而明确是否属于党委前置研究的内容。这一类事项可以包括：

（1）投资和融资事项。

（2）大额资金调动和使用。

（3）大额捐赠或赞助。

做好清单之间的衔接

只有将《党委前置研究事项清单》和《董事会决策事项清单》及《经理层权责清单》同步制定，相互关联，前后贯通，才能在实际工作中推动业务顺畅运行。

如何做好这三个清单的衔接呢？建议做好三点：

首先，先把“三重一大”事项优先梳理清楚。

从党委前置研究的内容来看，核心是重大经营管理事项，基本都涉及“三重一大”的内容，也是董事会进行决策、经理层推动落实的重要工作。可以说，“三重一大”事项是三个治理主体决策的主要交集。

其次，系统梳理企业的授权手册或者授权表。

国有企业确定三个治理主体的权责清单，要结合已经有的授权手册和授权表，在此基础上进行调整和优化，这样能够保证清单的制定不是空中楼阁，而是在已经系统构建的管理体系基础上深化。

最后，用表格配合流程形式明确每个重要权责事项的决策方式和流程。

三个治理主体的权责清单虽然可以是独立的，但是其中重要事项有很多交叉，这样就有必要用一张总表来汇总说明一个具体决策事项是由哪个部门负责或发起，然后在党委会、董事会、总经理办公会之间采用怎样的先后决策顺序，产生什么决策性文件等细节内容。这样一项一项做下来，就构成了一个可以贯通三个清单的汇总表，如果再搭配相关的流程，就能够比较好地建立一个相互关联、同步运转的治理体系了。

第24问 各个省区在国企党组织前置研究清单方面有何政策和实践参考？

国企深化改革以来，北京、浙江、江苏等地相继出台了本省市《国有企业党委前置讨论研究重大事项清单及程序示范文本》，从政策层面对这个广大国企关心的问题进行了清晰解答和详细规定。

经验 1：清单的内容

浙江省：提出了 19 条需要省属企业党委前置研究讨论的重大经营管理事项，形成了具体清单。

北京市：从战略规划类、规章制度及管理类、生产经营类、职工权益和社会责任类、其他类等 5 个方面明确了党委前置研究的 20 项内容。

江苏省：指出国有企业须经党委前置研究讨论再由董事会或者经理层做出决定的重大事项，主要包括 5 大类 23 项内容，其中重大战略规划类事项 3 项、重大发展改革类事项 5 项、重大经营管理类事项 10 项、重大社会责任类事项 3 项、其他类事项 2 项。

经验 2：前置研究的标准

各省市政策要求说明，具体到党委前置研究问题上，“把、管、保”应该体现在“四个是否”上面。

浙江省相关政策说明：“将前置研究讨论事项集中在战略方向、宏观层面，不涉及具体经营管理事项，便于党委更好发挥把关定性、总揽全局、协调各方的领导作用，既充分体现党委‘把方向、管大局、保落实’的领导作用，又有效避免党委与公司其他治理主体权责不明、边界不清的情况。”

经验 3：企业细化制定个性清单

北京、江苏、浙江、辽宁等省市，都在党委前置清单政策中明确要求，本省市国有企业要根据自身情况，在全省市示范文本基础上，制定适应于本企业的党委前置研究清单，推动本公司党组织和法人治理深度融合。

企业如何将统一的前置研究清单个性化，并成为本企业切合实际的有用制度呢?

有了标准化的示范文件，如何继续向下细化深化?知本咨询建议企业朋友关注四个变量:

（1）管理层级。对于一家集团性公司总部和一家基层生产型企业，党组织前置研究的重要性显然是不一样的。集团公司总部涉及的大量工作都是与战略性、长期性、全局性决策相关的，因而党委前置研究内容将会有更多覆盖。基层生产企业，涉及的主要工作是具体生产经营事项，基层党组织决策内容可能更多关注到与企业职工有关的事项，以及确保执行上级党组织决策内容。

（2）股权结构。对于国有股东股比不同的企业，也需要充分考虑党委前置研究的差异性。《中国共产党国有企业基层组织工作条例（试行）》适用于国有独资、全资企业和国有资本绝对控股企业，国有资本相对控股并具有实际控制力的企业参照执行。对于股权结构更加多元、董事会和经理层来源更加多样的国有企业，党委前置研究决策需要更加重视与其他股东的交流和协商。

（3）企业规模。规模较大、组织结构复杂、涉及地域多的国有企业，需要根据集团战略和管控意图，对于不同组织单位差异化授权，基于授权和各个企业的战略定位，明确不同企业党组织前置研究的重点。

（4）法人治理。国有企业法人治理体系的发育和成熟情况是不同的，《党委前置研究事项清单》是和法人治理的完善情况直接互为作用的。对于法人治理结构不完备，或者只设立一个执行董事的情况，由于党组织和经营层高度重叠，董事会战略决策功能难以实现，所以就需要更加强调本级党组织的实际领导作用发挥和上级母公司的管控指导作用。

第25问 党委会研究讨论企业重大经营管理事项的基本原则和议事程序如何设置？

为细化落实企业党委议事决策工作，推进党的领导与国有企业法人治理结构有机融合，厘清党组织前置研究讨论的职责边界，明确议什么、怎么议，2021年各级各地国资监管机构、国有企业集团均将企业党组织前置研究重大经营管理事项作为重点工作。通过梳理党委会研究重大经营事项的清单，建立有关会议机制、运行机制，确保企业党组织议大事、抓重点，发挥党“总揽全局、协调各方”的领导作用，保证企业重大决策事项落地落实，促进企业高质量发展。

议事原则

党委会议事原则包括：

1. 政治引领原则

高举中国特色社会主义旗帜，贯彻落实习近平新时代中国特色社会主义思想，坚持“两个一以贯之”原则，明确研究讨论范围、规范研究讨论程序。

2. 依法合规原则

公司党委会履行“前置程序”，应符合《党章》和中央有关规定要求、国家有关法律法规和公司章程的规定，理顺党委会履行前置程序与各治理主体依照法律和规章决策的关系。

3. 方便高效原则

严格把握党委会履行前置程序总体上突出“重大事项”的要求，必须明确“重大”事项的具体标准，形成具有操作性的议事范围清单。

4. 把握实质原则

要紧盯带有方向性、全局性、战略性、系统性的重大经营决策事项，从发展的全局角度、政治和战略高度进行研究讨论，避免与董事会、总经理办公会套开、重复研究、混同决策等，避免成为“走形式”和“作背书”。

议事程序

在坚持上述原则的同时，应当合理设置有关议事程序，在确保合规的基础上尽量缩减流程，具体包括：

（1）前置程序事项严格按照清单发起，遵循“谁发起，谁负责”的原则，由主责部门履行必要的调研、可行性论证、法律评审、专题评审会议等程序，并经分管领导、主要领导同意后发起提交。必要时在党委备案。

（2）公司党委工作部或有关责任部门负责汇总前置程序事项，根据汇总情况以及事项紧急程度进行初步审查，经党委主要领导同意后确定会议议题和会议时间。主责部门负责提交会议议案材料，议案材料提交要确保质量和实效，避免会前临时增加议题，提高整体工作效率。

（3）公司党委履行前置程序应做到重大、紧急议题有限，主责部门汇报应简明扼要、突出重点。配合部门由主责部门确定，列席会议参加研究讨论。

（4）公司党委会履行前置程序应坚持民主集中制，参会党委成员对研究讨论事项要充分发表意见，在达成共识的基础上，形成对研究讨论事项的决策建议。研究讨论中出现较大意见分歧时，除因紧急情况必须进行决定外，一般应暂缓做出决定，待认真调查研究和充分交换意见后，提交下次会议研究讨论。

（5）明确前置程序审议流程，应履行而未履行前置程序的事项，原则上不得向董事会或总经理办公会提交。其他特殊事项，由党委工作部及相关主责部门研究，经党委主要领导同意后提交相关会议研究。

（6）公司党委会履行前置程序，应就研究讨论事项提出明确意见或建议。进入董事、经理层的党委成员，在董事会、经理层履行具体决策程序时，应充分表达党委会的意见和建议。

（7）党委成员要强化组织观念和纪律观念，如发现董事会、经理层拟决策事项不符合党的路线方针政策和国家法律法规，或可能会损害国家、社会公众利益和企业、职工的合法权益时，应及时向党委会汇报，通过党委会形成明确的意见向董事会、经理层反馈。

（8）公司党委工作部或对应主责部门应列席董事会、总经理办公会，负责向党委会报告前置程序事项的最终决策情况。前置程序执行要点如图 2-10 所示。

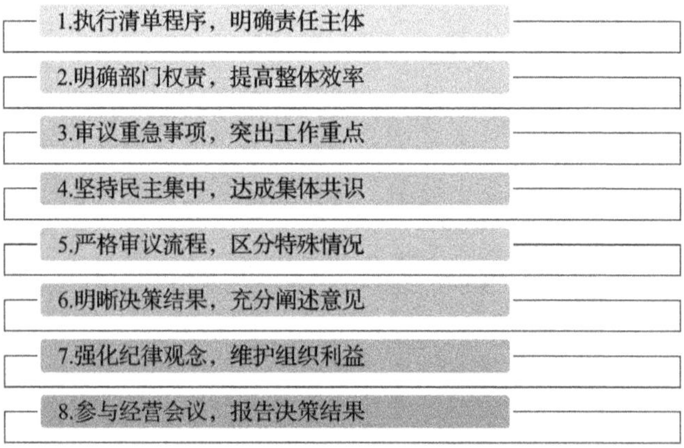

图 2-10　前置程序执行要点

第26问 党委和党支部在公司治理中的作用功能有何差别？

2020年1月，中共中央印发了《中国共产党国有企业基层组织工作条例（试行）》（以下简称《条例》），明确了国有企业党委（党组）、党支部（党总支）基层党组织在企业开展工作中的作用及主要职责。

国企党委（党组）的作用功能

国有企业党委（党组）发挥领导作用，“把方向、管大局、保落实”，依照规定讨论和决定企业重大事项。

主要职责是：

（1）加强企业党的政治建设，坚持和落实中国特色社会主义根本制度、基本制度、重要制度，教育引导全体党员始终在政治立场、政治方向、政治原则、政治道路上同以习近平同志为核心的党中央保持高度一致；

（2）深入学习和贯彻习近平新时代中国特色社会主义思想，学习宣传党的理论，贯彻执行党的路线方针政策，监督、保证党中央重大决策部署和上级党组织决议在本企业贯彻落实；

（3）研究讨论企业重大经营管理事项，支持股东（大）会、董事会、监事会和经理层依法行使职权；

（4）加强对企业选人用人的领导和把关，抓好企业领导班子建设和干部队伍、人才队伍建设；

（5）履行企业党风廉政建设主体责任，领导、支持内设纪检组织履行监督执纪问责职责，严明政治纪律和政治规矩，推动全面从严治党向基层延伸；

（6）加强基层党组织建设和党员队伍建设，团结带领职工群众积极投身企业改革发展；

（7）领导企业思想政治工作、精神文明建设、统一战线工作，领导企业工会、共青团、妇女组织等群团组织。

国企党支部（党总支）的作用功能

国有企业党支部（党总支）以及内设机构中设立的党委围绕生产经营开展工作，发挥战斗堡垒作用。

主要职责是：

（1）学习宣传和贯彻落实党的理论和路线方针政策，宣传和执行党中央、上级党组织和本组织的决议，团结带领职工群众完成本单位各项任务。

（2）按照规定参与本单位重大问题的决策，支持本单位负责人开展工作。

（3）做好党员教育、管理、监督、服务和发展党员工作，严格党的组织生活，组织党员创先争优，充分发挥党员先锋模范作用。

（4）密切联系职工群众，推动解决职工群众合理诉求，认真做好思想政治工作；领导本单位工会、共青团、妇女组织等群团组织，支持它们依照各自章程独立负责地开展工作。

（5）监督党员、干部和企业其他工作人员严格遵守国家法律法规、企业财经人事制度，维护国家、集体和群众的利益。

（6）实事求是对党的建设、党的工作提出意见和建议，及时向上级党组织报告重要情况；按照规定向党员、群众通报党的工作情况。

党委和党支部（党总支）功能和职责的区别

在作用方面，国企党支部（党总支）是国企党组织处在企业发展前沿，与群众接触最多，凝聚和带领着群众的基本单元。所以，党支部（党总支）要在党委与群众之间起到一个桥梁的作用。具体来说，有四个方面：贯彻落实党的路线方针政策、联系和服务群众、提高执政能力、发挥党员先锋模范作用。

笔者对《条例》进行了详细分析，党委和党支部（党总支）功能和职责区别如表 2-2 所示。

表 2-2　党委和党支部（党总支）功能和职责区别

任务	党委	党支部（党总支）	主要区别
政治建设	加强企业党的政治建设，坚持和落实中国特色社会主义根本制度、基本制度、重要制度，教育引导全体党员始终在政治立场、政治方向、政治原则、政治道路上同以习近平同志为核心的党中央保持高度一致		
思想建设	深入学习和贯彻习近平新时代中国特色社会主义思想，学习宣传党的理论，贯彻执行党的路线方针政策，监督、保证党中央重大决策部署和上级党组织决议在本企业贯彻落实	学习宣传和贯彻落实党的理论和路线方针政策，宣传和执行党中央、上级党组织和本组织的决议，团结带领职工群众完成本单位各项任务	
组织建设	加强对企业选人用人的领导和把关，抓好企业领导班子建设和干部队伍、人才队伍建设（选人用人权）； 加强基层党组织建设和党员队伍建设，团结带领职工群众积极投身企业改革发展； 领导企业思想政治工作、精神文明建设、统一战线工作，领导企业工会、共青团、妇女组织等群团组织	密切联系职工群众，推动解决职工群众合理诉求，认真做好思想政治工作；领导本单位工会、共青团、妇女组织等群团组织，支持它们依照各自章程独立负责地开展工作	党委有选人用人权； 两者组织建设的客体不同

续表

任务	党委	党支部（党总支）	主要区别
作风建设	履行企业党风廉政建设主体责任，领导、支持内设纪检组织履行监督执纪问责职责，严明政治纪律和政治规矩，推动全面从严治党向基层延伸	做好党员教育、管理、监督、服务和发展党员工作，严格党的组织生活，组织党员创先争优，充分发挥党员先锋模范作用； 监督党员、干部和企业其他工作人员严格遵守国家法律法规、企业财经人事制度，维护国家、集体和群众的利益； 实事求是对党的建设、党的工作提出意见和建议，及时向上级党组织报告重要情况。按照规定向党员、群众通报党的工作情况	党支部（党总支）面向群众，所以要发挥党员先锋模范作用； 党支部（党总支）要向上级党组织（党委）汇报工作
“三重一大”	研究讨论企业重大经营管理事项，支持股东（大）会、董事会、监事会和经理层依法行使职权	按照规定参与本单位重大问题的决策，支持本单位负责人开展工作	参与“三重一大”事项决策的权力大小有区别

第27问 国企党支部能否对重大事项决策进行把关？

多项国企改革的政策规制中均明确指出“国有企业党委（党组）发挥领导作用，把方向、管大局、保落实，依照规定讨论和决定企业重大事项”，而对党支部（党总支）则多表述为“围绕生产经营开展工作，发挥战斗堡垒作用”。于是“党委（党组）”似乎成为与“发挥领导作用，前置讨论决定”一对一挂钩的一个条件反射式认知，与此同时，“党支部（党总支）”与“发挥战斗堡垒作用”似乎成为另一个一对一挂钩的条件反射式认知。

党支部的组织定位：党的基础组织，基层组织的一种

根据《中国共产党章程》（以下简称《党章》）和《中国共产党国有企业基层组织工作条例（试行）》（以下简称《国企组工条例》）的规定，国有企业的党组织属于党的基层组织，即使是中央企业的党组织也是。党的基层组织从组织类型角度有三类：党组（一般为中管企业）、党委和党支部（党总支）。

需要指出的是，《党章》第三十四条明确规定，“党支部是党的基础组织”。党支部毫无疑问属于党组织的一种类型且是基础性的组织，换言之，党组织就是由一个个党支部这样的基础组织构成的。

政策规制对党组织在国有企业重大决策中的规定

1. 新时代公司法人治理政策规制总纲——36 号文的规定

36 号文将党的领导作为一项基本原则。文件规定：“明确国有企业党组

织在法人治理结构中的法定地位，发挥国有企业党组织的领导核心和政治核心作用。”

2. 专门规范党在国企中发挥作用的《国有企业基层组织工作条例（试行）》的规定

第十三条规定：“国有企业应当将党建工作要求写入公司章程，写明党组织的职责权限、机构设置、运行机制、基础保障等重要事项，明确党组织研究讨论是董事会、经理层决策重大问题的前置程序，落实党组织在公司治理结构中的法定地位。”这一条并未将董事会、经理层决策重大问题的前置程序仅仅对应至“党委（党组）”，而是使用了“党组织”。

要明确党支部能否对企业重大事项前置把关的问题，就需要准确理解《国有企业基层组织工作条例（试行）》中第十一条和第十二条规定。

第十一条规定：“国有企业党委（党组）发挥领导作用，把方向、管大局、保落实，依照规定讨论和决定企业重大事项。”该条将“把方向、管大局、保落实”与“党委（党组）发挥领导作用”“依照规定讨论和决定企业重大事项”紧密地放在一起讲，如果不对全文进行认真研读和整体把握，看到这条规定，很多人会理解为只有党委（党组）才能前置把关。

第十二条规定：“国有企业党支部（党总支）以及内设机构中设立的党委围绕生产经营开展工作，发挥战斗堡垒作用。”

第十二条紧接着上一条党委（党组）发挥领导作用、讨论和决定企业重大事项后，没有提到党支部（党总支）“讨论和决定企业重大事项”，只提到了“战斗堡垒作用”，可能进一步让很多人确信，只有党委（党组）作为领导主体才能讨论和决定企业重大事项。

值得关注的是，第十二条提到“国有企业党支部（党总支）”时并列提到了“内设机构中设立的党委”，这两种党组织在国有企业“发挥战斗堡垒作用”。是否可以理解为此处的党支部与内设机构中设立的党委处于同样的从属于企业（公司）层面党委的地位？毕竟现实企业中，国有企业内设机构或非独立的下级单位设立党支部的情况非常普遍，规模大的、具备设立党委条件的设立了“二级”党委。在这样的从属性党支部（党总支）或内设机构党委有一个企业级的上级党委发挥企业层面的领导作用时，在党委（党组）的领导下发挥战斗堡垒作用就很容易理解了。

进一步结合第十五条的规定，可以合理推测第十二条提到的发挥战斗堡垒作用而非领导作用的国有企业党支部（党总支）不具有企业层面的“独立性”或不属于本企业的“最高层级党组织”。

第十五条规定：“国有企业重大经营管理事项必须经党委（党组）研究讨论后，再由董事会或者经理层作出决定。……具有人财物重大事项决策权且不设党委的独立法人企业的党支部（党总支），一般由党员负责人担任书记和委员，由党支部（党总支）对企业重大事项进行集体研究把关。”

由此可以清楚地看到：具有人财物重大事项决策权且不设党委的独立法人企业的党支部（党总支）有权对企业重大事项进行集体研究把关。

与此同时，鉴于第十五条规定的是“国有企业重大经营管理事项必须经党委（党组）研究讨论后，再由董事会或者经理层作出决定”，还可以合理推定：同属本条规定的“具有人财物重大事项决策权且不设党委的独立法人企业的党支部（党总支）对企业重大事项进行集体研究把关”中的“集体研究把关”，要起到的作用是类似于国有企业重大经营管理事项必须经党支部（党总支）研究讨论后，再由董事会或者经理层做出决定的前置领导作用。

回头再看第十三条规定的“党组织研究讨论是董事会、经理层决策重大问题的前置程序”，使用“党组织”而非“党委（党组）”，可能就是要给予“具有人财物重大事项决策权且不设党委的独立法人企业的党支部（党总支）”与“国有企业党委（党组）”在发挥领导作用参与企业重大事项的前置程序中的类似待遇。

3. 支部条例的规定

《中国共产党支部工作条例（试行）》第十条第三款规定：“国有企业和集体企业中的党支部，保证监督党和国家方针政策的贯彻执行，围绕企业生产经营开展工作，按规定参与企业重大问题的决策，服务改革发展、凝聚职工群众、建设企业文化，创造一流业绩。”

很显然，国有企业党支部按规定可以参与企业重大问题的决策。

4. 依法治企的国企章程制定办法的规定

《国有企业公司章程制定管理办法》（国资发改革规〔2020〕86 号，以下简称《国企章程制定办法》）第九条规定：“公司党组织条款应当按照《中国共产党章程》《中国共产党国有企业基层组织工作条例（试行）》等有关规定，写明党委（党组）或党支部（党总支）的职责权限、机构设置、运行机制等重要事项。明确党组织研究讨论是董事会、经理层决策重大问题的前置程序。……具有人财物重大事项决策权的企业党支部（党总支），明确一般由企业党员负责人担任书记和委员，由党支部（党总支）对企业重大事项进行集体研究把关。”

《国企章程制定办法》进一步要求将党组织前置和具有人财物重大事项决策权的企业党支部（党总支）对企业重大事项进行集体研究把关的条款在公司章程中明确。众所周知，公司章程的规定是受到公司法保护的，这一明确要求将具有人财物重大事项决策权的企业党支部（党总支）在法人治理结构中的法定地位在法律保护层面予以落实。

结论：实质重于形式

经过上述梳理，我们不难发现，能否对企业的重大事项决策进行把关，判断的标准可能不是具体的党组织形式是党委（党组）还是党支部（党总支），而是企业是否具备独立决策权且是否属于企业层级的最高党组织的实质：具有人财物重大事项决策权的企业党支部（党总支）有权对企业重大事项进行集体研究把关，而组织形式虽然是党委却只是内设机构中设立的党委也仅是发挥战斗堡垒作用。

至于政策规制中用词是“前置”“研究讨论”还是“集体研究把关”似乎实质性区别不是太大。如果正面理解不易，那咱们换个角度：关于“前置”，试问在决策前研究讨论并提出意见难道不是为了“把关”吗？关于“把关”，试问不前置在董事会或经理层做出决定前集体研究还能算“把关”吗？党委（党组）的前置研究讨论和具有人财物重大事项决策权的企业党支部（党总支）的集体研究把关，实质上同属于党组织对企业重大事项在董事会或经理层做出决定前进行把关或前置性把关。

第28问 国企党支部的领导怎样融入公司治理？

国有企业党支部的领导怎样融入公司治理？这是一个备受关注的问题。经梳理现行政策规制结合咨询实践，知本咨询认为，符合企业、组织和成员三类条件的党支部的领导可参照知本咨询“2+3+6”模型融入。

国企党支部的领导能否融入公司治理

具有人财物重大事项决策权且不设党委的独立法人企业的党支部（包含党总支，下同）有权对企业重大事项进行集体研究把关，具体做法可比照党委发挥领导作用前置研究讨论依法应当由董事会或经理层决策的事项。符合这样的条件，为党支部参与公司治理提供了政策规制空间；但在公司治理实务中，知本咨询认为这样的规定尽管非常重要，但仍属于政策规制层面的必要条件，在企业实践时可能还需根据实际，补充其他落地条件。

不具有人财物重大事项决策权的独立法人企业党支部或企业党委领导下的内设机构的党支部，应当围绕生产经营开展工作，发挥战斗堡垒作用，一般不直接参与公司治理。

融入公司治理的党支部应当具备哪些条件

1. 党内法规规定的企业资格条件

《中国共产党国有企业基层组织工作条例（试行）》（以下简称《国企组工条例》）规定：具有人财物重大事项决策权且不设党委的独立法人企业的党支部，一般由党员负责人担任书记和委员，由党支部对企业重大事项进行集体研究把关。

2. 知本咨询建议补充的能力基础条件

参与公司治理并发挥集体研究把关作用需要参与者具有较强的胜任能力，尽管能力不易衡量，但形成能力的必要基础条件较好把握。我们可以从组织条件和成员条件两方面考虑。

（1）组织条件方面。

既然是集体决策，就要有一个参与决策的合适集体。从人数角度讲这个主体人数不宜过少而导致民主或“集体”程度不高，也不宜人数过多而导致集中困难或日常召集会议困难。

就像党委融入公司治理是通过党委会开会集体研究讨论一样，建议党支部融入公司治理也通过党支部委员会开会集体研究把关。

党委级别的组织一定设置了党委会这样的日常工作的领导机构，但党支部这样的基础组织不一定都具备设置支部委员会的条件。根据《中国共产党支部工作条例（试行）》（以下简称《支部条例》）和《国企组工条例》规定，有正式党员 7 人以上的党支部，应当设立党支部委员会。党支部委员会由 3 至 5 人组成，一般不超过 7 人。

由此，知本咨询建议融入公司治理的企业党支部应当设置党支部委员会。

（2）成员条件方面。

进入党支部委员会的支部班子成员个人还应当具备胜任的基础条件。一般来说，中国共产党作为中国工人阶级的先锋队，不担任领导职务的党员占有较高比例，而党支部规格的党组织党员人数较为有限。如果一个国有企业的党支部的支委恰巧在公司经理层人数很少，多数属于中层及以下人员（由于工作站位、思维习惯和日常思考等客观条件限制，富有成效地参与企业重大决策的胜任能力是难以保证的），这样的党支部委员会发挥战斗堡垒作用疑问不大，但融入公司治理可能不够审慎。

知本咨询建议融入公司治理的企业党支部委员会中支委应当与公司其他治理主体达到较高程度的“双向进入、交叉任职”比例，尤其是与经理层。

例如，可以要求经理层成员中具有支委会成员身份的比例原则上过半数，企业内部进入董事会或监事会的党员原则上均应当具有企业党支部支委身份（职工代表除外）。

符合条件的国企党支部怎样融入公司治理

1. 融入思路

具有人财物重大事项决策权且不设党委的独立法人企业应当通过进一步完善体制机制，做到组织落实、干部到位、职责明确、监督严格，从组织上、制度上、机制上确保党支部在公司治理结构内的领导地位。要通过完善公司章程，明确党支部的职责权限、机构设置、运行机制、基础保障等重要事项。应完善和落实“双向进入、交叉任职”领导体制，原则上党支部书记、董事长由一人担任，党员总经理担任党支部副书记并进入董事会。

2. 融入模型

上述融入思路主要提供了原则性和方向性指引，为了更加便于指导国企党支部的领导融入公司治理，知本咨询根据政策规制要求和企业落地的实际需要，总结提炼了国企党支部的领导融入公司治理的“2+3+6”模型。

“2+3+6”模型阐释：

2是指坚持“两个一以贯之”原则。对于不具有人财物重大事项决策权且不设党委的独立法人企业，仍需要通过直属上级党委发挥前置把关作用。

3是指主要从章程赋权、人员到位和配套保障三个方向确保党支部的领导有机融入公司治理。

6是指具体通过在治理体系内明确党支部的定位、党的领导和党建进章程、党支部委员会成员与其他治理主体成员交叉任职、设置重大事项党支部（前置）把关程序、增强配套保障、优化行权规则六条具体途径促进有机融入、切实落地。

3. 模型六条融入路径应用指引

（1）在治理体系内明确党支部的定位和主要职责。

治理定位：对符合企业、组织和成员三类条件的国有企业党支部，建议明确其具有对企业重大事项进行集体研究把关的领导地位。

主要职责：在确保落实好《国企组工条例》第十二条规定的基础上，建议参照第十一条的规定发挥党支部的职责。

（2）在公司章程中单独专章明确党的领导和党建工作。

党的领导方面：建议在公司章程中写入上述党支部的治理定位和主要职责，以此赋予党支部在公司治理结构内的法定领导地位，并获得公司法的保护。

党建工作方面：按照《中共中央组织部国务院国资委党委关于扎实推动国有企业党建工作要求写入公司章程的通知》（组通字〔2017〕11 号）的要求，在听取各方股东意见的基础上，写明党支部和党支部委员会的设置，写明党务工作机构及人员配备、党建工作经费及保障等内容和要求。

其他方面：对党支部的领导融入公司治理中的配套保障机制和人员交叉任职等其他两大方向四条路径方面的原则和主要安排，酌情写入公司章程。

（3）在治理主体组成人员上确保“双向进入、交叉任职”。

在结合自身实际、遵循政策规制的基础上，建议参照前述成员条件指引落实“双向进入、交叉任职”。

（4）在公司重大事项决策的参与机制上设计把关程序。

对董事会、经理层决策事项中需要党组织把关定向的重大事项进行决策时，应当在决策程序上为党支部发挥集体研究把关的领导作用设计前置程序。公司重大经营管理事项，必须经党支部对其原则性和方向性进行集体研究把关后，方可按照相关规定由董事会、经理层做出决定。

具体前置集体研究把关事项，在充分考虑企业自身实际情况的基础上，建议比照《国企组工条例》第十五条，以及企业所属国资出资机构或对应地方党的组织部门发布的前置事项指引文件制定把关事项清单。

（5）在有机融入治理效能发挥上提供配套保障。

公司党支部应按照有利于加强党的工作和精干高效协调原则，根据实际需要设立党支部（委员会）办公室，可与公司职能相近的管理部门合署办公。

根据公司职工人数和实际需要，配备一定比例专兼职党务工作人员，选优配强党支部书记。

通过纳入公司管理费用、党费留存等渠道，保障公司党支部工作经费，并向生产经营一线倾斜。

（6）在党支部委员会会议运作上制定协调透明的规则。

党支部参与公司重大事项决策的主要形式是召开党支部委员会，集体研究讨论权责范围内的有关事项，为确保党组织会议运作高效、协调顺畅，应当专门制定党支部委员会议事规则，并与公司其他治理主体，尤其是董事会和经理层充分衔接，既要构建起领导作用的保障程序，又要建立起支持其他治理主体合理履职的配套规则。

对于符合知本咨询融入公司治理认定模型的国企党支部，可以结合自身实际情况，参考知本咨询的党支部领导融入公司治理的“2+3+6”模型，做好做实党支部的领导融入公司治理工作。

第29问

混合所有制国有企业党建应该如何开展?

混合所有制企业管控中如何推进党建工作?知本咨询总结了一个“三、四、五”原则,简单来说是:**明确界定三种混改企业类型;清晰把握四个国家政策依据;区分制定五项党建工作内容。**

三种混改企业类型

对于党建来说,将混改企业划分成哪几类比较妥当呢?知本咨询建议划分成三大类:

1. 国有绝对控股的混合所有制企业

这样的公司通常会保留国有股东的绝对控股地位,保持股比在51%之上。这类公司混改后依然是一家国有资本占有绝对主导地位的企业。

还有一种情况是,虽然原国有股东的股权降低到次要位置,但是引进的投资者中有其他背景的国有资本,各种国有资本的联合股比超过了50%,也属于这种类型。

2. 国有股东产生重要影响的混合所有制企业

第二类混改企业是指那些企业原先国有股东的股比降到了50%之下,但是依然可以保持相对大股东的位置;或者与其他外部投资者具有股权相当的决策地位,董事会成员来源相对分散和平衡,国有股东成为混改企业的联合控制者,但是没法进行单独的实际控制。这种情况下我们说国有股东可以产生重要影响。

3. 国有参股的混合所有制企业

顾名思义,国有参股的混改企业的实际控制权不属于国企。

四个核心政策依据

政策一：《关于国有企业发展混合所有制经济的意见》

《关于国有企业发展混合所有制经济的意见》（国发〔2015〕54 号）明确了国有企业发展混合所有制经济的总体要求、核心思路、配套措施，并提出了组织实施的工作要求，明确要加强混改企业的党建工作。具体的规定是："加强混合所有制企业党建工作。坚持党的建设与企业改革同步谋划、同步开展，根据企业组织形式变化，同步设置或调整党的组织，理顺党组织隶属关系，同步选配好党组织负责人，健全党的工作机构，配强党务工作者队伍，保障党组织工作经费，有效开展党的工作，发挥好党组织政治核心作用和党员先锋模范作用。"

政策二：《关于加强和改进非公有制企业党的建设工作的意见（试行）》

2012 年，中共中央办公厅印发了《关于加强和改进非公有制企业党的建设工作的意见（试行）》，对于如何在非公有制企业中开展党的建设进行了政策原则和路径的安排。

政策三：《中央企业混合所有制操作指引》

2019 年 11 月，国务院国资委颁布了《中央企业混合所有制操作指引》（国资产权〔2019〕653 号），这个指引提出："中央企业混合所有制改革要把建立党的组织、开展党的工作作为必要前提。根据不同类型混合所有制企业特点，明确党组织的设置方式、职责定位和管理模式。按照《党章》及党内法规制度要求，结合实际，推动混合所有制企业党组织和工作有效覆盖，设置党的工作机构，配齐配强专兼职党务工作人员，保证必需的党建工作经费，确保党的活动能够正常开展。"

政策四：《中国共产党国有企业基层组织工作条例（试行）》

2020 年 1 月，中共中央印发了《中国共产党国有企业基层组织工作条例（试行）》，对国有企业党组织工作做出全面规范，是新时代加强国有企业党的建设的基本遵循。文件中明确说明："本条例适用于国有独资、全资企业和国有资本绝对控股企业。国有资本相对控股并具有实际控制力的企业，结合实际参照本条例执行。”同时专门指出，“国有企业在推进混合所有制改革过程中，应当同步设置或者调整党的组织，理顺党组织隶属关系，同步选配好党组织负责人和党务工作人员，有效开展党的工作。”

综合以上四个核心政策依据，能够发现几个政策共同点：

首先，加强党的建设，无论所有制形式，无论企业大小，都是法律和政策的基本要求，不能因为混改而忽视或者削弱了党建工作；

其次，不同类型的混改企业要遵守不同的党建政策，适应不同的党建模式，国有绝对控股公司要执行《中国共产党国有企业基层组织工作条例（试行）》，国有参股公司要参照《关于加强和改进非公有制企业党的建设工作的意见（试行）》，分类管理，分类执行；

最后，混改企业的党建工作，要始终围绕党组织建设、党组织作用、党组织人员、党组织活动、党组织经费等五个主要内容展开，不同类型的混改企业执行的内容有所不同。

五项关键工作

1. 党组织建设

对于国有绝对控股的混改企业，应该严格按照《中国共产党国有企业基层组织工作条例（试行）》要求，设立党委、党总支或者党支部。同时如果多家国有股东分属不同背景，需要通过协商确定混改企业党组织归属关系。

对于国有股东能够产生重要影响的混改企业，应该在公司合资章程中明确规定企业设置党组织的条款和方式，要求所有投资人遵守。要参照《中国共产党国有企业基层组织工作条例（试行）》和《关于加强和改进非公有制企业党的建设工作的意见（试行）》，按照混改前的党组织归属关系，建立对应的党委、党总支或者党支部，相关负责人员通过混改企业党员代表大会选举产生。

对于国有参股的混改企业，执行《关于加强和改进非公有制企业党的建设工作的意见（试行）》相关内容："有3名以上正式党员、条件成熟的，要单独建立党组织。暂不具备单独组建条件的，要以开发区（园区）、乡镇（街道）、村（社区）、专业市场、商业街区、商务楼宇等为单位，组建区域性党组织，或依托行业协会（商会）、个体私营企业协会和龙头企业、专业经济合作组织组建行业性党组织。"

2. 党组织作用

对于国有绝对控股的混改企业，企业党委（党组）发挥领导作用，"把方向、管大局、保落实"，依照规定讨论和决定企业重大事项，核心职责有七项。

对于国有参股的混改企业，根据《关于加强和改进非公有制企业党的建设工作的意见（试行）》的规定，非公有制企业党组织是党在企业中的战斗堡垒，在企业职工群众中发挥政治核心作用，在企业发展中发挥政治引领作用。

对于国有股东能够产生重要影响的混改企业，需要根据企业实际情况结合上述两种规定进行综合确定。

3. 党组织人员

对于国有绝对控股的混改企业，坚持和完善"双向进入、交叉任职"的领导体制，符合条件的党委班子成员可以通过法定程序进入董事会、监事会、经理层，董事会、监事会、经理层成员中符合条件的党员可以依照有关规定和程序进入党委。党委书记、董事长一般由一人担任，党员总经理担任副书记。确因工作需要由上级企业领导人员兼任董事长的，根据企业实际，党委书记可以由党员总经理担任，也可以单独配备。

对于国有参股的混改企业，党组织书记一般从企业内部选举产生，注意从生产、经营、管理骨干中推荐人选；也可从党政机关干部、国有企事业单位经营管理人员、党务工作者和复转军人、大学生"村官"中推荐人选；或面向社会公开招聘党务工作人才，再通过党内选举程序任职。重视选派优秀专职党务工作者担任联合党组织书记。提倡机关优秀年轻党员干部到企业挂职从事党建工作。规模大、党员数量多的企业主要出资人担任党组织书记的，应配备专职副书记。提倡不是企业出资人的党组织书记、副书记通过法定程序兼任工会主席、副主席；也可以由党员工会主席通过法定程序担任党组织书记、副书记。通过多样化选用、规范化管理、专业化培训、制度化激励等途径和方式，建设一支素质优良、结构合理、数量充足、专兼职结合的非公有制企业党务工作者队伍。重视建立党务工作者人才库。规模大、党员数量多的企业，要配备专职党务工作者。

对于国有股东能够产生重要影响的混改企业，需要根据企业实际情况结合上述两种规定进行综合确定。

4. 党组织活动

对于国有绝对控股的混改企业，党组织要充分发挥好“把方向、管大局、保落实”的领导作用和基层战斗堡垒作用，依照规定讨论和决定企业重大事项。

对于国有参股的混改企业，按照企业需要、党员欢迎、职工赞成的原则，注意取得非公有制企业出资人理解和支持，把党组织活动与企业生产经营管理紧密结合起来，实现目标同向、互促共进。建立党组织与企业管理层共同学习制度，熟悉党和国家政策法规、了解上级决策部署、沟通企业生产经营情况。探索建立党组织书记参加或列席企业管理层重要会议制度、党组织与企业管理层沟通协商和恳谈制度。党组织要邀请企业出资人、经营管理人员参加相关活动，注重发挥企业管理层中党员和党员工会主席的作用，做好党的工作。要创新党组织活动方式，除《党章》规定的党内活动外，提倡党群活动一体化。

对于国有股东能够产生重要影响的混改企业，需要根据企业实际情况结合上述两种规定进行综合确定。

5. 党组织经费

对于国有绝对控股的混改企业，《中国共产党国有企业基层组织工作条例（试行）》要求：“通过纳入管理费用、党费留存等渠道，保障企业党组织工作经费，并向生产经营一线倾斜。纳入管理费用的部分，一般按照企业上年度职工工资总额 1% 的比例安排，由企业纳入年度预算。”

对于国有参股的混改企业，《关于加强和改进非公有制企业党的建设工作的意见（试行）》规定，将非公有制企业党组织工作经费纳入企业管理费用，建立并落实税前列支制度。建立党费拨返制度，企业党员交纳的党费可全额返还企业党组织，用于开展党建活动；还可从各级党组织留存党费中，按照一定比例，采取以奖代补等方式，支持非公有制企业党建工作。有条件的地方，可对非公有制企业党建工作给予必要的经费支持。还可探索采取企业赞助、党员自愿捐助等方式，多渠道解决经费问题。

通过对于两个党组织建设经费规定的对比可以看到，国有控股混改企业有明确的工作经费标准，国有参股企业并没有明确标准。

混改企业党建工作，可以再次总结一下这个“三、四、五”原则：

明确界定三种混改企业类型，将混改企业进行定位和归类；

清晰把握四个国家政策依据，不同类型企业适用不同政策；

区分制定五项党建工作内容，分门别类确定党建方式方法。

推进有中国特色的现代公司治理体系，充分发挥好党组织的核心作用，可以为国企混改提供助力，在未来的发展中保驾护航。

第30问 如何理解国有控股企业党组织工作要求？

《中国共产党国有企业基层组织工作条例（试行）》（以下简称《条例》）的规定，国有绝对控股的企业也适用。这就说明通过混改形成的国有控股企业，也需要执行和遵守本文件规定的党建工作内容。

从混改企业的角度，如何来解读《条例》，如何正确地执行政策规定呢？知本咨询认为可以从原则与职责、领导与组织、党建与治理、干部与群众四个核心问题来梳理和归纳《条例》的相关规定。

原则与职责

作为一家国有控股混改公司的党组织，要依据“五条基本原则”推进党建。

原则1：党组织和公司治理融合统一。

党组织与公司治理不能形成事实的两张皮，或者过分强调西方治理的形式，削弱党组织的地位和作用，或者是反过来把现代企业制度扔到一边去。这个原则告诉我们，这些做法都是不可取的。

原则2：党建与生产经营融合一致。

国有控股公司开展党建工作的核心目标是推动生产力的发展，党建的相关工作和企业生产经营实际情况不能脱钩，要“以企业改革发展成果检验党组织工作成效”。

原则3：党要管好干部。

《条例》强调“坚持党管干部、党管人才，培养高素质专业化企业领导人员队伍和人才队伍”，说明作为国有控股混改企业，其核心岗位干部的管理是公司党组织的基本权限，即使是采用市场化职业经理人的管理机制，那么引进经理人员的程序和后续管理规范，也需参考国有企业干部管理的规定执行。

原则 4：党组织立足基层。

基层的党组织是“战斗堡垒”，基层党建工作要下沉到一线的科室、班组、车间和团队，建立起与生产经营紧密贴合的党支部，切实帮助混改企业实现机制的突破和生产力的提升。

原则 5：团结依靠群众。

混改企业的党建需要依靠企业中的一线员工力量，认真倾听他们的声音，反映他们的诉求，通过职工代表大会等形式让广大群众参与进来。同时，要通过丰富多彩的群众活动，激发和团结最广大的员工群体，为企业的长期发展全力工作。

领导与组织

对于国有控股混改企业来说，在党组织领导这个部分，要搞清楚的问题有两个：一是基层党组织的负责人怎么产生，二是基层党组织的党务工作怎么来管理。

1. 基层党组织负责人

这方面规定很严格，我们选用条例原文进行梳理：

国有企业党组织书记、副书记以及设立常务委员会的党委常务委员会委员，一般由本级委员会全体会议选举产生。选举结果报上级党组织批准。

中央企业党委（党组）认为有必要时，可以调动或者指派直属企业（单位）党组织负责人。

2. 基层党务工作者

国有企业党委按照有利于加强党的工作和精干高效协调原则，可根据实际需要设立办公室、组织部、宣传部等工作机构，有关机构可以与企业职能相近的管理部门合署办公。领导人员管理和基层党组织建设一般由一个部门统一负责，分属两个部门的应当由同一个领导班子成员分管。

应根据企业职工人数和实际需要，配备一定比例专兼职党务工作人员。要选优配强党组织书记，把党支部书记岗位作为培养选拔企业领导人员的重要台阶。应注重选拔政治素质好、熟悉经营管理、作风正派、在职工群众中有威信的党员骨干做企业党建工作，把党务工作岗位作为培养企业复合型人才的重要平台。要严格落实同职级、同待遇政策，推动党务工作人员与其他经营管理人员双向交流。

党建与治理

国企混改后，如何厘清党建工作和公司治理的关系？对于国有控股的混改企业来说，党组织领导地位的边界在哪里？

1. 党建与治理的组织关联

党组织研究讨论是董事会、经理层决策重大问题的前置程序。在国有控股的混改企业里面，对于一些重要事项，需要先召开党的组织会议讨论意见，再履行法人治理结构的流程。

根据“双向进入、交叉任职”原则，符合条件的混改企业党委班子成员可以通过法定程序进入董事会、监事会、经理层，公司董事会、监事会、经理层成员中符合条件的党员可以依照有关规定和程序进入党委。通常来说，国有企业的党委班子成员，党委书记将兼任董事长，专职副书记可以成为监事会主席，其他副总经理级党委成员将进入经理层。同时，知本咨询也建议，吸引外部投资者后，外部投资者除派入企业的董事、监事，也可以派入经营层人员，或者市场招聘的经理人，这些人员满足条件也可以通过党员代表大会选举成为党委委员。

2. 党建与治理的决策关联

根据《条例》第十五条规定，国有企业重大经营管理事项必须经党委（党组）研究讨论后，再由董事会或者经理层做出决定。混改企业的一部分重要事项在董事会、经理层讨论之前，同样需要在党委进行前置讨论。结合

《条例》中提出的有关党委前置讨论事项说明如下：

“贯彻党中央决策部署和落实国家发展战略的重大举措。”这是指落实国家的重大战略和顶层安排，是自上而下的，所以讨论空间不大。

“企业发展战略、中长期发展规划，重要改革方案。”党组织要对企业的未来发展方向把关负责，所以对于战略性的规划和安排，三到五年的资本性支出和业务布局，企业发展的重要改革如经营模式改革、技术体系改革、人力资源改革、业务重组改革等，需要前置研究。

“企业资产重组、产权转让、资本运作和大额投资中的原则性方向性问题。”这是指涉及国有资本进行可能的变更，需要党组织集中前置讨论，起到“管大局”的作用。具体的投资项目审议，需要按权限在经营层、董事会和股东会决定。

“企业组织架构设置和调整，重要规章制度的制定和修改。”知本咨询认为，这里所指的组织架构的设置和调整，是指本企业进行比较重大的组织变更或者职能优化时，需要进行前置讨论，并不是说每一个岗位人数的变化都要启动这一程序。同理，混改企业可能经常会出台各种经营管理制度和流程，其中涉及企业长期发展和模式变化的，需要前置讨论，而不是每事必议。

“涉及企业安全生产、维护稳定、职工权益、社会责任等方面的重大事项。”这是国有企业的基本责任，如果出现重大事项，党组织需要前置讨论。

“其他应当由党委（党组）研究讨论的重要事项。”一企一策，各家混改企业都可以指定具体的重要事项清单。

干部与群众

国有控股混改企业的党组织如何做好对于干部的管理工作，又如何做好群众工作呢?

《条例》规定：“国有企业党组织应当按照干部管理权限，规范动议提名、组织考察、讨论决定等程序，落实对党忠诚、勇于创新、治企有方、兴企有为、清正廉洁的要求，做好选配企业领导人员工作，加大优秀年轻领导人员培养选拔力度，加强企业领导人员管理监督，保证党对干部人事工作的领导权和对重要干部的管理权。”

从这个规定能够看出，混改企业的党组织进行内部核心中层岗位的人员管理是全流程的，要全面负责提名环节、考察评估环节、决策环节。党组织在考虑人选时需要充分与外部投资者沟通并达成一致，不能自行其是。

另外，条例规定：“健全以职工代表大会为基本形式的民主管理制度，探索职工参与管理的有效方式，推进厂务公开、业务公开，保障职工知情权、参与权、表达权、监督权，维护职工合法权益。重大决策应当听取职工意见，涉及职工切身利益的重大问题必须经过职工代表大会或者职工大会审议。坚持和完善职工董事制度、职工监事制度，保证职工代表有序参与公司治理。”

国有控股混改企业，也要高度重视职工代表大会的工作，对于这种民主管理形式进行流程化、常态化安排，同时重大的决策事项要多听取职工代表意见，获得最广大群众的支持和拥护。

以上，结合《中国共产党国有企业基层组织工作条例（试行）》，通过原则与职责、领导与组织、党建与治理、干部与群众等四大方面，分析了国有控股混合所有制企业在党建领域开展工作的基本要点。作为中国特色现代企业制度的核心组成部分，能否将党建工作做好做实，关系到企业的长治久安，每家企业都需要细细思考。

第31问 如何理解国有参股企业党组织工作内容?

在国有企业混改的改革进程中，除了很多国企改组为国有控股多元股东公司制企业之外，还有一部分充分竞争类的企业，在“宜参则参，宜控则控”的政策精神指导下，国有股比降低到参股的地位，成为国有参股的混改企业。

这样的企业有几个特点：

（1）国有股份只是多家股东的一个部分；

（2）公司非公背景出资人拥有更多决策和运营管理权；

（3）企业正在向完全市场化的机制转变；

（4）企业员工身份从国有全资企业或控股企业员工劳动合同变化为参股企业劳动合同。

国有参股混改企业的党建问题解决，需要参考《关于加强和改进非公有制企业党的建设工作的意见（试行）》（以下简称《意见》），结合混改企业改革前的党建具体状态，通过国有股东和其他非公股东进行深入讨论后，拿出具体解决方案。

根据《意见》的要求，建议国有参股混改企业的党建工作，原则上需要达到“有目标、有组织、有活动、有力量、有保障”的基本底线要求，简称“五有基准线”。知本咨询国有参股混改企业的党建工作“五有基准线”如图 2-11 所示。

有目标

国有参股混改企业党建的基本目标是什么？党组织要体现什么样的作

用？根据《意见》的内容："非公有制企业党组织是党在企业中的战斗堡垒，在企业职工群众中发挥政治核心作用，在企业发展中发挥政治引领作用。"也就是说，在一家非公企业里，需要有党组织的存在，目的是联系和团结广大员工，为了企业的成长发展发挥重要指导作用。非公企业如此，有国有参股成分，有党组织基础的混改企业更应如此。

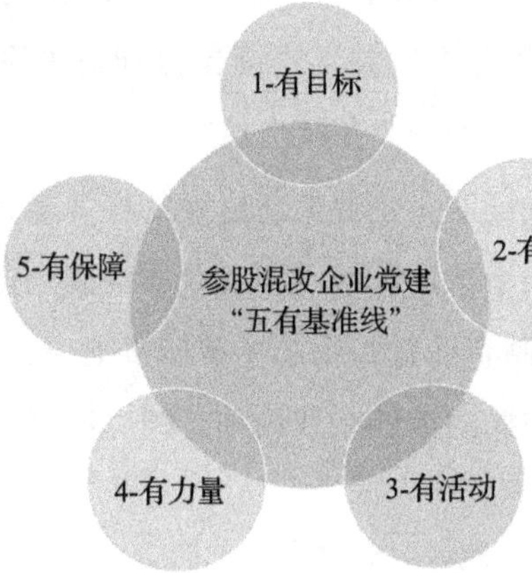

图 2-11　知本咨询国有参股混改企业的党建工作"五有基准线"

在这个整体目标指引下，国有参股混改公司要明确党组织工作的具体方向和目标。

（1）思想保障。就是要通过党组织，向上对接国家和党的方针政策，不断深化学习；向下对接企业广大员工和管理层，持续贯彻和执行，成为党在本企业组织的连接器。《意见》有关非公有制企业党组织的主要职责提出，"宣传贯彻执行党的路线方针政策、上级党组织和本组织的决议，教育党员和职工群众自觉遵守国家法律法规和有关规章制度，引导和监督企业合法经营，自觉履行社会责任"。

（2）推动发展。企业发展和经营成果是检验党组织工作成效的标准。在国有参股公司经营发展中，党建工作始终围绕解决经营和生产中的实际问题和困难，做经营层和股东层的推动器。《意见》有关非公有制企业党组织的主要职责提出，"组织带领党员和职工群众围绕企业发展创先争优，发挥党组织和党员先进模范作用，促进生产经营"。

（3）团结维护。在参股混改企业中，党组织可以充分发挥自身的作用，一方面团结全体员工；另一方面团结和维护包括非公出资人在内所有各方股东，成为联系各方利益相关者的润滑器。《意见》有关非公有制企业党组织的主要职责提出，“加强和改进思想政治工作，密切联系群众，注重人文关怀和心理疏导，主动关心、热忱服务党员和职工群众，帮助解决实际困难，把广大职工群众团结在党组织周围”，“积极反映群众诉求，畅通和拓宽表达渠道，依法维护职工群众合法权益，协调各方利益关系，及时化解矛盾纠纷，构建和谐劳动关系，促进企业和社会稳定”。

（4）塑造文化。实践证明，企业文化建设的好坏是企业竞争力的重要原因。党组织有重要的责任，帮助和推动国有参股混改企业塑造良好的企业文化。《意见》有关非公有制企业党组织的主要职责提出，“组织开展丰富多彩的企业文化活动，塑造积极向上的企业精神，树立高尚的职业道德，促使企业诚信经营”。

有组织

《中国共产党国有企业基层组织工作条例（试行）》指出：“国有企业在推进混合所有制改革过程中，应当同步设置或者调整党的组织，理顺党组织隶属关系，同步选配好党组织负责人和党务工作人员，有效开展党的工作。”

通常，除了新设型混改参股企业之外，在对既有国有企业进行改组改造，转换为国有参股混改企业的过程中，原有的国有企业党组织需要进行调整，根据属地原则理顺党的关系，建立一个符合各方利益的党组织机构。

在党组织建设方面，主要的问题之一是如何产生混改企业的党委或者党支部书记。虽然原先的国有企业已经有了完备的党组织体系，但是由于企业改组为国有参股，所以在党的体系方面，需要充分考虑平衡与非公大股东关系，成立一个与参股企业适应的、具有广泛代表性的党组织机构。

就此，《意见》已经明确指出：“按照守信念、讲奉献、重品行、懂经营、会管理、善协调、热爱党务工作和熟悉群众工作的标准，选优配强非公有制企业党组织书记。党组织书记一般从企业内部选举产生，注意从生产、经营、管理骨干中推荐人选，也可从党政机关干部、国有企事业单位经营管理人员、党务工作者和复转军人、大学生村干部中推荐人选，或面向社会公开招聘党务工作人才，再通过党内选举程序任职。重视选派优秀专职党务工作者担任联合党组织书记。提倡机关优秀年轻党员干部到企业挂职从事党建工作。规模大、党员数量多的企业主要出资人担任党组织书记的，应配备专职副书记。提倡不是企业出资人的党组织书记、副书记通过法定程序兼任工会主席、副主席；也可以由党员工会主席通过法定程序担任党组织书记、副书记。”

《意见》在党的组织机构和党务人员任职和安排方面意见指出：“通过多样化选用、规范化管理、专业化培训、制度化激励等途径和方式，建设一支素质优良、结构合理、数量充足、专兼职结合的非公有制企业党务工作者队伍。重视建立党务工作者人才库。规模大、党员数量多的企业，要配备专职党务工作者。”

有活动

党组织需要通过积极、广泛、有效的党内活动推动各项工作进展。在国有参股混改企业里面，依然需要活跃的党员活动，需要搞清楚这样的活动应该把握何种边界，以什么样的形式来进行。对此，《意见》提出的非公企业党建工作要求可以提供参考：

1. 活动四条原则

《意见》指出：“按照企业需要、党员欢迎、职工赞成的原则，注意取得非公有制企业出资人理解和支持，把党组织活动与企业生产经营管理紧密结合起来，实现目标同向、互促共进。”这里明确提出了参股企业党组织活动的四条原则：企业需要、党员欢迎、职工赞成、股东理解。

2. 活动方式“四结合”

《意见》还提出，在党的活动的具体内容、方式、时间上，要切合实际，合理安排。在活动内容上，要坚持围绕企业生产经营这个中心，宣传贯彻党的路线、方针、政策，坚持正确的政治方向。

在一些地方的非公企业党建优秀经验中，提出实现“四个结合”，我们认为是一种可借鉴的活动方式。

（1）实现经济活动与党建活动相结合，坚持围绕企业的经营管理、注重实效实用的原则；

（2）实现提高党员政治素质与提高业务技能相结合；

（3）坚持利用工余时间、班前班后、节假日为主的原则，实现脱产与业余相结合；

（4）坚持活动形式小型、多样、务实的原则，实现原则性与灵活性相结合，努力做到简便易行，提高实效。

有力量

国有参股混改企业，党组织应该具备并且表现出应有的能量和力量，不能成为摆设，更不能变成形式。为此，应做到以下几点：

连接各级党组织有力量。国有参股企业的党组织是党组织体系内必不可少的重要一环，对上要积极联系上级党组织，持续贯彻和学习各级党组织的部署，积极践行本级党组织的职责。

团结职工群众有力量。党组织要发挥基层组织战斗堡垒的优势，团结一线员工，通过努力在岗敬业奉献推动企业发展，通过多种丰富的活动激发企业活力，塑造良好的正能量型企业文化。

推动各方股东共同发展有力量。国有参股企业党组织，要通过多种方式与非公出资人融合互动，全力推动企业发展。正如《意见》所言：“建立党组织与企业管理层共同学习制度，熟悉党和国家政策法规、了解上级决策部署、沟通企业生产经营情况。探索建立党组织书记参加或列席企业管理层重要会议制度、党组织与企业管理层沟通协商和恳谈制度。党组织要邀请企业出资人、经营管理人员参加相关活动，注重发挥企业管理层中党员和党员工会主席的作用，做好党的工作。”

监督保护有力量。国有参股企业党组织要发挥自身特点，起到企业各方利益相关者的联系、保护、监督责任。要保护企业发展的根本利益；保护各方出资者的合法权益，积极向社会和相关党的部门反映企业面临的问题，争取政策支持；保护职工群众的利益，广泛听取一线员工意见和建议，并反馈给企业管理层；保护国家和社会的利益，督促企业严格依法经营。

有保障

国有参股企业的党建工作，必须由各个方面提供后台综合保障，以保障党组织可以有经费、有场地开展活动。

在经费方面，意见指出：“将非公有制企业党组织工作经费纳入企业管理费用，建立并落实税前列支制度。建立党费拨返制度，企业党员交纳的党费可全额返还企业党组织，用于开展党建活动；还可从各级党组织留存党费中，按照一定比例，采取以奖代补等方式，支持非公有制企业党建工作。有条件的地方，可对非公有制企业党建工作给予必要的经费支持。探索采取企业赞助、党员自愿捐助等方式，多渠道解决经费问题。”一些地方根据本地实际情况，规定从企业人工成本中按照约千分之五的比例提取党建经费，税务机关落实税前列支，这些经验都在积极探索中。

在场地方面，意见明确：“按照有场所、有设施、有标志、有党旗、有书报、有制度的‘六有’标准，加强非公有制企业党组织活动场所规范化建设。采取资源整合、企业自筹、上级党组织支持相结合的方式，帮助党员数量较多、条件具备的企业，建设相对固定的活动场所。倡导国有企事业单位、机关和乡镇（街道）、村（社区）党组织与非公有制企业党组织活动场所共用、资源设施共享。有条件的地方，特别是在非公有制企业集聚的区域，要科学规划，合理布局，统一建设区域性、开放性、综合性的党群活动服务中心。”

总体来说，国有参股混改企业的党建工作，是混改企业在改革过程中必须同步规划、同步设计、同步实施的重要内容。知本咨询提出的“五有基准线”只是参股混改企业执行党建工作的及格线，每家企业都要根据自身发展特点和现实需求，制定更高标准的党建目标，推动党组织真正成为混改参股企业的核心竞争力。

| 第3章 |

C H A P T E R 3

国企董事会建设

第32问 国有企业董事会都处在什么样的发育阶段？

进一步完善国有企业法人治理结构，做实董事会等治理主体，是建设和完善中国特色现代企业制度的核心内容之一。董事会作为公司的决策机构，需要对股东会负责，需要按照股东会的决定完成相关事项，需要按照法定程序及公司章程授权决定公司重大事项；同时，接受股东会、监事会的监督，履行决策把关、内部管理、风险防范、深化改革等职责。所以，董事会建设对国有企业的长远、可持续发展至关重要。

1993 年正式颁布执行《公司法》后，中国企业都在按照来自西方的现代公司模式建立公司的三大治理机构——股东（大）会、董事会、监事会（新三会）。国有企业也一样，都在按法律规定组建企业的“新三会”。不过，只有部分企业做实了，很多国有企业的董事会组织处于不同的成长和发育阶段。

阶段一：形式董事会

顾名思义，形式董事会只是具有一个满足法律规定的形式，有挂名的董事长和董事，有法律规定的相关议事规则，也有按法律要求必需的签字和决议。只不过在企业内部，这样的治理结构和会议决策都停留在形式上，真正起作用的并不是董事会，而是企业原有的来自国有集团管理的纵向决策体系和经理层决策。

形式董事会是国有企业发展过程中一个不可缺少的阶段，其优点是既满足了法律规定，又满足了企业发展的实际需要。它简单直接，并不因为多了一层法律要求，就额外增加企业的管理成本和负担，并不需要单独开会、反复讨论一个原本一次就能解决的问题。对于不少新企业、小企业、股权简单的企业来说，形式董事会可能是最好的选择。《公司法》对于一些小公司也允许其不设董事会。

对于国有企业来说，形式董事会的阶段，也推动国企集团开始重视董事职权的定义和发挥，为进一步开始第二阶段的董事会奠定了基础。

阶段二：参与董事会

参与型董事会，开始向董事会的实质性效用进行演变。也就是说，董事会不光是有名字、样子和架子，也开始发育神经、肌肉和血管。所谓参与，有四个表现：

一是股东会、董事会开始按照企业需要定期召开了，有了专门的审议议程，不再是事后补签字；

二是董事、监事开始知道这个岗位的职责要求，开始看董事会文件，开始意识到需对担任董事的企业有所了解，开始在董事会上真正投票和签字；

三是董事会专业委员会也有了专门的碰头和开会讨论机会，虽然每年没几次，但是正式的专业委员会文件已经成型；

四是外部董事、独立董事开始出现在董事会当中，虽然人数不多，也没有特别发表不同意见，但是董事会的结构开始发生变化。

如果对照上面四个特点，我们可以发现，目前很多大中型国有控股企业的董事会，都已经或者正在进入这个阶段。参与型董事会的参与，体现在董事代表参与决策活动，法人治理参与企业整体治理。然而，从主体地位上看，董事会的讨论和决策还是停留在依托国企上级单位的职能意见上面，董事会独立决策的权力和能力尚有不足。

阶段三：决策董事会

决策型董事会具有独立的组织人格，实现了《公司法》规定的董事会各项职权，真正承担起了委托代理机制下对企业行使重大决策权，对外对股东负责的重担。

决策型董事会的所谓“决策”，知本咨询认为要有四重特性，它们分别是“授权、独立、尽职、平衡”。

决策型董事会，起点是有足够的授权。这个授权来自包括国有股东在内的所有股东单位，董事会接受的权力，包括“定战略、议大事、管团队、控风险、盯绩效”等五个内容，使得董事会在这些方面可以代表股东单位真正发挥作用。

决策型董事会的保障是要有充分的独立性。这里的独立性是指给予董事会和各位董事代表相对的独立决策空间。国有股东，特别是企业集团的母公司职能体系，可以通过董事代表参与科学决策并提供建议，但不建议直接采用红头文件、行政命令等方式干预企业的独立决策和经营。

决策型董事会，效用取决于董事尽职程度，需要有能力、有意愿且有足够的时间和工作精力完成董事职责，同时一定要划清股东职能部门和董事的职责边界，也要对董事进行激励和考核，做到责权利对等。

决策型董事会，成败在于能否包容和平衡不同的股东意见。一个董事会内部，如果永远只有一团和气、一种声音，没有不同的利益诉求，没有对问题的不同处理意见，就没法真正长期科学决策。董事长如果听不进建议和其他意见，就不是称职的董事长；董事如果不敢在决策流程中发表独立意见和观点，就没法称职地履行职责；董事会议如果永远都是全票通过，就还是形式主义。董事会的作用，不是要维持一个莺歌燕舞的太平环境，也不是鼓励股东们吵架，而是要推动人尽其言、多方平衡，最终实现科学决策。

当国企领导们认真思考国有企业董事会成长发育的三个历史阶段后，可以比较容易地找到自己公司的所处阶段和发育情况。知本咨询认为，一家国企的董事会建设，不是吹气球，能够一下子膨胀起来，从第一阶段形式型董事会直接跨越到决策型董事会。同时，我们也认为不是每一家国企都要理想化地争当决策型董事会的代表，因为每家企业都有每家企业的发展阶段、产权结构、企业特点，只有最适应的董事会，没有最完美的董事会。

第33问 董事会中各类董事名称如何辨别？

国有企业在面对董事建设时，往往遇到的第一个“拦路虎”便是难以分清董事的类型。

“内部董事”“外部董事”“执行董事”“非执行董事”“专职董事”“兼职董事”“独立董事”“股权董事”“职工董事”只是划分的维度有所不同，并不是每种类型都要有一位一一对应的董事进入董事会中。

1. 内部董事和外部董事

《国务院国有资产监督管理委员会关于国有独资公司董事会建设的指导意见（试行）》中进一步明确了“外部董事”的概念：“外部董事指由非本公司员工的外部人员担任的董事。外部董事不在公司担任除董事和董事会专门委员会有关职务外的其他职务，不负责执行层的事务。”

换句话说，“内部董事”一般是指在某公司除担任董事或董事会专门委员会的有关职务外，还担任其他职务的人员。

“外部董事”一般是指在某公司除担任董事或董事会专门委员会的有关职务外，不担任其他职务的人员。

2. 专职董事和兼职董事

《关于印发〈董事会试点中央企业专职外部董事管理办法（试行）〉的通知》（国资发干二〔2009〕301号）中提出了比较明确的“专职外部董事”的定义：“本办法所称专职外部董事，是指国资委任命、聘用的在董事会试点企业专门担任外部董事的人员。专职外部董事在任期内，不在任职企业担任其他职务，不在任职企业以外的其他单位任职。”

这可以理解为，“专职外部董事”是指在某公司或若干家公司除担任外部董事或董事会专门委员会的有关职务外，不再担任其他职务的人员。

“兼职外部董事”是指除在某公司担任外部董事或董事会专门委员会的

有关职务外，同时在其他公司担任除外部董事或董事会专门委员会相关职务以外职务的人员。

3. 执行董事和非执行董事

“执行董事”的概念相对特殊，需要从两个层面来理解。“执行董事”和“非执行董事”在某一层面上是一组相对的概念。

根据《公司法》（2018 修正）第五十条规定：“股东人数较少或者规模较小的有限责任公司，可以设一名执行董事，不设董事会。执行董事可以兼任公司经理。”第十三条规定：“公司法定代表人依照公司章程的规定，由董事长、执行董事或者经理担任，并依法登记。”

从法律角度来说，“执行董事”就是符合条件的有限公司在不设立董事会的情况下，设立的一个负责公司经营管理的法定职务，该职务取代了董事会的职责、权利或职能。同时，担任该职务的人员可以担任公司法定代表人，并可以兼任公司总经理。

如果是这种法定意义上的“执行董事”，那么是没有相对的“非执行董事”的概念的。

从广义上来说，有限责任公司、股份公司和上市公司在设立了董事会的情况下，根据公司股东的需求和日常治理的需要，通过公司章程特别约定了一部分董事的职责、权利或职能，这部分董事就是“执行董事”。需要注意的是，对于这类“执行董事”，在《公司法》中并没有明确其定义、范围和职权。

如果是这一层面的“执行董事”，相对而言，“非执行董事”就是指没有在公司章程中特别约定职责、权利或职能的普通董事。“执行董事”必然是公司的“内部董事”，但是“内部董事”不一定是“执行董事”。“非执行董事”可以是公司的“内部董事”，也可以是“外部董事”。

4. 独立董事

“独立董事”的概念诞生于 1940 年美国颁布的《投资公司法》，该法规定“投资公司的董事会成员中应该有不少于 40% 的独立人士”。

在我国早期，独立董事的设立多运用于上市公司，证监会在《关于在上市公司建立独立董事制度的指导意见》(证监发〔2001〕102 号）中明确提出：“上市公司独立董事是指不在公司担任除董事外的其他职务，并与其所受聘的上市公司及其主要股东不存在可能妨碍其进行独立客观判断的关系的董事。”《公司法》第一百二十二条规定：“上市公司设独立董事，具体办法由国务院规定。”《上市公司治理准则》(证监发〔2018〕29 号）对“独立董事”的任职、职权、义务等进行了进一步规定。

引入“独立董事”主要是为了能够客观地参与公司经营决策，维护中小股东权益，防止内部人控制公司。“独立董事”的主要特点就是立场独立、决策独立，和各方股东以及任职董事的公司不存在诸如业务联系、专业联系等关系，不受外部因素妨碍，可以进行独立客观的专业判断，做出正确决策。

“独立董事”必然是“外部董事”和“非执行董事”，但“外部董事”和“非执行董事”不一定是“独立董事”。

5. 职工董事

“职工董事”就是董事会成员中的职工代表。“职工董事”的运用是国有企业体现民主管理的一个具体表现。

《公司法》第四十四条规定：“两个以上的国有企业或者两个以上的其他国有投资主体投资设立的有限责任公司，其董事会成员中应当有公司职工代表；其他有限责任公司董事会成员中可以有公司职工代表。董事会中的职工代表由公司职工通过职工代表大会、职工大会或者其他形式民主选举产生。”

“职工董事”正式登上国有企业法人治理的舞台，是在 2006 年 3 月 3 日国务院国资委发布的《关于印发〈国有独资公司董事会试点企业职工董事管理办法（试行）〉的通知》(国资发群工〔2006〕21 号）中。该办法提出：“本办法所称职工董事，是指公司职工民主选举产生，并经国务院国资委同意，作为职工代表出任的公司董事。公司董事会成员中，至少有 1 名职工董事。”并且，该文件对职工董事的任职条件、权利义务、选举罢免流程等均有明确的要求。

“职工董事”是比较特殊的一种“内部董事”，不是“执行董事”，也不是“股权董事”。

6. 股权董事

“股权董事”是“国有股权董事”的简称，是在2018年《中共中央国务院关于完善国有金融资本管理的指导意见》出台之后，开始衍生形成的一个新概念。它首次正式出现在人众视野，是在2019年1月23日财政部发布的《关于印发〈金融机构国有股权董事议案审议操作指引〉的通知》（财金〔2019〕6号）中。文件规定：“本指引所称国有股权董事（以下简称股权董事），是指由履行国有金融资本出资人职责的机构、国有金融资本受托管理机构（以下统称派出机构）向持股金融机构派出的代表国有股权的董事。”

其后在《关于印发〈中央企业混合所有制改革操作指引〉的通知》（国资产权〔2019〕653号）再次出现“股权董事”，文件中提到“通过股东（大）会表决、推荐董事和监事等方式行使股东权利，实施以股权关系为基础、以派出股权董事为依托的治理型管控，加强股权董事履职支撑服务和监督管理，确保国有股权董事行权履职体现出资人意志”的说法。自此，这一概念正式运用于国有企业混合所有制改革的董事会建设中。

综上所述，“股权董事”可以理解为是一个限定性的专有名字，多用于混改企业，重点在于强调董事的国有股东派出身份和行权履职时应确保能体现国有股东意志。

“股权董事”可以是“内部董事”，也可以是“外部董事”；可以是“执行董事”，也可以是“非执行董事”。但是，“股权董事”必然不是“职工董事”。

第
34
问

董事会怎么“定战略”？

国企董事会有三大功能：“定战略、作决策、防风险”。

这九个字，既是建设中国特色现代企业制度的要求，又是完善董事会结构、落实董事会职权的目标。其中，定战略摆在第一位，也是董事会首要职责。

国企董事会应该怎么“定战略”呢？

搞好一个平台

想让董事会更好地完成定战略工作，首先建议做的，就是把董事会战略委员会组建好，运转好，成为核心平台。

1. 战略委员会的职责

战略委员会主要决策两件事：一是战略规划，二是投资项目。

2. 战略委员会的组成

按照现有规定和公司实践，战略委员会一般由 3 名或者 5 名公司董事会成员（内外不限）组成，战略委员会的主任委员（召集人）一般是公司董事长直接担当。

3. 战略委员会的运转方式

很多公司战略委员会议事规则规定：“战略委员会会议分为定期会议和临时会议，定期会议每年至少召开一次，临时会议由战略委员会委员提议召开。

“战略委员会会议应由三分之二以上的委员出席方可举行；每一名委员有一票表决权；会议做出的决议，必须经全体委员的过半数通过。”

回顾上面这些通用的战略委员会规定和实践后，再思考一下，这样模式下的战略委员会，能够帮助国企董事会充分发挥定战略的作用吗？恐怕有点儿困难。

因为几个原因：

第一，一年一次会，见面寒暄听听汇报可以，但对企业战略方向、战略进展、战略评估等重要问题进行决策和表决，确实太少。

第二，战略委员会一般归董事会办公室负责协调，而战略问题需要大量的动态分析和数据支持，董办是解决不了这个问题的；这个委员会如果缺少了公司战略管理部门直接支撑，难以实质开展工作。

第三，由于对企业了解程度等客观问题，外部董事或独立董事在战略委员会中作用有限，但目前的董事会成员结构导致战略委员会内部委员数量不足。

如何解决这三个问题呢？建议做两项改革，目标是把国企董事会战略委员会优化加强为董事会战略决策中心的发动机。

改革1：扩充和优化战略委员会组成。

战略委员会应该大部分或者全部由公司领导团队或者股东派出董事构成，可以吸收非董事成员以顾问身份作为战略委员会成员，扩大规模，从3～5人扩充为5～7人。

战略委员会优化扩充后，跳出了只为董事会提建议的小圈子、小职能，可以同时为党委会“把方向、管大局”的职能服务，在战略方面同时起到支撑作用。

改革2：让战略委员会“长腿”。

战略是一个动态过程，战略委员会需要战略规划部门作为一个日常的联络和管理机构提供支持保障，为各位委员提供情报、分析、建议，然后再根据要求完成委员会安排工作。

开好两个会议

定好战略，执行好战略，是战略管理的两个互动环节。定战略是董事会的职责，执行战略是经理团队的职责。在负责组织发生变化，但又要对最终战略成果负责的时候，建立定战略和执行战略的互动机制就显得非常必要。具体建议为开好两个会议：一个是战略研讨会，一个是战略评估会。

1. 战略研讨会

战略研讨会，是在制定公司战略规划时召开的，用来思考、论证、讨论公司战略问题和战略方向。在董事长召集，董事参加，核心团队主导的基本构成下，通过团队学习的模式，进行系统思考，以达到目标统一。研讨会各家国企都开过不少，战略研讨会有何自身特点？结合一些优秀企业的经验，我们认为有两点关键：

第一，是组织团队学习，而不是企业领导作指示。

从企业董事长开始，都要深刻认识到，这是问题研讨会，不是任务部署会。会议无论是几天，核心的工作流程和要点，都是发动每个参会成员从自己的角度，群策群力、充分思考并发表意见。

战略研讨会上，董事长的角色是导入而不是主导，结果是大家研讨得出的。

在中化控股集团一个类似的研讨会上，宁高宁董事长是这么开篇的："(这是）中国中化成立后的第一次团队学习，也是通过导入、研讨、反思、总结、提炼，最后形成共识的一种方式。我先做一个导入式讲话，把我这段时间的思考、党组的相关讨论，以及大家的一些想法做个综合，一共二十条。"

对于习惯于领导发言、下属记录式会议的一些企业来说，要展开战略研讨会，需要将团队学习的这种会议模式领悟好。

第二，是系统思考，而不是"七嘴八舌"。

一个好的团队学习，需要利用有限的时间，达到必须实现的目标。战略研讨会需要参会的各级干部达成战略思考的共识，这需要一套指引大家的科学工具。

中粮集团从十多年前开展战略研讨就使用了"战略十步法"工具作为蓝本。中国国企各自所处阶段和行业差别很大，每家都可以指定一套较为完整的战略思考方法，运用这个工具来更好地发挥战略研讨会的作用。

2. 战略评估会

战略评估会，是用来指导企业战略在执行过程中动态跟踪、评价、纠偏的手段。这个会议是董事会动态了解、分析战略执行进展状态的主要载体，建议一年召开两次。

（1）夏季会议：聚焦战略关键议题。

各公司都要进行半年总结会议，在这个过程中，建议董事会组织召开夏季战略评估会。

在夏季战略评估会上，董事会要深入听取经理层对于关键性战略议题的报告和分析。内容上可以根据战略规划中确定的重要项目、关键改革和核心任务进行。

（2）冬季会议：评估年度战略进展。

每年结束后，董事会要在审议公司年度经营业绩时，专门组织结合战略规划的内容，就当年完成情况进行评估。

一年两次战略评估会，可以帮助董事会所有成员更为全面深入地了解企业战略动态情况，让董事会制定战略的职能真正落地。

第35问

党委委员、董事、经理层怎样“作决策”？

作为国有企业治理结构的构成主体，企业党委、董事会、经理层的主要工作是什么？简单来说，就四个字：开会，决策。

按照中国特色现代企业制度基本框架，党委会“把、管、保”，董事会“定、作、防”，经理层“谋、抓、强”的核心功能发挥，在很多场合是通过党委委员、董事、经理层的个体决策和集体决策完成的。如果他们的决策能力强、决策准确性高，一定能大大促进党委会前置研究的引领性，大大提升董事会决策的科学性，大大推动经理层谋划的有效性。

如何帮助这些国企高级管理人员在治理体系和治理流程中，提升能力和水平？有没有一些可学、可用、可量化、有标准的方法，能够帮助降低决策人的“认知偏见”障碍，提升“有限理性”程度，保障决策科学呢？

知本咨询提供了一些思路参考。这种方法，可以起一个名字，称之为“决策全周期清单管理”。

什么是“决策全周期清单管理”

本方法的核心是通过标准化、结构化的“清单”工具，在国企以集体决策形式审议重大事项时，在决策前、决策中、决策后三个阶段，全过程帮助党委委员、董事、经理层等高管人员，进行理性决策思考和决策实践。

1. 什么是决策全周期

在决策前，党委委员、董事或者经理层，要具备充足和必要的知识储备，要真正懂得企业相关议案的内容；要对于决策议题充分调研和了解；要从自身独立思考进行研究判断；要就重点问题与相关部门进行沟通澄清；等等。这些工作都需要一一做好，才能让自己的决策依据比较充分。

在决策中，实际是召开相关集体决策会议前和会议当中，党委委员、董事或者经理层成员，要形成自己的系统观点，有充分的事实证明，并且有全面的内容展开。“三重一大”兹事体大，不能随便表个态，拍拍脑袋凭经验说几句，更不能无原则地附和他人。在决策中科学系统表达观点是决策者必须做好的功课。

在决策后，并不是就跟自己无关了，而要持续跟进决策事项的进展状态，及时根据新情况、新问题调整决策部署，跟上动态的形势，在环境更多元多变的当下时代，确保决策意图能够有更强的适应性。这种决策后的跟进和调整，也非常需要一个客观的工具方法，不能让党委委员和董事们天天操心。

科学的决策，需要全周期发力，这样才能为决策者保驾护航。

2. 需要什么样的清单管理

清单是实现国企治理体系“权责法定、权责透明”的有效管理工具，同样也是保证决策体系客观、量化、规范化的有力手段。在这里引入的清单，是党委委员、董事或者经理层用于在不同决策节点，对照梳理自己主要应做事项的结构化清单，简单说，应该叫“TO DO LIST”(权责事项清单)。

有了这样的清单，国企的每个决策者，就基本明确自己应该做哪些事、思考哪些方面的问题、提出哪些重点的观点，并且用这种统一的、结构化的、局部量化的方式，来减少或者克服主观的、片面的、经验主义的决策问题，好处是显而易见的。

清单很重要，可以引导决策者在决策前、决策中、决策后的思考和行动。那么，每家企业谁来提供这样的清单？我们认为这是董办、党办等治理主体综合支持部门的工作——制定出适用于本企业的辅助决策用清单，并且明确相关的流程制度，进而推动党委前置研究和董事会决策、经理层行权纳入法治化、标准化轨道。

决策全周期，六大清单详解

决策全周期清单管理，到底有多少清单呢？知本咨询的方法体系里有六个。决策全周期清单如图 3-1 所示。

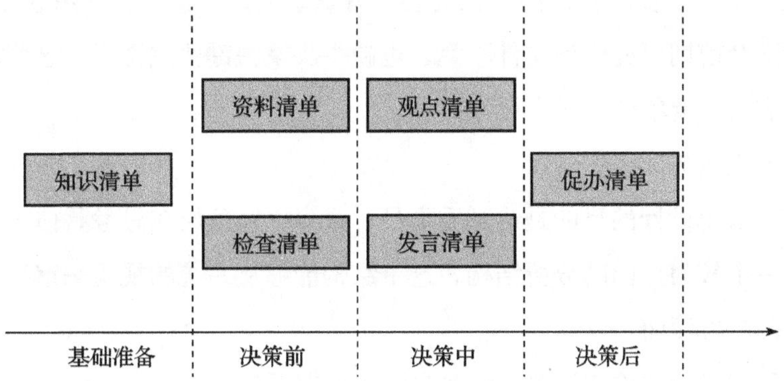

图 3-1　决策全周期清单

1. 知识清单

知识清单是干什么的呢？核心是用来给公司党委委员、董事、经理层进行知识补充和准备的。一家国企要根据自己的业务特点、技术特点、管理特点，使得决策者们都具备应有的知识基础，不能让外行给内行提意见。

一个知识清单大致需要包括四个方面的列表，分别是：管理类知识、产业类知识、政策类知识、专题类知识。

我们建议，就这个列表的四个类别，每一年国企董办（党办）等部门都要进行内容更新，并且组织给高层决策者们进行培训、充电，确保大家都与时俱进。

2. 资料清单

这个资料清单是针对具体提交审议的议案和事项，给决策者准备的详细分析型和支撑性材料清单。党委委员、董事利用这些结构化的清单，获得必要的信息支撑，开展充分的前期调研。

针对特定事项的资料清单，通常包括四项内容：

（1）决策企业（对象）背景情况。

（2）决策事项详细介绍。

（3）前期研究论证文件。

（4）决策关键要点说明。

资料清单实际是帮助决策者深入了解相关决策项目的主要文件抓手。需要注意的是，很多国企在提交党委会或者董事会的议案里，只有议案本身，相关的配套前期研究论证文件不足，也缺少决策关键要点说明，这些问题都需要依靠资料清单的方式进行弥补。

3. 检查清单

检查清单设计的目的是给党委委员、董事、经理层在思考具体决策事项时提供一个较为全面的分析结构，这个结构能够从系统的视角来审视对照决策事项的方方面面。

关于决策前的检查清单，一般要从五大方面展开：

（1）战略一致性检查。

（2）方案比选检查。

（3）绩效可行性检查。

（4）管理可行性检查。

（5）风险控制检查。

检查清单实际是给每家企业提供了一个方法论框架，从决策判断的不同侧面入手，设计本企业的详细判断标准。这个清单也给了每个决策者量化、标准化的抓手。

4. 观点清单

资料清单和检查清单都是在决策前进行信息获取和分析采用的，在这些工作结束后，党委委员、董事或经理层就进入了决策关键进行时，要判断相关议题的可行性。

这个时候，要先后经历两个步骤，一是就自己关心和疑惑的问题与相关部门、人员进行沟通确认，二是确定自己的决策意见。第一个步骤，可以用“观点清单”来协助。观点清单，实际是在前期综合分析资料的基础上，就关键性问题进行反馈和澄清的内容清单。这一点有些像证券监管部门在企业IPO（首次公开募股）过程中提出的审核问题或意见。

观点清单的结构化，一般包括六个部分：

（1）整体判断。

（2）战略性问题澄清。

（3）经济性问题澄清。

（4）管理性问题澄清。

（5）程序性问题澄清。

（6）风险性问题澄清。

各个决策者可以根据这个框架将每项议题的具体问题细化确定，并反馈给负责企业和部门，并与他们就这些问题进行深入沟通，以最终验证和确定自己的最终决策意见。

5. 发言清单

发言清单是决策者用来在会议上正式发表自己决策观点和意见的内容。基本上可以划分为三个部分：

（1）基本观点。

（2）正面评价。

（3）提示要点。

参与国企决策的高级管理人员都有丰富的经验，一般都是依靠各自的理解和表达方式来说明对决策议题的意见，但是这样没有标准化的个性表达对于决策的总结和未来执行会带来负面影响。

因而，建议董办（党办）通过发言清单的内容框定，给每个党委委员、董事、经理层确定的意见总结结构，从三个方面分别梳理要点，以有利于集体决策决议的准确出台。

6. 促办清单

促办清单，就是督促办理的内容清单。决策是动态的，决策的调整是随时的，只有这样才能适应环境不确定性。国企的一项决策，在执行过程中要定期（至少每季度）进行回顾和差异分析，及时调整纠偏。

促办清单的内容，可以包括五个部分：

（1）决策意见和内容。

（2）本期进展。

（3）下期计划。

（4）偏差程度。

（5）整改建议。

促办清单要由董办（党办）全面参与执行，作为决策督办职责落实的抓手之一。其中整改建议部分，要及时和相关党委委员、董事、经理层进行沟通讨论确定。遇到决策事项执行过程中产生重大变化的，有必要提请新的决策会议进行深入讨论，并调整决策内容。

治理就是决策。科学决策要的是更多的理性，更少的率性；更多的客观，更少的偏见；更多的规范，更少的随意；更多的动态，更少的静止。

怎么做好这项工作？知本咨询提供了一个新的解决方案——“决策全周期清单管理”，希望可以善加利用，推动党委会、董事会、总经理办公会开得更好、更有效。

第
36
问

董事会该如何落实“防风险”职责？

“定战略、作决策、防风险”是董事会的三大基本职责，董事会防风险的职责应当如何落实呢？知本咨询认为董事会落实防风险职责的重点是，根据相关风控监管规定，结合自身实际情况，建立健全以内控为抓手的大风控体系，并确保大风控体系的有效运作和持续改进，通过体系防范和化解重大风险。

国企董事会履行防风险职责主要有哪些任务

国务院国资委网站答复“《中央企业董事会工作规则（试行）》对董事会功能定位、职责权限是如何规定的”时，不但再次明确了董事会防风险的职责，也指明了董事会落实防风险职责的主要任务：

董事会应当推动完善企业的风险管理体系、内部控制体系、合规管理体系和违规经营投资责任追究工作体系，有效识别和研判，推动防范化解重大风险。董事会审议重大经营管理事项，风险与收益的综合平衡性是重点研判点之一。

《中央企业公司章程指引（试行）》要求：董事会决定公司的风险管理体系、内部控制体系、违规经营投资责任追究工作体系、法律合规管理体系……对公司风险管理、内部控制和法律合规管理制度及其有效实施进行总体监控和评价。

推动防风险体系建立健全、通过监督评价确保防风险体系有效运作实施、防范化解重大风险、自身决策中注重研判平衡风险是国企董事会履行防风险职责的四大任务。

董事会怎样推动防风险体系的建立健全和有效运作

国有企业的风险管理体系、内部控制体系、合规管理体系和违规经营投资责任追究工作体系既有联系又有区别。

总体上，在推动四大风控体系建立健全时应当注重以下工作。

在体系构建理念方面，要注重在确保四大风控体系的风控目标能够实现的前提下提高效率、降低成本，尽可能一体化整合构建与实施。

风控目标设定方面将确保合规和避免违规作为风控体系的基本或底线目标，将推动企业健康持续的价值创造和价值实现终极目标。

在风控防线设置方面，建议构建“三层三线”的风控防线。“三层”体系由低到高为经营管理机构及内设部门作为风控体系运作的实施层、董事会及风控专委会作为风控体系健全有效的主导层、监事会和外部监督机构作为风控体系的强化监督层。三道风控管理责任落实防线可按照新版COSO-ERM建立，风险发生方的核心业务部门（例如销售部或市场部、采购部、投资部门）作为第一道防线自我约束、源头防控，支持职能部门（原属第一道防线的一般职能部门和风控部门）作为第二道防线支持、保障业务风险在控，保证职能部门（审计、监督）作为第三道防线以评促监，推动前两道防线提高风控效能。

风控牵头机构方面，要适应融合型大风控体系发展趋势，尽可能将分散的风控、合规、法务、审计（风险管理职能部分，不含风险监督评价等第三道防线的职能）等部门进行整合，设置为大风控牵头部门。在经理层设置大风控牵头负责人，组建或完善董事会风控专委会。例如，中粮集团总部整合审计、法务、合规和风控等大风控职能，设立了大风控部门“审计与法律风控部”，由集团董事长直接分管。

在风控范围与重点划定方面，要聚焦关键业务，要改革重点领域、国有资本运营重要环节及境外国有资产监管，具体可参照国务院国资委发布的两级企业风险分类参考标准，确保企业的战略、财务、市场、运营和法律风险纳入风控体系，具体风控重点可因企制宜。以合规管理为例，中石油等五家央企的合规管理重点领域各有侧重（见表 3-1）。

表 3-1　中国石油等五家央企的合规管理重点领域内容

文件或企业名称	合规管理重点领域
《中央企业合规管理指引》	市场交易、安全环保、产品质量、劳动用工、财务税收、知识产权、商业伙伴
东方电气集团	质量健康安全与环保、公司与员工、公司与商业合作伙伴、投诉与举报
招商局	重要商业合作伙伴、“三重一大”决策程序、投资管理、采购管理
中国石油	对外交易、质量和健康安全环保、公司与员工、财务 & 资产与信息、政府与社区
航空工业上电所	市场管理、员工行为、项目管理、经济管理、行政管理、党纪管理
中国中铁	反垄断、反不正当竞争、劳动用工、合作伙伴管理、信息安全、采购招标、工程建设、消费者权益保护

资料来源：王波 . 央企合规管理体系建设 [J]. 企业管理，2020（5）：111-114.

在四大风控体系分项建立健全和监督考评有效实施方面，以中央企业为例，结合风控法规和监管制度的相关规定，董事会还应当注意以下几点。

1. 风险管理体系方面

按照或参照《中央企业全面风险管理指引》（国资发改革〔2006〕108 号），董事会负责督导实施，并就全面风险管理工作的有效性对股东（大）会负责。2019 年以来，国务院国资委整合构建以内控为强力抓手融合风险和合规管理的新型内控（大风控）体系，风控体系逐步融入以风险为导向、合规管理监督为重点、落地性或实效性更强的内控体系。

2. 违规经营投资责任追究工作体系方面

公司董事会应当根据《中央企业违规经营投资责任追究实施办法（试行）》（国资委 37 号令，以下简称《追责办法》），结合本企业实际情况，会同公司党组织在《追责办法》所列 11 个方面 72 种违规情形的基础上，进一步细化责任追究的范围、资产损失程度划分标准等，研究制定责任追究相关制度规定，将追责事项的合规边界作为大风控体系应当坚守的底线和红线。

3. 合规管理体系方面

公司董事会应当按照《中央企业合规管理办法》（国资委42号令）和《企业境外经营合规管理指引》（发改外资〔2018〕1916号）严格执行，两份指引以下统称为“合规制度”。结合本企业实际将合规制度中的七个重点领域、三大环节、三大重点人员和一个海外投资经营专项，纳入本企业的风控合规体系，将合规制度外规内化入企业自己的制度体系和风控流程。

4. 内部控制体系方面

公司董事会应当按照《关于加强中央企业内部控制体系建设与监督工作的实施意见》（国资发监督规〔2019〕101号）的要求，建立健全以风险管理为导向、合规管理监督为重点的内控体系，将风险管理和合规管理的要求嵌入业务流程，实现“强内控、防风险、促合规”的管控目标，推动整合优化内控、风险和合规管理相关制度，完善内控缺陷认定标准、风险评估标准和合规评价标准，构建相互融合、协同高效的内控监管制度体系。

董事会对防风险体系运作实施如何监督评价

要统筹推进内控、风险和合规管理的监督评价工作，将风险、合规管理制度建设及实施情况纳入内控体系监督评价范畴，制定定性与定量相结合的内控缺陷认定标准、风险评估标准和合规评价标准，不断规范监督评价工作程序、标准和方式方法。在充分发挥好审计监督评价作用的基础上，还应建立以下监督评价机制：

经理层风控牵头负责人应当定期向董事会或风控专委会报告工作，并接受董事会风控专委会的监督指导，经理层至少应当按年提交风控自评报告。对纳入集团管控范围的子企业要求按年提交风控自评报告，在子企业自评基础上，集团应对所属企业进行监督评价，确保三年全覆盖。要将违规追责作为大风控体系有效运作的强力保障手段，出现违规情形的按照内部追责程序及时追究责任。

董事会如何防范化解重大风险

积极采取措施强化企业防范化解重大风险全过程管控，加强经济运行动态、大宗商品价格以及资本市场指标变化监测，提高对经营环境变化、发展趋势的预判能力，同时结合风控体系监督评价工作中发现的经营管理缺陷和问题，综合评估企业内外部风险水平，有针对性地制定风险应对方案，并根据原有风险的变化情况及应对方案的执行效果，有效做好企业间风险隔离，防止风险由“点”扩“面”，避免发生系统性、颠覆性重大经营风险。

董事会“定战略、作决策”时应怎样防风险

要求在投资并购、改革改制重组等重大经营事项决策前开展专项风险评估，并将风险评估报告（含风险应对措施和处置预案）作为重大经营事项决策的必备支撑材料，否则不列入上会讨论议题。

董事会风控专委会负责风险评估报的实质性审查并发表明确意见，董事会办公室对涉及前置风控的事项履行形式审查职责，没有风险评估报告和风控专委会明确风控意见的不予列入董事会议题。董事会审议决策时，必须研判风险与收益的综合平衡性。对超出企业风险承受能力或风险应对措施不到位的决策事项不得组织实施。此外，董事会还应当提升风控体系的信息化水平，推动风控体系与业务信息系统互联互通、有机融合，提高风控体系的有效性。

第37问

国有企业组建董事会时应考虑哪些核心原则?

中国特色现代国有企业制度建设，需要“双管齐下”。

一方面，要将党的领导作用融入公司治理，建立制度和规范，可以说这是左拳。另一方面，把董事会这个现代企业治理的中枢组织营造好、完善好，可以说这是右拳。一左一右，一前一后，上下兼顾，神形兼备，才是提升中国企业核心竞争力的“好功夫”。这就是“两个一以贯之”的具体体现，不能偏废，更不能单拳空挥。

董事会制度，要先从董事会的结构说起。

董事会结构的三大基石

什么样的董事会结构才能更好地落实科学制定战略，合理进行重大决策，并有效控制企业核心风险呢？我们建议要遵循董事会结构安排的三个基本原则：制衡、核心和专业。

1. 制衡

什么是董事会的制衡呢？这里面至少有四层意思：

第一层，董事会里的董事，代表不同的股东或者组织，没有完全一致的利益诉求，决策出发点不完全一样；

第二层，董事们从来源上，有的来自企业内部，有的来自企业外部，有的来自社会；

第三层，基于上述第一层和第二层的原因，董事们可以对于同一问题表达不完全相同，甚至根本不同的观点和主张，大家可以百花齐放、集思广益；

第四层，不同观点碰撞，可以起到更好的决策选择作用，避免一言堂式的决策风险。

在国企改革政策要求中，明确规定企业董事会成员中，外部董事比例不得低于一半，目的就是从制衡的角度出发，通过外部董事参与决策来防止内部人控制等风险问题。这个要求对于国有全资、独资和绝对控股企业来说非常重要。所以，在各位朋友设计所在企业董事会结构时，制衡原则处于需要遵循的第一顺位。

2. 核心

制衡有其优点，毛病也特别明显。对于股权相对分散或者几家股东股比非常接近的企业来说，如果一味强调相互制衡、按股比说话，那么将经常陷入无休无止的争论和扯皮之中。所以，国有企业改革中，要避免这些问题出现，除了强调制衡之外，还需要通过结构安排，突出"核心"。董事会结构中的核心，可以有几个体现：

核心人员。在董事会组建时，根据董事会规则，要突出公司董事长或者其他核心董事的地位。比如规定在出现决策争论时，可以董事长的意见为准，或者董事长可以保留否决权。

核心事项。在董事会规则中，规定某些重要事项必须经过特定的董事同意才能通过。

3. 专业

董事会必须精通公司的业务才可能科学决策，要不然就会变成纸上谈兵，隔靴搔痒。董事会怎么才能做到专业呢？除了聘请懂行业的、懂管理的专家型外部董事之外，更为重要的是，必须有对企业高度熟悉的内部董事经理存在。

同时，在科技创新要求高的企业，主管科技的核心专家，也建议进入董事会，以保证公司技术创新决策的科学性和战略性。

全资国企董事会：结构"四位一体"

有人提出疑问：全资企业中上级股东意志是决定性的，本级经理层又和党委成员高度重合，还有必要再把董事会搞实吗？知本咨询认为，正是因为全资国企同时存在股权集中和委托代理关系两个现实，才使全资企业建设相对独立的董事会，显得十分重要。

关键的问题是，这个董事会怎么能够真正做到独立，做到高效，做到科学，而不是成为一个花架子。做到这一点，需要从“制衡、核心、专业”三大原则对全资企业董事会结构进行设计。

简单来说，一家国有全资企业的董事会应由四个方面的董事构成：

（1）国有股东选派的董事；

（2）根据外部董事制度或者独立董事制度聘任的专家型董事；

（3）企业科技领军人物董事；

（4）企业职工董事。

形成这种四位一体的董事会结构布局，可以起到两个重要作用：

1. 把国有股东选派董事和外部董事区分开来

国企集团向下属企业派出的董事，基本是上级单位的职能部门负责人，或者是从一些单位退到二线的领导干部。他们的核心职责是代表上级股东利益，传达上级股东意见，无论派出三个还是五个，只会传递出一种声音。从本企业高管和经理层角度来看，多数是上级党委管理和任命的干部，自然也将执行上级股东决策作为基本职责。所以，这样的董事会结构，难有制衡，难以独立起到“定战略、作决策、防风险”作用。

解决的办法就是要把股东选派董事和外部董事区分成两个不同的类型。国有企业需要真正引进相对独立的专业型董事。这种外部董事，可以来自集团设立的外部董事专家池，也可以学习独立董事制度，直接引进来自社会的战略专家、行业专家和其他优秀企业家，让这些专业的、没有利益关系的董事在董事会中发挥更大的制衡和专业作用。

2. 充分推动国企科技创新战略落到实处

中国国企面临时代的挑战，那就是科技自强，建设创新型企业，将技术创新作为发展的核心驱动力。这个概念和目标要落实，必须在公司组织顶层上有保证、有支点、有力量。就此，知本咨询建议，国有企业董事会要专门设置“科学家董事”席位，要让全资国企的核心科技带头人、首席科学家、总工程师等关键人员进入董事会。

虽然大型的国有企业一般都设立有类似于科技委员会之类的科技决策型组织，但往往功能发育不够完备。从组织上看，基本属于经营层面，定位是挂靠于科技部等职能部门的协作型组织；从职责上看，基本功能是审议科技课题和项目。这样的科技委员会的地位，和我们追求的科技创新战略引导的目标仍是不完全相符的。

因而，中国国企需要科技创新，需要从董事会层面切入，设置科学家董事，以提升公司内部科技带头人的决策地位和战略地位。同时，应将经营层的科委会升级为董事会层的专业委员会，进而将科技创新战略、决策变为公司战略思考和战略行动的组成部分。

以上讨论了国企董事会结构完善的基本命题。“制衡、核心、专业”三大基石是企业设计董事成员结构的基本出发点。而对于全资国企来说，构建“四位一体”的董事会结构可能是一个值得认真参考的选择。

第38问 国有集团公司子企业的董事会，谁先建？怎么建？

按照国企改革三年行动要求，企业集团的各级重点子企业需要全面完成董事会应建尽建、配齐建强的任务。

怎么样才能做得又好又快，政策要求达标、战略要求实现、管理体系升级三个目标同时实现呢？

哪些企业先建，哪些企业缓建

从一开始，国企改革政策要求中，对于董事会建设，就提出了“应建尽建，配齐建强”的主张。这其中的“应”字，充分体现出实事求是的原则，是遵循的总纲。一家企业集团，下属公司众多，法人实体一般都几十家、上百家，在董事会治理体系建设方面，必须要分分类，确定一下董事会建设的边界条件。

根据相关政策，结合知本咨询的理解，建议在实操过程中，大致应该把企业集团下属子企业划分成三个先后次序：

1. 尽快优化董事会的子企业

很多国企在工商注册时都有董事会的成员名单，但是由于多种原因，这些董事会都停留在纸面上，没有发挥实质性作用。对于这种类型的企业，建议首先列出来，尽快进行结构优化，机制优化。

2. 抓紧建立董事会的子企业

对于一些目前没有建立董事会的企业，一些采取执行董事制度的企业，如果它们有如下几个特征的话，建议根据要求抓紧建立健全董事会。

（1）独立面对市场并参与竞争。

（2）在战略、投资、业务、组织等方面有大量相对独立的决策。

（3）在集团内部是完整的利润中心。

（4）管理成熟，业务有一定规模。

符合这类特征的企业，发挥董事会“定战略、作决策、防风险”作用，将能够推动企业持续健康发展。

3. 条件成熟再建立董事会的子企业

所谓条件成熟，是指可以发挥董事会作用的条件要具备。否则，董事会就是一个摆设，失去了治理和管理的实际意义。

什么条件很关键呢？搞清楚“四个定位”即可辨别。

第一，市场定位状态。如果一家子企业的所有业务或者大部分业务都来自集团内部，业务市场化、组织市场化程度都不高，那么董事会建立就没那么紧迫。

第二，业务定位状态。如果某些子企业的业务类型只是干一件具体的任务、一个工程项目，未来也没有更多新定位、新投资、新决策，那么董事会建设可以缓建。

第三，管控定位状态。如果一家子企业本身就是集团内部的基层运营单元，属于具体的生产性单位，上级企业直接采用运营管控方式进行管理，这样的子企业董事会建议缓建。

第四，法律定位状态。一些国企法人公司注册时是为了融资结构要求，是为了法律合规，企业没有实际业务。一些国企已经属于“两非、两资”正在进行清理，或者正处于整合重组当中。这些企业董事会可以缓建。

董事会怎么组成

国企建立董事会，要在组织结构上进行规划设计。这里面包括董事会成员结构，以及专门委员会设置两个主要内容。

1. 董事会由多少人组成是最合适的

《公司法》规定，有限责任公司设董事会，其成员为 3 人至 13 人；股份有限公司设董事会，其成员为 5 人至 19 人。

《中央企业董事会工作规则》要求，央企一级公司董事会一般由 7 名至 13 名董事组成。

董事会的建立要遵循从小起步、科学至上的原则。

董事会不是越大越好，董事也不是越多越好，这是一个决策机构，要保证必要的效率。所以在设计董事会人员的时候，除了考虑公司的股权结构、治理目标以及相关政策要求外，还需要本着与企业发展阶段相适应的基本思路，从小起步、科学至上。

如果公司刚刚成立，正在发展的初期阶段，可以结合政策设置 3 人董事会，以提高决策效率效果；如果公司开始市场化快速发展，有了多元股东，需要外部支撑，这时可以考虑增加董事名额，建立 5 人、7 人董事会；如果公司进入了成熟期，市场规模较大，建立了包括下属投资企业、全国业务布局，并且有更多的资本市场和社会监督要求，可以继续增加董事会成员，丰富董事来源，建立 7 人、9 人的董事会。

那什么时候能够建立 10 人以上的董事会呢？我们认为要和建设行业一流企业、世界一流企业相结合，如果达到了这样的标准，企业已经成为一家全国性、国际性、集团性公司，可以加以考虑。如果还没到这个阶段，暂时不建议董事会“虚胖”。

2. 董事会里要包括哪些人

董事会的决策科学性，一部分来源于其结构上的多元化、独立性。所以各个国家、大量企业实践都指向要求一个结构相对丰富多元的董事会。

对于一家非上市国企来说，董事会也需要践行这个原则，充分反映利益相关方的关切，同时推动科学履行职责。

根据现有规定，国企董事会一般要包括三类成员：

第一类，公司内部高级管理人员。

公司内部部分高级管理人员要成为董事会成员。党委书记要兼任董事长，专职党委副书记要进入董事会，总经理进入董事会，其他高级管理人员视需要担任董事。

第二类，股东派任企业外部人员。

第三类，职工董事。

除此之外，由于各家企业的发展阶段和业务特点不同，还可以根据需要配备其他董事成员。比如，准备上市的企业，需要更多外部专家力量的企业，可以增加独立董事岗位；科技含量高的企业，可以增加科学家进入董事会等。

3. 董事会专门委员会怎样设置

目前从实践角度和政策安排角度，通行的董事会专门委员会共计四个：

（1）战略与投资委员会。

（2）风险管理委员会。

（3）薪酬与考核委员会。

（4）提名委员会。

专门委员会是董事会的支撑，是董事会进行决策的咨询机构，可以说是董事会“定战略、作决策、防风险”功能落地的支柱。董事会要做实，专门委员会必须先做实。

做实专门委员会，就是要进一步优化专门委员会的构成，强化职责和机制配套，同时做好专门委员会在企业职能支撑部门的衔接落地。

首先要设置哪些专门委员会？战略、投资、风险、薪酬、考核等事项，是董事会决策的核心领域，专门委员会是必须的；而且在风险、薪酬、考核等领域，需要外部董事担任主任委员。除此之外，有必要根据企业实际需要，设置科技创新委员会和企业社会责任与影响力委员会，前者帮助企业实现创新型组织目标，后者帮助企业践行 ESG 理念，突出国企“五力”价值，这些都是董事会关注的重点。

其次是如何使专门委员会的咨询研究和企业职能支持保障组织衔接。知本咨询建议各个企业都要从责任上明确，专门委员会要得到企业职能部门的全程支撑；要从机制上设计，职能部门如何在经理层部署的本职工作外，就董事会安排的保障事项积极开展工作。

为了保证这种委员会落地长腿机制，建议在组织上设置“专门委员会工作联络员”，或者设置在董事会办公室，或者直接设置在各个保障责任部门，确保董事会专门委员会里的各位董事，有问题都能找得到人，寻得见帮手。

第39问

如何推进董事会专门委员会建设?

在董事会“应建尽建，配齐建强”过程中，如何更有效发挥专门委员会作用的问题，值得集思广益、反复讨论。

专门委员会建设政策

现代企业制度建设，从《公司法》颁布到目前进行了近三十年，其中一个重要的组织形式，就是在有限责任公司和股份公司的治理体系中，作为支撑董事会决策的重要力量而设立的董事会专门委员会。

对于国有企业和上市公司而言，关于专门委员会的相关政策规定大致如下所述。

1. 国资监管规定

国务院国资委《董事会试点中央企业董事会规范运作暂行办法》(2009)中就相关专门委员会进行了基本规定：

“公司董事会应当设立提名委员会、薪酬与考核委员会、审计委员会(或者审计和风险管理委员会)，作为董事会专门工作机构，为董事会决策提供咨询意见和建议等。根据公司实际情况，经董事会通过，董事会也可以设立其他专门委员会并规定其职责。公司董事会成员有公司驻地以外人员且必须由董事会决策事项较多的，经国资委批准，董事会可以设立常务委员会，由董事长兼任召集人，行使董事会授予的部分职权。”

“董事会专门委员会由公司董事组成，其成员和召集人由董事长商有关董事后提出人选建议，经董事会通过后生效。其中，提名委员会中外部董事应当占多数，薪酬与考核委员会、审计委员会应当全部由外部董事组成。”

2. 上市公司监管规定

中国证监会 2018 年修订颁布的《上市公司治理准则》，用一个章节规范上市公司董事会的专门委员会建设：

“上市公司董事会应当设立审计委员会，并可以根据实际需要设立战略、提名、薪酬与考核等相关专门委员会。专门委员会对董事会负责，依照公司章程和董事会授权履行职责，专门委员会的提案应当交董事会审议决定。”

“专门委员会成员全部由董事组成，其中审计委员会、提名委员会、薪酬与考核委员会中独立董事应当占多数并担任召集人，审计委员会的召集人应当为会计专业人士。”

分别学习了国资监管与上市公司对专门委员会设立的要求后，我们能形成几个基本的理解。

第一，专门委员会作为董事会的决策咨询机构，对于各家企业都很重要，需要科学设计功能，充分发挥作用。

第二，从国际经验和政策要求看，专门委员会可以设立三种或者四种类型，分别是审计委员会、薪酬与考核委员会、提名委员会、战略委员会。

第三，专门委员会中涉及董监高人员的利益问题时，相关委员会的组成需要特别考虑由外部董事或独立董事占多数。

第四，专门委员会实际设立要根据企业特点和董事会需要确定，设立几个、职能是什么等问题由董事会确定。

专门委员会实践与困惑

在国企董事会建设的实践中，各家企业在设立专门委员会的过程中，基本采用了做“必选题”的方法——那就是基本全部参考政策规定，成立几个标准名称、标准配置、标准功能的专门委员会（见图 3-2）。

标准配置的董事会专门委员会，一般都是四个，分别是战略委员会、审计（风险）委员会、提名委员会和薪酬考核委员会。后三个委员会外部董事或者独立董事须占据多数，或者全部担任。

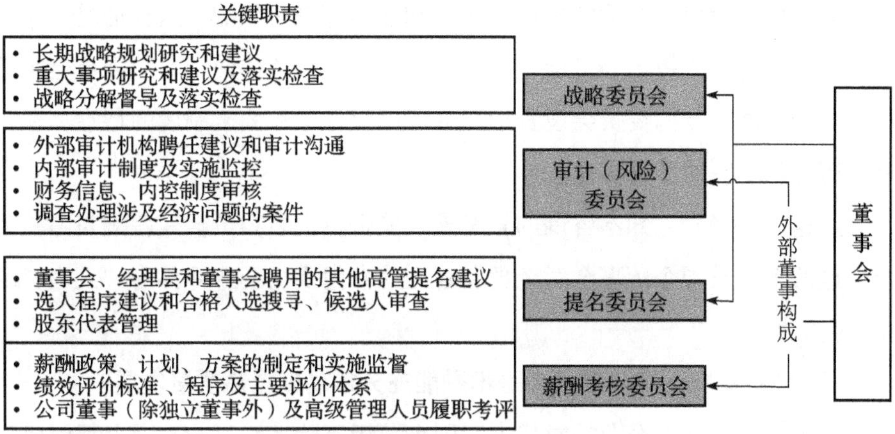

图 3-2 董事会组织结构中专业委员会

随着国企改革三年行动不断深入推进，国企要将董事会建设更广泛、更系统化、更长期化，就需要对目前实践中的专门委员会的设置进行更多思考。

思考 1：标准化专门委员会是不是匹配国企董事会核心功能？

董事会“定战略、作决策、防风险”，四个标准专门委员会里面，战略委员会可以商议“定战略”的问题，审计（风险）委员会可以讨论“防风险”的问题，“作决策”这件事好像也能分到不同委员会里去。

表面是这样，但如果结合国企董事会决策主要内容来看，就会发现标准的四个专门委员会设置模式如果一直保持现状，好像有点问题……

国企董事会决策事项大致包括这么几类，落实党和国家大政方针政策、企业“三重一大”事项及其他认为必须由董事会审议的事项。其中“三重一大”事项占据了很大的会议决策比例。这里面，重要投资项目和重要的高级管理人员任免、激励是比较重要的。

董事会怎么样做好对于重要投资项目的审议？怎么样控制投资失误带来的战略性重大风险？从这个问题引发的思考是：“战略”委员会能否扩充职能，完善为“战略与投资”委员会？

同时，国企董事会对于高级管理人员的管理，一方面要和党管干部机制政策充分对接，另一方面还要和国有股东干部人员垂直管控相一致。所以能够在本级董事会审议决策的事项，频率和强度都是有限的，这种情况下是不是有必要同时设立提名委员会、薪酬与考核委员会这样两个专门委员会来管理呢？能不能在专门委员会设置中充分考虑国企干部人事制度的特点，建立有机衔接和统一的委员会呢？

从这一点展开，知本咨询的思考是：能否将提名委员会、薪酬与考核委员会这两个涉及国企董事会对经理层管理的专门委员会合并称为“人力资源委员会”？

思考2：标准化专门委员会是不是能充分推动国企高质量发展？

在建设世界一流企业的时代中，国企要担当什么？每一家国企都要成为“五力”的践行者、示范者，承担核心决策功能的董事会，必须担当起这个历史和未来的重要责任。

国企创新力打造如何与专门委员会衔接？从国有企业实践的角度来看，董事会层面对于创新问题的战略定位还不够，大部分企业没有董事会层面的创新委员会。如果大家同意技术创新是一项事关企业长期生存发展的核心事项，就应该把科技创新委员会提升到董事会层面，成为国企创新战略、创新决策的中枢神经。

国企影响力打造与专门委员会的关系。国企影响力，从宏观层面上讲，涉及经济影响力、产业影响力；从微观层面上讲，关系到每家企业的利益相关者。国有企业不仅要承担经济责任，也要承担战略责任、社会责任、环境责任、公民责任，这是国有企业的天职，必须做好，做成表率。怎么实践呢？国企董事会能够承担怎样的功能呢？对此，知本咨询建议董事会专门委员会新设“影响力与社会责任”委员会，作为国企影响力打造的核心组织平台，为中长期持续发展奠定基础。

新时代董事会专门委员会调整策略

综合以上分析，对于高质量发展目标下的国企董事会专门委员会建设，知本咨询的整体建议是“**两增设、一优化、两合并**”。新时代董事会专门委员会如图 3-3 所示。

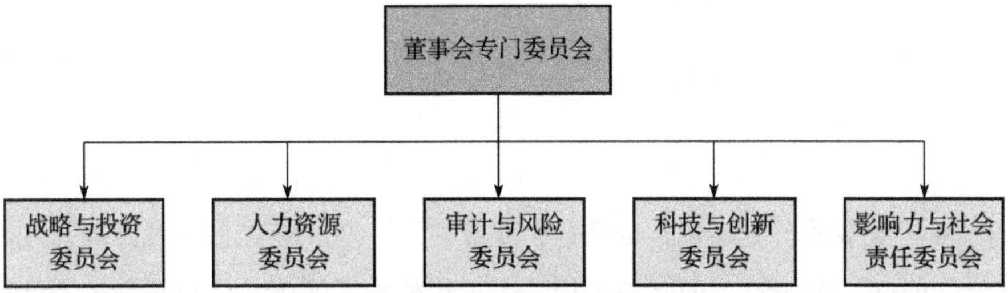

图 3-3　新时代董事会专门委员会

1. 两增设

在有条件的国企董事会中，增加设置科技与创新委员会、影响力与社会责任委员会，全面体现国企创新力和影响力打造的要求。

2. 一优化

将战略委员会扩充优化为战略与投资委员会，全面负责战略规划、资本性支出、重大投资项目等核心决策事项的研究审议，进一步落实定战略和作决策的核心功能。

3. 两合并

将提名委员会、薪酬与考核委员会两个专门委员会合并为人力资源委员会，打造一个与党管干部人才协调统一，更有合力的综合型专门委员会。

通过“两增设、一优化、两合并”策略，形成适应于中国特色现代企业制度建设的五大董事会专门委员会。无论怎么样设置，专门委员会都要成为董事会做实做强的帮手，真正起到决策支持参谋的作用。

第40问 如何改进专职董事制度？

专职董事是一个岗位，也是一个职业。这个职业在国内孕育发展，刚刚满十年时间。专职董事们必须要用一个更快的成长速度才能承担起国企治理优化的更大责任。从中央企业到地方国企集团，近些年来很多企业都在推进专职董事制度的建设。在这个过程当中，怎么样才能充分发挥机制设计的优势，发挥专职董事的能量，发挥国企多个治理管控主体的协同作用呢？

四专：专职董事的四原色

如何理解专职董事制度？知本咨询认为，“四专”是核心的解释变量。四专就是：专职、专业、专管、专用。

首先是专职。专职是指专职外部董事，是受履行出资人职责的机构或者企业上级国有股东委派专门担任的外部董事职务。根据规定，每名专职外部董事可同时服务 2 ～ 3 户企业。专职外部董事不在任职企业担任除董事和董事会专门委员会有关职务外的其他职务，不得在出资企业以外的其他单位任职。

其次是专业。专业是指专职外部董事应在法律、财务、金融、生产经营、战略管理、人力资源管理等方面具有较高的专业水平和丰富的实践经验，对专职外部董事岗位职责认识深刻，对现代公司治理要求把握准确，对国资监管和国企改革政策熟悉。

再次是专管。专管是指专职外部董事作为出资人代表，由履行出资人职责的机构或者上级国有股东负责选派，并由其确定专门单位进行日常管理和服务，与任职企业无聘用关系。这一点与上市公司的独立董事有重要差别，独立董事是由上市公司董事会聘任，并且在上市公司领取董事津贴的。

最后是专用。专用是指专职外部董事主要发挥在董事会中优化决策和监督制衡的作用，不承担任职企业其他岗位职责。

专职、专业、专管、专用这“四专”原则是 2009 年国务院国资委颁布的《董事会试点中央企业专职外部董事管理办法（试行）》中明确提出的专职外部董事管理的基本原则之一。自此之后，中央企业和各地国有企业都开始逐步实践在全资和独资国企集团建设董事会过程中，配套完善专职外部董事制度。

选、用、酬、退：专职董事管理四件套

从中央企业和地方国资出台的相关专职董事制度中不难发现，一个专职董事制度主要涉及的内容包括四大方面，核心是选、用、酬、退。

1. 选

专职外部董事从哪里来？国资监管机构的政策确定了两个主要来源，一是从其监管的其他企业现职同层级领导干部中选任，二是通过公开渠道向社会寻找优秀的专家人才担任。从实际的情况看，目前来自社会专家的比例仍不高。

很多中央企业和地方国企，沿用了这个政策，在推进下属二级三级企业董事会建设过程中，主要任用了曾在同级公司任过班子成员的干部，作为其他兄弟公司的专职外部董事。

2. 用

对于专职外部董事的岗位任职管理，一般有几个基本规定。

第一是级别，多数参照企业同级干部副职管理；

第二是任期，和董事会任期一致，一般不超过两个任期；

第三是报告，通过一年至少两次报告进行沟通；

第四是归口，国资监管部门设有专门委托管理的机构，国企一般设有专门的专职董监事办公室统一归口支持。

3. 酬

这里包括了专职董事们的考核和激励事项。国企兼职董事根据规定是难以取酬的，但成为专职董事后，就必须考虑这个问题。

在目前的国企实践中，对于专职董事的激励，基本是参考同级别干部的薪酬制度进行设计的，比如河南省国资委在《省管企业专职外部董事薪酬管理办法（试行）》中，明确规定“专职外部董事薪酬由基本年薪、绩效年薪和任期激励收入构成”。

4. 退

专职董事如何退出？在相关实践中对于“达到任职年龄界限、履职情况较差、达到法定退休年龄、聘用期满或其他原因不适合继续担任专职外部董事”等多种情况，都规定了相应的免职或解聘的基本原则。

四善：专职董事管理的优化方向

现行的专职董事管理制度，在新要求下需要进行哪些优化和深化呢？知本咨询建议，要做到“四善”：善选拔、善授权、善激励、善履职。

1. 善选拔

首先我们要十分明确，国企集团选择各个层级企业的专职外部董事，和国资监管机构选任集团一级企业董事会专职外部董事是不一样的。

国资监管机构选任的专职外部董事职务具有行政级别，列入国资委党委管理的企业领导人员职务名称表，按照现职中央企业负责人进行管理。

但是对于广大国企基层单位的董事会而言，没有行政级别，没有干部身份。所以在选拔专职外部董事时，上级国有股东可以尽可能少参考级别、岗位等约束，多从专业性角度考虑；而且很多优秀专职董事人选，可以跨层、跨级担任专职外部董事。建议切勿僵化，层层模仿。

2. 善授权

有了人选，还需要给予足够的授权，专职董事才可能发挥实质作用。一些国企董事会难以做实，在于绝大部分《公司法》规定的董事会决策事项，都要先由股东单位审议通过后，才能由董事发表意见。

搞好专职董事制度需要配套完整的董事授权制度，把专职董事真正作为公司股权董事来看待，而非“二传手”和“传声筒”。职能部门不再代为决策，而要以专职董事为核心，为其提供炮火支援，帮助专职董事开展履职和决策的各项工作。

3. 善激励

“四有董事”的标准是，有权、有责、有钱、有闲。

专职外部董事已经有三项了，下面就是将激励制度设计好。就目前来看，薪酬激励考核制度还有需要进一步完善的地方。

有两个问题迫切需要明确：一是专职外部董事的工资奖金到底应该谁来发？二是专职外部董事的考核要不要和任职企业业绩挂钩绑定？

央企集团和地方国企集团的专职外部董事，其薪酬待遇由上级派出单位发放，这样做的好处是可保持外部董事的客观性和独立性。作为央企下属二级、三级公司来说，专职外部董事薪酬发放问题更为复杂；一些股权多元化的下属企业，股东派出的专职董事（包括专职董事长）的薪酬成本在该企业列支好像更妥当。这个时候，上级股东就要进行整体平衡协调。

另外就是绩效奖励的问题，企业经营班子的绩效奖励是和业绩直接绑定的。作为全职从事决策工作的专职董事，如果他们的考核只是决策过程的勤勉敬业和行为合规，好像考核的力度和完成目标的难度难以和经营班子摆在一起；但是薪酬的标准却不能差别太大，这就使得专职董事考核激励成为一个新的责权利失衡点。怎么处理，也需要上级股东系统思考。

4. 善履职

专职外部董事，要做到独立、专业、有分量、有支撑，才能更充分地履职，发挥更大的作用。独立性，来自责权利安排；专业性，来自人员选聘和后续培训；有分量，来自授权保证；有支撑，来自股东单位的后台团队支持。所以，国有企业要在支持专职董事更好履职方面进行详细的制度创新。

比如专职董事人员任用，从内部扩大到外部；从重点考虑年龄的二线管理人选进行前移，更多考虑要重点任用的优秀干部。专职董事可以不与干部退休等人事管理制度挂钩，有经验的企业领导人员，退休后可以安排继续返聘担任专职董事，发挥专家作用。

从“四专”到“四善”，这是国企在落实专职董事制度中需要重点考虑的问题。每家企业的情况差别巨大，很难找到一个普遍好用的药方；不过按部就班，相信可以有所斩获。

第41问

国企外部董事具有哪些权利？怎样用好这些权利？

在越来越多的国有企业推动董事会配齐建强，落实董事会职权的进程里，在很多国企干部、外部专家融入专职或者兼职董事的进程里，有一个问题越发显得重要。

那就是，“国企董事，特别是外部董事，应该在企业决策中有哪些权利呢？”先给个总体答案，那就是“八项权利”：知情权、参会权、表决权、提案权、建议权、质询权、调研权、其他权利。

首先说明，这八项董事权利来自深圳市拟定的《深圳市属国有企业专职外部董事履职工作指引（试行）》（以下简称《深圳指引》），对于国企董事合理履职有重要参考价值。

1. 知情权

现代公司治理，是一个委托代理的体系。董事会代表股东利益进行重要决策，决策信息不能出现重大不对称，更不能出现信息断层，否则董事决策就肯定成为空中楼阁。所以，董事第一项权利，就是知情权。

《深圳指引》总结：“知情权是指专职外部董事享有按时获得履职所需各方面信息的权利。”

知情权的保障，需要有政策规定，需要有上级股东支持，这样企业才能够全面执行。《深圳指引》规定：“市国资委、专职外部董事任职企业应为专职外部董事履职提供必要信息。除国家有特殊规定外，任职企业的电子办公系统和数据报告系统等企业内部信息系统应当对专职外部董事开放，使专职外部董事享有与企业高管人员同样的访问权限。”

2. 参会权

参会权是第二个董事权利。董事可以根据出席董事会时决策需要，以列席的身份参与企业各类相关的决策会议和经营管理会议，保证董事对于决策事项讨论的前因后果有充分的了解。

董事应该出席和列席哪些会议呢?《深圳指引》大致做了总结：“参会权是指专职外部董事享有出席企业董事会及其所任职董事会专门委员会会议，列席任职企业与其履职相关的会议，包括但不限于党委会、总经理办公会议等决策会议以及经营管理相关专题会议的权利。涉及需要股东（大）会、市国资委以及董事会决策事项的党委会、总经理办公会及其他专题会议，以及市国资委认为需要列席的相关会议，专职外部董事应到会列席，熟悉议题内容并积极建言献策。”

3. 表决权

第三项权利是表决权。就具体决策事项进行表态，说明同意或者不同意，这是作为董事参与决策的天然权利。《深圳指引》认为：“表决权是指专职外部董事依据法律和公司章程等规定，在任职企业董事会或所任职专门委员会议上针对企业决策的具体事项陈述意见、表明态度和投票的权利。”

表决权一般划分为三种：同意、弃权和反对。

什么时候表决“反对”意见？知本咨询认为有四种情况：

（1）议案明显违背法律法规，违反股东重大原则规定；

（2）议案与公司战略和既往决策方向有重大偏差；

（3）议案实施对公司很可能造成重大风险；

（4）议案审议明显有违决策程序和决策原则。

什么时候发表“弃权”意见呢？有一种情况：董事了解的信息范围受到严重限制，无法准确发表意见。

当然，董事在发表弃权、反对意见的时候，需要充分说明理由。

4. 提案权

董事第四项权利是提案权。关于提案权，《深圳指引》是这么定义的：“提案权是指专职外部董事向董事会或所任职专门委员会提出议案或议题进行审议的权利。”

作为董事，多数情况下是审议议案的，是企业经营管理层就具体重大决策问题，根据权限规定提交董事会审议决定。在此之外，董事的提案权，在什么时候使用呢？我们认为主要是两个方面：

第一，董事认为特定领域的经营管理重大问题需要提请关注和解决；

第二，董事认为特定决策议题需要补充重要的内容。

如果董事认为需要提出议案，可以通过三种形式进行。《深圳指引》的参考规定是："专职外部董事有权单独或联合向董事会提出议题；专职外部董事有权单独或联合提出董事会专门委员会审议议题；专职外部董事有权提议召开临时董事会，但须经 1/3 以上董事同意。"

5. 建议权

第五项权利是建议权，具体指企业董事"享有对任职企业改革发展、经营管理工作表述观点和提出建议的权利"。

给谁提建议呢？可以是股东和派出单位，可以是董事长，可以是各位董监事，可以是总经理和各位经理层成员。但是不建议直接给企业的中层或者职能部门提出建议，因为这样做可能会有越位感。提建议的方式"不受限制和约束，可以口头提出，也可采取董事建议函等书面形式提出"。

6. 质询权

董事的第六项权利是质询权。《深圳指引》说明："质询权是指专职外部董事享有对企业行为质询并要求相关人员说明情况和回答所质询事项的权利。"

质询，并不是简单的询问，而是带有主观疑问后，要求就问题进行清晰解答。对于一个企业的董事，也享有对企业经营管理事项的质询权。

什么时候董事要动用质询的权利呢？

首先，董事观察到企业经营管理的情况，与董事会决策要求，与企业正常经营方向，与企业防范重大风险的目标等出现了明显的不相符。

其次，通过董事个人非正式了解和沟通渠道，并不能很好地找到这些问题的答案。

最后，董事认为启动质询程序对于解决疑问是必要的，对于企业是有利的。

询问有多种方式可选择，是带有选择性的；但质询权的行使，具有正式性和强制性。从强制的角度看，被质询对象对董事质询应当给予清晰明确的书面答复。从正式角度看，董事可以采用口头质询或书面质询。采用口头质询的，可以要求进行笔录。相关质询情况应向企业董事会报告，重大事项向派出单位和股东报告。

7. 调研权

第七项权利是调研权。董事开展工作，调研是必须的，也需要是经常的。董事会办公室需要定期安排董事到生产经营的现场，到各个下属企业进行整体调研；也需要根据特定议题，安排就投资项目、人员任免、重要经营管理事项等内容，进行专题深入调研，并且做好支持和协助工作。

除此之外，董事可以根据自己的判断，独立提出进行调研的计划和内容；在不违反法律法规和企业规定的情况下，企业需要积极配合，不设限，无正当理由不得拒绝董事开展调研。

8. 其他权利

董事的其他权利是根据企业股东规定赋予董事的其他权利内容。这里面可以包括董事取得薪酬的权利，工作和休息的权利，对股东进行单独报告的权利等，具体由派出董事的国企制定政策加以明确。

国企董事有哪些权利？怎么用好这些权利？那就是：

全面知情、广泛参会、三类表决、主动提案、高层建议、疑问质询、深入调研、其他补充。国企外部董事要用好这些权利，为国企治理添砖加瓦。

第42问 外部董事召集人制度是什么？如何实施落地？

什么是外部董事召集人

外部董事后面加上一个召集人，从字面意义来理解，就是指定一个外部董事来组织和召集公司的其他外部董事，感觉并不晦涩。但进一步想，如果把外部董事召集人作为一种制度来安排，就涉及这个人选怎么产生、他的权利义务是什么、这个角色和董事会其他成员特别是董事长是什么关系、他要做哪些特别的董事工作等必须要回答的实际问题。

所以，必须从制度演进角度对外部董事召集人岗位特点进行辨识。综观近年来国企董事会建设的相关政策文件，可以比较清晰地看到外部董事召集人制度这个概念正在逐渐落地，经历了概念形成、功能强化、角色细化三大发展阶段。

1. 概念形成

2017年《国务院办公厅关于进一步完善国有企业法人治理结构的指导意见》(以下简称《法人治理指导意见》) 中提出了这个概念。这个政策规定：

“国有独资公司要健全外部董事召集人制度，召集人由外部董事定期推选产生。”这句话告诉我们，外部董事召集人，适用范围是“国有独资公司”，产生的办法是在企业外部董事范围内“定期推选”。

2. 功能强化

2021年9月，《中央企业董事会工作规则（试行）》(以下简称《董事会工作规则》) 正式印发，通过公开的解读信息，可以了解到这个政策：

“强化了外部董事作决策、强监督的职责，对外部董事在决策中维护国有资本权益、贯彻出资人意志、督促董事会规范有效运行，发挥外部董事召集人沟通桥梁作用等提出明确要求。”请注意，《董事会工作规则》指出外部董事召集人的核心作用是“沟通桥梁”，那么这个桥梁的两端分别都是谁呢?

很明显，一端是国有出资人或者监管机构，另一端是公司董事会中的内部董事和经理层。这个桥梁的作用是让这两方主体能够顺利通畅信息，快速形成共识和行动。

3. 角色细化

一个岗位是不是定义清楚，关键要看其工作描述是否清晰。在江苏省的相关政策中，规定省属国有企业要“积极配合外部董事召集人工作”。具体工作有四项，我们略做整理。

角色 1：外部董事总代表。

《江苏省国资委关于加强省属企业外部董事履职保障工作的通知》（苏国资规〔2021〕3 号，以下简称江苏文件）规定：“外部董事召集人根据工作需要，代表外部董事就有关事项与省国资委以及任职企业董事长、经理层沟通，任职企业负责同志对相关意见建议应当合理采纳。”

召集人是一个总的声音，这个声音代表所有外部董事，向国资监管机构和企业高层表达意见和建议，这是沟通桥梁作用的直接发挥。

角色 2：外部董事会议组织者。

江苏文件规定：“外部董事召集人每半年至少组织召开 1 次任职企业全体外部董事务虚会，必要时召集外部董事研究相关工作和问题，传达相关政策、文件精神和国资监管要求，任职企业应当提供便利与保障。”

外部董事召集人的一项重要职责，就是组织企业的各个外部董事集中讨论问题，思考重大决策，通过多种会议形式实现外部董事的集体思考，群体决策。

角色 3：外部董事调研推动者。

董事的核心职责是进行决策，获得充足的决策基础信息是关键前提条件。作为企业外部董事来说，如何进行系统性的调查研究十分关键。这个牵头的职责，由外部董事召集人承担。

江苏文件规定："外部董事召集人根据任职企业改革发展情况，每年应提出外部董事调研计划，涉及重大问题的调研，组织撰写书面调研报告，提交董事会并报省国资委，省属企业应为调研活动提供相关保障。"

角色 4：国资股东使命承担者。

目前出台的外部董事召集人政策规定，要么是对央企集团董事会，要么是地方国资一级集团董事会，外部董事选任都是由国资监管机构确定的。关于外部董事召集人，虽然在 2017 年《法人治理指导意见》中规定是"定期推选"，但实际落地过程中需要国资监管机构确定或明确。作为国资监管机构委派的外部董事召集人，要更好地理解战略性监管意图，动态掌握国资监管政策，并完成相关工作。

所以，在江苏规定中明确："外部董事召集人按规定参加省国资委召开的有关会议，承担省国资委交办的其他工作，任职企业对召集人履行相关工作的行为，应当给予积极支持和配合。"

外部董事召集人制度，怎么搞出成效

现在基本搞清楚了什么是外部董事召集人。作为一家国有企业，既然这个岗位角色这么重要，这项制度如此核心，那应该怎么样设计、怎么样落地呢？

问题 1：这个制度应该由谁制定？

外部董事召集人，既是国有企业整体推进现代公司治理的宏观制度安排，也是每一家国企董事会结构和制度流程设计里不能缺少的内容。这就像中国上市公司推行独立董事制度一样，既是国家资本市场的事情，也是每家上市公司的核心治理安排之一。

不过，外部董事召集人制度可能比独立董事制度更复杂，因为独立董事制度只涉及上市公司董事会这一级，而外部董事及其召集人，将涉及一级企业、二级企业，乃至三级、四级等多个国企层级。所以，外部董事召集人制度，应该多一个层次——企业集团层。

这个层次的外部董事召集人制度，是管理集团下属企业外部董事及其召集人的制度。也就是说，如果要全面建设外部董事召集人制度，应该包括三层：第一层，国家层面，要出台国有企业推行外部董事召集人制度的指导意见；第二层，集团层面，要出台集团所管理的下属企业外部董事召集人管理制度；第三层，单体企业层面，要出台本企业董事会外部董事召集人管理制度。层次虽然多，但逻辑不能乱。

问题 2：这个制度应该包括什么内容？

一家企业的外部董事召集人制度应该包括哪些部分呢？目前可以参考上市公司独立董事制度、国有企业外部董事管理制度等相关政策规定，结合企业实际情况起草制定。

知本咨询认为，这个制度如果做到全面、实用，需要包括六个部分。

（1）总则。

总则需要讲明白本企业的外部董事召集人制度是根据什么政策和上级股东单位什么样的制度要求而制定的，同时要阐述外部董事召集人制度的基本指导原则：监督制衡、决策科学、运转高效、保障有力。

（2）外部董事召集人任职要求。

说明外部董事召集人在外部董事岗位基础上要具备的附加任职要求，比如专职工作时间、更丰富的经验要求，以及更加良好的组织和沟通能力等。

（3）外部董事召集人的产生。

央企和地方以及国企外部董事召集人由国资监管机构确定，国企集团二级及以下企业董事会的外部董事召集人，应该由上级国有股东确定或明确。制度中应该明确人选产生流程。

（4）外部董事召集人履职内容。

主要从外部董事代表、召集外部董事会议、组织外部董事调研、完成国资股东任务等各个方面阐述外部董事召集人的履职工作，并明确企业配合义务和责任部门。

（5）外部董事召集人工作报告。

明确外部董事召集人代表外部董事进行定期和不定期汇报的机制。

（6）外部董事召集人评价、薪酬和退出。

按照上级单位相关规定，细化这个部分即可。

问题3：怎么防止外部董事召集人制度走形式、走弯路？

确定一位外部董事召集人，集合所有外部董事的力量和智慧，发挥好“协调运作、相互制衡”的作用，是推动这项制度的初心。但是，有了外部董事召集人这个总代表，就能够产生积极制衡作用和科学决策作用吗？不一定。

怎么做才能避免这个制度成为新的形式？建议关键把握以下几个要素。

第一，一定要选择积极有为、善于沟通、精力充沛的干部承担这个岗位。这样才能履行好这个特殊岗位的职责。

第二，要在公司董事长和外部董事召集人之间建立一个有效的沟通、讨论通道。大的事情和决策不是在董事会上才讨论和表态的，而是要有必须和合适的场合。

第三，要有更强有力的董事会办公室来支持外部董事们的工作，来协助外部董事召集人推动各项计划落实。

总而言之，无论什么样的董事会，无论叫什么名字的董事，都是肩负股东责任的代表；要使这个代表更好地发挥功能，必须从软硬件同时入手，才能发挥机制的应有效果。外部董事召集人制度是国企公司治理制度的重要创新，刚刚起步，需要倍加爱护。

第43问 外部董事和独立董事有何区别，国企为什么需要组合使用？

从1993年《公司法》执行开始，董事会这个公司治理决策中枢就被引入中国，在近三十年的萌芽、发育、成长过程中，越来越成为企业的核心组件。

构成董事会的各种职务、概念也随时代呼唤破土而出。独立董事制度随着资本市场和上市公司发展而发展；外部董事制度随着国有企业董事会配齐建强而强化。

现在，这两种制度设计是并行线，分别解决不同类型企业的治理问题。那么，独立董事和外部董事之间是什么关系？是不是需要形成更紧密的链接关系呢？

1. 再看再比“独董”和“外董”

对于很多朋友来说，听到独立董事、外部董事这两个名字，第一感觉都一样：“这不是一个意思吗？就是来自企业外部，具有独立性的董事。”

确实如此，这两个制度在订立时的基本出发点之一，就是要通过企业外部的人员加入董事会来增强决策的制衡性。

只不过由于一先一后、一左一右，独立董事和外部董事的很多功能还是不一样的。

独董制度开始于2001年，证监会发布的《关于在上市公司建立独立董事制度的指导意见》是过去20年指导中国企业独立董事制度的起点。经历了20年发展，独董制度在我国数千家上市公司普及，2021年在任A股独立董事超过1.4万人。

如果用几个简单的标签总结“独董”，知本咨询认为有四点：

第一，独董是上市公司和准备上市公司的董事会标配；

第二，独董是来自本企业和本集团外部的、没有利益关系的人员，所以才独立；

第三，独董是本企业董事会找来的，受聘于董事会，通常是行业专家和学者；

第四，不管高低，独董都要拿津贴报酬，由受聘企业发钱。

外部董事制度，起步也不算晚。武汉市在 2001 年就开始引入外部董事制度，在地方层面算是最早的。

2004 年发布了《关于中央企业建立和完善国有独资公司董事会试点工作的通知》，要求“建立外部董事制度，使董事会能够作出独立于经理层的客观判断”。这是全国层面推行外部董事的开始。

可以说，国有企业推行外部董事制度，也有近 20 年时间。这项制度在新时代获得快速发展，到 2020 ～ 2022 国企改革三年行动期间，国有全资、独资和控股企业，绝大多数都按要求实现了董事会配齐，实现外部董事占多数，很多国企集团都开始组建专职外部董事队伍。

外部董事也有四个基本特点：

特点 1：外董是国有独资、全资、控股企业适用的；

特点 2：外董常由企业国有股东派出，人员基本为本集团的类似级别干部；

特点 3：外董区别于公司内部经理层董事，是代表股东发表决策意见的；

特点 4：专职外董由派出股东支付薪酬，兼职外董一般没有薪酬。

看一遍独董和外董的四个特点，您会发现它们有很大相同，也有很多不同。

两个相同点：

一是独董和外董都不是企业内部人。

二是独董和外董都用来制衡决策。

四个不同点：

一是适用企业不同。独董适用在上市的企业，外董主要在国有企业。

二是利益代表不同。独董通常代表广大中小股东，外董通常代表派其来的国有股东或其他股东。

三是来源渠道不同。独董通常来自社会专业精英人才，外董通常都是本集团的各级干部。

四是激励方向不同。独董的津贴是受聘企业直接支付的，外董的津贴是由派出股东支付的。

2. 独董和外董为什么结合起来用更好

我们一层一层向下思考。

独董和外董的“两同四不同”特点比较完之后，给我们一个明显的感觉，这两种岗位身份各有优点。

独董的优点是，这些董事们都和企业没关系，也和股东没直接关系，确实更能够实现专业和专家的价值。

外董的优点是，这些董事由股东派出，由股东考核和付酬，能够花费很多精力来处理企业决策问题，能够更好地代表股东意图。

各有特色的两种安排，有没有必要、有没有可能进行结合或进行整合，从而让更多治理价值释放出来呢?

知本咨询认为，很有必要，也现实可行。

特别是在国有企业集团子企业建设董事会的过程中，对于全资、独资国有子企业，需要引进独立董事制度，和外部董事制度一起发挥作用，效果更好。

全资和独资国有子企业，在央企和地方国企集团中，属于比例相对较高的一类。

这类企业在公司治理改革中任务是比较重的。

由于股权 100% 属于上级国有股东或者集团公司，之前的治理管控通常是股东单位全面负责，通过垂直管控、职能管控的方式完成。在此基础上，很多子企业没有董事会，只设立了执行董事，身兼法人代表、总经理多重角色。

在应建尽建的要求下，这类公司治理改革，就涉及董事会怎么建、董事会功能如何发挥的选项问题。

把一家执行董事治理的企业，改为外部董事占多数的董事会，可以比较简单操作：

设立一个五到七人董事会，由上级股东派来专职和兼职外部董事三人到五人；公司内部产生一个董事长，一个董事总经理，再加一个职工董事。这样的标准配置，符合规定，也能够发挥一些作用。

但是，还有一个潜在问题没完全改到位。这样的董事会，只有两个董事来源，分别来自上级股东和企业自己，董事会决策虽然有了形式，但依然是股东意图的直接表达，和之前股东职能部门直接发文、审批决策的流程相比有所好转，但没有本质的变化，董事会的科学决策、独立决策依然没有全部解决。

怎么办呢？能不能在股东派出的董事之外，真正增加独立的第三方，利用专业技能来提高全资和独资国有企业董事会的效能呢？

我们认为，这个时候，独立董事制度，就能够发挥它独到的作用。

依然以一家国有全资公司为例，成立七人董事会，外部董事占四席。这四个外部董事之中，可以有两个人是国有股东派出的专兼职董事；另外两个董事席位，可以请企业聘请行业专家、经济管理专家作为外部董事参与。

这样，这家全资企业进行董事会决策时，就至少有三方力量制衡。两位代表国有股东，三位代表公司管理团队和职工，还有两位代表社会专家。从董事会科学决策的基本原则衡量，这种结果是更优的。

同时，如果国有全资和独资企业的董事会成员中，广泛地吸引了社会专家人才作为独立董事参与治理，更能彰显国有企业和公有制特色，也能够对中国特色现代企业治理产生直接效果。

所以从这个视角看，国有全资和独资子企业的董事会，实现外部董事和独立董事制度的结合是很有必要的。

第44问 如何理解职工董事、职工监事的法律地位？

职工董事是指由职工代表大会或职工大会民主选举产生，依照法律程序进入董事会，代表职工行使决策权的职工代表。职工监事是指由职工代表大会或职工大会民主选举产生，依照法律程序进入监事会，代表职工行使监督权的职工代表。

1. 职工董事和职工监事设立的规定

关于职工董事，根据《公司法》的规定，两个以上的国有企业或者其他国有投资主体设立的有限责任公司的董事会应当有职工代表，其他有限公司未做强制性要求。职工董事由本公司职工投票选举产生，对公司的事务有投票权，享有和公司其他董事同等的权利。

关于职工监事，根据《公司法》的规定，有限责任公司的监事会应当包括股东代表和职工代表，且职工代表比例不得低于1/3，且董事、高级管理人员不得担任监事。

2. 职工董事和职工监事的任职资格

我国现有《公司法》没有对职工董事、职工监事的任职资格作特别规定，只是第146条对担任公司董事、监事、高级管理人员的资格做了禁止情形规定。但职工董事、职工监事也属于公司董事、监事，所以公司职工董事、职工监事也需要符合一般董事、监事的任职资格，即存在《公司法》第146条规定的五种情形之一的人不得担任公司的职工董事、职工监事。

《中华全国总工会关于加强公司制企业职工董事制度、职工监事制度建设的意见》(总工发〔2016〕33号）等对职工董事、职工监事任职资格做了比较具体的规定。该相关文件要求职工董事、职工监事与公司存在劳动关系，能够代表职工诉求、具有相应的管理经验和能力、遵纪守法、廉洁自律等。

3. 职工董事与公司的关系

从法律制度上而言，职工董事是公司劳动者进入公司经营部门，并参与公司民主管理的一种身份，既是职工代表，也是董事会成员。

（1）职工董事作为劳动者身份与公司的劳动关系。

职工董事首先是公司的劳动者。这是其能够担任董事的基本前提。公司作为用人单位与职工董事之间存在着劳动关系。而作为董事会成员，职工董事也应具备相应的任职资格，同样，基于其职位的特殊性，也要给予其必要的法律保障。

（2）职工董事作为董事会成员与公司的关系。

职工董事代表职工参加董事会行使职权，享有与公司其他董事同等权利，承担相应义务。职工董事有权在董事会上发表意见和建议，对公司的经营决策事项进行表决，包括公司劳动用工、薪酬制度、劳动保护、休息休假、安全生产、培训教育和生活福利等涉及职工切身利益的基本管理制度的制定及修改等；并应向董事会就相关事项进行通报，主要包括职工民主管理和民主监督方面的诉求、意见与建议，以及涉及职工利益的有关诉求意见或倾向性问题。这些都构成职工董事的“特别职责”。

4. 职工监事与公司的关系

职工监事应无差别地参与到公司的治理与经营之中，包括参加监事会会议，行使监事的发言权和表决权，监督公司的财务情况和公司董事、高级管理人员执行公司职务的行为，列席董事会会议并对董事会决议事项提出质询或者建议，列席与其职责相关的公司行政办公会议和有关生产经营工作的重要会议等。

第45问 职工董事和职工监事制度在实施中有哪些关键要点？

一家国有企业董事会的职工董事和职工监事，要履行什么特殊责任？国有企业在实施相关制度时，要避免哪些理解误区呢？

职工董监事到底是干什么的

职工董监事是职工身份，并不仅仅是为组成多样化的董事会而推出来的一朵花、一个旁听者，而是我国构建中国特色现代企业制度的重要制度安排，是保障职工参与民主管理的主要途径之一。

在《中华全国总工会关于加强公司制企业职工董事制度、职工监事制度建设的意见》（以下简称《总工会职工董监事意见》）中，对于职工董监事制度进行了明确规定："职工董事制度、职工监事制度，是指依照《公司法》《公司登记管理条例》设立的有限责任公司和股份有限公司（以下简称公司）通过职工代表大会（或职工大会，简称职代会）民主选举一定数量的职工代表，分别进入董事会、监事会，代表职工源头参与公司决策和监督的基层民主管理形式。"

这段话明确告知我们三个信息：

信息一：职工董监事制度是国有企业民主参与管理的安排；

信息二：职工董监事是职代会选举出来的职工代表；

信息三：职工董监事要代表职工利益参与决策和监督工作。

职工董事和职工监事的作用就是通过他们把董事会决策、监事会监督和职代会开展民主管理横向打通，变成不同治理主体的连通器。职工董监事，就是一个制度贯通桥梁、通道，用来保障国企党的领导、科学决策、合理监督和民主管理左右互通，上下贯通。职工董监事，不是一个董事名称标签，而是一套事关国企治理的创新性制度安排。

职工董监事，选谁干，谁能干

这么重要的岗位可不是随便选出一个职工身份的人就能搞定的。职工董监事的任职资格是个挺关键的事情。

《总工会职工董监事意见》说明，担任好国企的职工董事和职工监事，要有五条基本条件。

（1）身份条件。

职工董监事需要与本公司存在劳动关系，要签订劳动合同。

（2）价值观条件。

职工董监事要“能够代表和反映职工合理诉求，维护职工和公司合法权益，为职工群众信赖和拥护”。

之所以称其为价值观条件，是因为职工董监事必须站在职工的立场上考虑职工的价值诉求，代表职工发言讲话，切实维护职工的利益和权益。

（3）能力条件。

职工董监事要“熟悉公司经营管理或具有相关的工作经验，熟知劳动法律法规，有较强的协调沟通能力”。

职工董监事作为董事会、监事会和职代会的连通器和纽带、桥梁，需要具有两个方面都较强的知识和能力基础，需要懂战略思考、懂经营管理、懂法律法规、懂沟通协调，还要深刻理解与职工利益切实相关的劳动法律法规，深刻理解公司的人力资源管理政策制度。

（4）品行条件。

《总工会职工董监事意见》指出，职工董监事要“遵纪守法，品行端正，秉公办事，廉洁自律”。职工董事和职工监事按规定要通过职工代表大会进行选举，就是要让多数人来评价候选人，让大家都认可道德品质和操守信用的职工董监事被选出来。

（5）合规条件。

这是一个附件补充条件，“符合法律法规和公司章程规定的其他条件”。如果在其他规定中需要回避或者有限制的，选择职工董监事时也需要口径一致。

四个选择问题

关于怎么选出合适的职工董事和职工监事，朋友们经常问四个问题：

（1）一家企业职工这么多，一般选什么人是最合适的？

（2）企业的领导班子也签订劳动合同，也是职工，他们如果不是董事，能不能来当职工董事呢？

（3）作为职工代表，能不能同一个人既当职工董事又当职工监事呢？

（4）在有员工持股的企业里，代表员工持股平台的董事，能算职工董事吗？

回答这些问题，需要知道职工董监事任职的“回避”规定：“坚持公司高级管理人员和监事不得兼任职工董事，公司高级管理人员和董事不得兼任职工监事。公司高管的近亲属，不宜担（兼）任职工董事、职工监事。”

什么人更胜任这个岗位呢？

《总工会职工董监事意见》专门规定：“公司工会主席、副主席一般应作为职工董事、职工监事候选人人选。”可以理解为，公司的工会负责人是最能代表职工全体利益的人员，因而他们是成为职工董监事的首选人员。

在已经有员工持股的国企里面，员工持股平台的董事代表，一般不能作为职工董事。《总工会职工董监事意见》指出：“职工持股会选派到董事会、监事会的董事、监事，一般不占职工董事、职工监事的名额。”

职工董监事，怎么才能干好、干出彩

职工董事和职工监事的制度要执行到位，首先要清晰这两个岗位在公司治理结构中的基本职责。

1. 职工董事八项职权

国有企业要落实职工董事的职权包括八个方面；

（1）参加董事会会议，行使董事的发言权和表决权；

（2）在董事会研究决定公司重大问题时充分发表意见，确定公司高级管理人员的聘任、解聘时，如实反映职代会民主评议高级管理人员情况；

（3）对涉及职工合法权益或大多数职工切身利益的董事会议案、方案提出意见和建议；

（4）就涉及职工切身利益的规章制度或者重大事项，提出董事会议题，依法提请召开董事会会议，反映职工合理要求，维护职工合法权益；

（5）列席与其职责相关的公司行政办公会议和有关生产经营工作的重要会议；

（6）要求公司工会、公司有关部门通报相关情况，提供相关资料；

（7）向公司工会、上级工会或有关部门如实反映情况；

（8）法律法规、规章制度和公司章程规定的其他权利。

八项职权，从知情权、沟通权、发言权、评议权、建议权和表决权等各个方面，给予职工董事在董事会上代行职工民主管理权利提供了综合保障。

2. 职工监事 11+1 项职权

根据规定，职工监事有十一项基本履职权利，国企需要给予保障，它们分别是：

（1）参加监事会会议，行使监事的发言权和表决权；

（2）参与监督检查公司对涉及职工切身利益的法律法规、规章制度和公司章程的贯彻执行情况；

（3）监督检查公司职工工资、劳动保护、社会保险、福利及劳动合同、集体合同等制度规定的落实情况；

（4）听取和监督公司的经营管理情况；

（5）参与对公司的财务检查和对公司董事会、经理层人员履行职责的监督；

（6）就涉及职工切身利益的规章制度或者重大事项，提出监事会议题，提议召开监事会会议；

（7）列席董事会会议，可对董事会决议事项提出质询或者建议；

（8）列席与其职责相关的公司行政办公会议和有关生产经营工作的重要会议；

（9）要求公司工会、公司有关部门通报相关情况，提供相关资料；

（10）向公司工会、上级工会或有关部门如实反映情况；

（11）法律法规、规章制度和公司章程规定的其他权利。

在此基础上，根据《总工会职工董监事意见》规定，如果出现公司董事会建设不完善，没有职工董事的情况，职工监事还需履职一项职权，那就是代行职工董事的职责。

"尚未设立职工董事的公司，遇有董事会制订公司合并、分立、解散和变更公司重大方案，或者制订公司利润分配方案等涉及职工切身利益的重要事项时，职工监事应当按照对职工董事的要求主动担负起相应职责。"①

做"四有"职工董监事

一个高水平的职工董监事，除了有职责安排之外，更要靠个人的有效履职。怎么样的行为才更容易成为合格职工董事、职工监事呢？知本咨询认为，核心是"四有"：有担当、有判断、有协调、有原则。

1. 有担当

职工董监事不是代表股东，不是代表自己，而是代表自己身后全体公司的员工和他们的切身利益。职工董监事责任重大，做人做事必须有吸引力，有所担当，让职工放心，让职工觉得值得托付。

2. 有判断

董事会和监事会的所有工作都与决策和监督重大事项有关，职工董监

① 出自《总工会职工董监事意见》。

事不仅要善于分析面前的议案，还要深入分析这些内容与职工利益之间的关系，充分把握和平衡好企业组织发展和员工个人利益之间的关系。要有大局观，有判断力，这样才能给员工队伍和职工代表大会更优更好的解决方案。

3. 有协调

涉及公司改革发展、组织和制度、重大项目投资等决策事项，是一个综合复杂的思考过程，职工董事和职工监事要充分反映职工诉求就需要更充分、更有效地与其他治理主体进行沟通和协调，也要有能力和职工群众进行深入沟通和解释，帮助各方形成一致意见。

4. 有原则

职工董监事行为需要有原则、有底线，在维护职工合法权益方面不放松。这样才能促进企业治理"协调运转，相互制衡"。

这"四有"标准联系起来说是这样的：在员工托付上有担当；在议案审视上有判断；在问题讨论上有协调；在民主权益上有原则。

第46问

如何合理再定位国企执行董事制度？

国有企业要实现董事会“应建尽建、配齐建强”，董事会中外部董事原则上占多数。不属于“应建”而未设立董事会的国企，基本上采用设立“执行董事”的方法进行治理和管控。那么执行董事该怎么定位呢？

执行董事：法理和实践

执行董事制度来自《公司法》。《公司法》第五十条规定：“股东人数较少和规模较小的有限责任公司，可以设一名执行董事，不设立董事会。执行董事可以兼任公司经理。执行董事的职权由公司章程规定。”从这个法律规定的内容，可以理解执行董事制度有以下几个特点。

特点一：执行董事是董事会的替代。

《公司法》对于有限责任公司和股份公司的董事会职权有明确规定，作为核心决策组织，董事会在现代公司治理中处于中心位置。执行董事是一个人，对于一些特征的企业来说，可以用这个人来替代董事会这个组织的职能。

特点二：执行董事制度适合两种企业。

第一种企业，是股东人数较少的企业。多少才算少呢？我们理解为企业股东只有一个，或者名义有两个以上但实际控制人只有一个的时候，可以由执行董事制度来代替董事会。

第二种企业，是规模较小的有限责任公司。同样，多小才算小呢？我们理解为这个小是相对概念，而非按照注册资本规模来衡量。一家企业是不是小，取决于这家公司在股东战略和管理层心目中的位置，如果比较重要、比较关键，那么即使只有百万注册资本也不能算小。

特点三：执行董事使治理层和经营层合二为一。

标准的公司法人治理结构是把出资人治理和经营层管理分开的，这是委托代理机制的要求。然而对于上面所说的两类企业，治理和管理分开带来的效用并不会太大，反而由于两层组织设置而造成管理成本增加。所以，《公司法》规定执行董事可以兼任企业的经理，也就是直接主管经营工作，在此情况下，执行董事既是股东的利益代表，又是经营层权力代表，形成二合一的岗位角色；再加上公司法定代表人的身份，就是一个全面负责企业事务的第一责任人。

特点四：执行董事权责要在章程明确。

执行董事制度是《公司法》的法定机制，执行董事的各项权利都需要进行清晰地界定和明确，并且要在《公司章程》逐项列明，这样才能保障其代表股东的职责和代表经营层职责不会搞混、搞偏、搞错位。

执行董事制度的这四个特点对于国有企业来讲，有几个显而易见的好处。比如，很多国企的下属公司都是全资子公司，主要职责就是执行上级公司的决定，这种定位导致其设立独立的董事会机构显得意义不大，执行董事制度可以提供很多方便。又如，一些国企的基层组织单元，虽然在法律上是独立子公司，却是按照成本中心，甚至是一个车间的模式来管理的。此时集团管控的要求就更加重要于法律上规定的治理结构，所以执行董事这种治理和经营层二合一的模式就显得简单有效。这样的情况下，执行董事制度在很多国企集团的下属企业中，已经有了大量的应用。

执行董事制度如何改革

“应建尽建、配齐建强”董事会是国企法人治理优化改革的总体要求。应建尽建体现了实事求是的基本思想，将国企董事会建设划分成了“应”和“非应”，并非一刀切，每家企业关键要把握好在本公司内，应和非应的界限，制定出清晰的边界来。这个边界的确定，要从五个方面进行评判，也构成了执行董事制度是否继续的五个基本判断标准，我们依次讨论。

标准一：股东构成。

执行董事制度产生的原因之一就是股东结构单一。在此情况下，上级股东的意见可以直接传递到下级企业的执行层，而不需要中间再经历一个董事会治理层，好处是效率高。

在国企改革过程中，有的企业涉及股权多元化、混合所有制改革，有的准备 IPO 上市，这样的公司改革会产生不同背景的股东构成。由于不同股东各自利益诉求不同，存在治理均衡的需要，在此情况下，原有的执行董事制度就需要尽快完善为董事会。

对于目前和未来很长时间内一直要保持国有独资、全资的企业，或者表面是一家独立法人子公司，实际执行的是按照分公司进行管理的公司来说，执行董事制度可以考虑继续保留。当然，还要结合其他判断标准进行最终决定。

标准二：企业战略定位。

一家国有企业的战略定位也对内部治理结构有直接的影响。作为利润中心的国有企业，是可以首先考虑将执行董事制度进一步扩大为董事会制度的；因为利润中心的企业，将有更多独立经营的要求，也会有更多市场化发展的需要。

如果一家企业只是集团定义的成本中心，虽然表面是独立法人，但是管理上只是上级国有股东的一个制造厂、服务单元或者外地的一个代表机构等，基本职能是完成上级股东交付的特定任务，执行董事制度就能够满足这种定位，没有必要强行将其改变。

标准三：发展阶段。

国有企业的发展阶段也对公司治理模式产生影响。处于内部初创期的企业，有大量资源需要母公司进行支撑，有大量日常工作需要母公司代为操持，有很多决策也需要母公司帮助开展，所以在这个时期，执行董事制度能够更好地帮助企业成长。

处于业务成长期和成熟期的企业，已经有了不断增长的外部市场和相对成型的组织运作模式，有了更加复杂、系统、独立的决策型问题，这个时候母公司也不可能有能力和资源十分精通这些个性问题。所以为了科学决策，企业就有必要充实董事会，通过外部董事的引入来提升本企业的治理能力。

标准四：业务特点。

思考执行董事制度的改变还需要对国企的业务特点进行判断。对于一家国企集团来说，下属企业的业务是不同的，有的属于主业核心业务板块，有的是支持性辅助性业务板块；有的是多元差异业务板块，还有的是属于新兴孵化业务板块。对于这些不同业务特点的下属企业，我们需要分类进行判定。

如果一家企业属于集团公司的核心业务板块，是众多同类公司的一员，治理决策主要是依据集团核心业务发展思路实施落地的话，执行董事制度可以提供较好的帮助，使得集团主业管理纵深性更强、一体化程度更高。

如果一家企业属于新兴、多元的业务板块，集团自身没有太多经验积累；或者是集团业务支撑性、辅助性业务需要通过独立开发市场做强做优做大的，那么就需要通过董事会的建立配齐来提升市场能力和发展能力。

标准五：管控要求。

治理和管控是不可能分开的硬币两面。我们需要注意到，强化治理的结果，将会使纵向垂直管控能力减弱；相反，如果集中管控是国企首先的战略原则，那么就难以同时抓紧核心业务又同时加强治理和制衡。治理和管控是一家国企集团的管理跷跷板，难以鱼和熊掌兼得，只能先取其一，有机平衡。

所以，执行董事制度是不是在一家国企延续，要看母公司的管控模式。如果是集中型管控特点、运营型管控模式，那么执行董事制度是匹配的；如果是治理型管控需要，或者要推动战略型管控的落地，那么就需要在优化治理、做强董事会方面做更多努力。

执行董事制度在国企改革过程中迫切需要系统思考、精确定位。

以上从股东构成、企业战略定位、发展阶段、业务特点、管控要求五个方面给出了判断标准。国有企业要实现董事会“应建尽建、配齐建强”，董事会中外部董事原则上占多数，每家国企都需要认真思考，全面理解，积极实践，利用执行董事制度的优点和特点，将中国特点现代企业治理实践提升到一个新高度。

第47问

如何理解和实践国有股权董事制度？

2020年年末，财政部正式发布了《金融机构国有股权董事议案审议操作指引（2020年修订版）》（财金〔2020〕110号）（本问题内一律简称本指引）。这份文件，针对对象虽然只包括“由履行国有金融资本出资人职责的机构、国有金融资本受托管理机构向持股金融机构派出的代表国有股权的董事”，但是对国有金融机构之外的国有企业完善法人治理，也有较强的参考意义。

什么是国有股权董事

首先，国有股权董事是“股权董事”，这个职位是代表国有金融资本出资者的利益，保障股东在这家金融机构投资股权的安全性、收益性，并且按照同股同权原则实施决策和控制的关键性岗位。一家金融机构如果涉及国有金融资本事项，就需要和这位股权董事进行沟通，并且通过他来获得国有金融股东的意见。

也就是说，金融股权和董事代表这两个概念是重合的。这是一个人、事结合的岗位，是联结金融股东和金融企业的枢纽性关键岗位，是“实质董事”；而不是在垂直管控模式下，上级金融股东相关部门直接监管和指令下级金融企业，各级的董事会都只在法律形式上存在形成的所谓“形式董事”。

另外，国有股权董事是“国有董事代表”，需要严格按照国有资产监督管理的各项政策规定行使权力、履行义务。比如，当一些国有资产监管重点关注的领域里，如“三重一大”“干部管理”“产权交易”“机构管理”等决策事项发生，国有股权董事需要提前按照金融国资管理的政策要求和程序，向上报告并启动相关决策机制，以保障金融机构的决策都在国资监管范畴之内。

在这些分析后，我们再来整体审视金融机构“国有股权董事”这个概念，就可以有一个更加立体的理解了。

国有股权董事有什么权

董事会是一家现代公司的核心决策机构，董事会里的董事们，自然是这些核心决策的核心制定者。

以作决策为核心任务的公司董事，要根据董事会议事规则的要求，在董事会会议里，通过一人一票的形式开展公司重大经营管理问题的决策。这些决策中有很多直接关系到公司股东权益和利益关切，因此董事决策能不能正确、准确、充分地反映股东的声音和意愿是公司股东们都要控制的关键节点问题。

作为金融机构的国有股权董事，自然要为国有股东负责，在重大问题上充分代表股东表达意见。什么时候可以自由地按个人经验和意志投票，什么时候必须按照国有股东的要求进行发言，这个界限就非常关键。

本指引对于国有股权董事的决策权限进行了清晰的规定，都可以参考借鉴。指引规定，“股权董事的议案表决权限分为以下两类：

“（1）涉及重大事项的议案，严格按照派出机构的投票指示和要求，发表意见并投票；

“（2）一般性议案，由股权董事根据个人判断进行投票，派出机构认为必要时，可对股权董事给予风险提示。”

什么才是“重要议案”呢？本指引进一步说明应该划分成两类，一类是按照《公司法》和《章程》等法律和文件要求必须由股东会决策或者必须三分之二董事同意的决策事项；另一类是对出资人有“重大利益”或者对金融机构有“重大影响”的八个重大关键事项：重大经营事项、重大投融资、重大收购兼并、重大资产处置、重大对外担保、重大资产抵押、重大关联交易、重大对外赠予事项。可以将这八大关键事项进一步细化和标准化。

对于国有金融机构来说，董事会要真正起到决策中心的作用，董事就必须起到独立决策主体的作用。这种决策机制的核心是围绕国有股权董事来展开的，金融机构的决策议题要先提交到董事会，再由股权董事判断是不是重大事项，是不是自己决策权限授权范围内的事项，如果是就征求国有出资人意见，根据这个意见进行决策表决。

股权董事的授权可以有多有少，一企一策、一人一策，但不论采用哪种模式都应把股权董事岗位责任和作用凸显出来。

国有股权董事怎么作决策

国有企业、国有金融机构的股东派出董事，经常说到自己是“不懂事”的董事，这是有很多综合原因的。其中一个是和董事这种岗位特点相联系的。简单说，一家国有企业或者国有控股金融机构的董事会，都是夹在上级股东经营决策体系和本级单位经营体系中间的。这种位置给董事会决策带来了很多要面对的难题。董事不懂事，并不只是董事自身能力、权限、责任心的问题，而是由于一些企业执行的董事会制度没有和本单位、上级股东相关决策和参谋机制合理衔接造成的。怎么办呢？

本指引就金融机构国有股权董事合理展开决策，进行了一些规定，有一些亮点，值得介绍。

第一步，怎么“对下”？

“对下”是指股权董事开展决策过程中，需要和金融企业经营层、职能层进行沟通。本指引在这个方面做出了三方面规定，分别是：

（1）平时：股权董事应注重与所在金融机构的沟通和联系，及时了解有关董事会会议及议案安排，推动所在金融机构做好议案的起草和准备工作。

（2）有议案时：对于涉及重大事项的议案，股权董事在知悉议案的主要内容之后，应主动、及时向金融机构了解情况。

（3）了解讨论时：股权董事应认真参与议案沟通会和所任职董事会专门委员会的会议，结合预沟通情况和专业判断对议案内容提出修改建议，并督促所在金融机构抓紧修改完善。

在这些规定中，有一种形式较为新颖，叫作“议案沟通会”。可以理解为这是董事参加的或者是董事提议组织的，以介绍和讨论议案背景、原则、方法、问题为主要内容的会议，这种会议可以有效地帮助董事们深入理解各项议案的前因后果，为决策提供更全面的信息输入。

同时，董事会专门委员会也得到了再次强调。我们一直认为，如果董事会真要发挥重要作用，必须“长出腿”来，也就是要把专门委员会的工作机制和日常沟通方式细化明确出来，通过各种专题会议、调研活动来提升董事们的决策科学性。总体来说，想解决好董事履职过程中的“对下”问题，核心是要扎深、长腿，做到信息对称。

第二步，怎么“对上”？

“对上”是指公司董事如何与母公司决策机构和职能部门打交道，如何有效代表国有股东整体进行意见表达。这个问题的解决，和很多国有企业治理管控体系的改革改进有直接关系。本指引中，在这个部分规定大致也可以划分成三种场景：

场景一：日常沟通会议。

本指引规定：“派出机构可以采用董事例会等多种形式，了解议案背景、董事会专门委员会审议情况、议案涉及事项的合规性等重要信息，组织股权董事讨论议案审议意见，为董事提供相关风险提示及必要的技术支持。股权董事应按所派出机构要求参加例会，就有关内容进行充分讨论。”

场景二：重大事项审议。

本指引要求：“股权董事一般应至少在涉及重大事项的董事会会议召开10个工作日之前，以书面形式向派出机构署名提交关于拟在该次董事会会议审议议案的审议意见。”

“派出机构将结合股权董事提交的审议意见，对相关议案进行审核，视事项紧急程度，在董事会会议召开前，及时向股权董事反馈意见。对于涉及金融机构重大事项的董事会议案，派出机构将向股权董事明确提出同意、反对或弃权的投票指示。”

场景三：董事报告。

本指引安排："股权董事应在金融机构董事会及其专门委员会会议后3个工作日内，以书面署名形式向派出机构报告会议情况，并详细报告董事会各董事发言及表决情况。"同时，"股权董事应参加派出机构定期组织召开的工作报告会，重点报告履行职责情况和下一步工作建议"。

全面审视本指引列出的三种股权董事履职过程中的重要场景，需要提示注意两个要点。

首先，良好的国有股权董事机制，需要母公司、派出机构等上级单位建立一个完善的日常工作机制。报告制度是一种机制，议案决策反馈是一种机制，董事例会也是一种机制，企业还可以因企制宜设立新机制。如果一家企业派出了国有股权董事，但是没有对应的机制配套，就像人只有骨骼没有神经和肌肉，是没法工作的。

其次，有效的国有股权董事机制，需要母公司的组织体系进行优化改进。国有股权董事是一个人、一个节点，为了便于他的工作，母公司需要设立一个专门的部门或者岗位来对接需求，并且成为股权董事的参谋部。对此，知本咨询建议设立"责任经理"的岗位，来完成这个使命。

第48问 如何理解落实董事会职权的政策要求和主要任务?

2021年5月19日国务院国资委召开的落实董事会职权专题推进会，再次将国有企业法人治理结构建设优化的核心问题——“董事会”——摆在突出的位置上。会议强调：“落实董事会职权是按照中央要求开展的一项深层次改革，涉及企业的重大决策事项，应当在依法合规的基础上，认真研究论证，积极稳妥开展相关工作，合理选取具备条件的重要子企业先行先试，着力建立健全配套制度，有序组织实施，规范落实各项职权。”

从中央企业开始到各个地方国企集团，如何深入理解和推动这项系统性工作呢？以下，知本咨询从历史和现实两个角度做个梳理，提几点建议。

过去时：落实董事会职权改革进程

不知来路，就难定去向。知本咨询认为，可以将国企落实董事会职权改革的“过去时”划分为两个阶段。

阶段一：国企董事会建立期。

阶段二：落实董事会职权试点期。

先说第一阶段，国企董事会建设“0到1”的重要阶段。在这个“国企董事会建立期”，值得大家复习的政策有两个：《关于中央企业建立和完善国有独资公司董事会试点工作的通知》（2004年6月）、《关于董事会试点中央企业董事会选聘高级管理人员工作的指导意见》（2008年10月）。

包括中央企业在内的国有独资和全资企业，通过外部董事制度的创新，探索出国有企业公司治理的新路径，并且逐渐尝试给予董事会更多的权限。

完成了第一阶段从无到有的董事会建设，自然就需要让董事会这个重要的法人治理主体发挥应有的作用。2015 年 8 月，《关于深化国有企业改革的指导意见》提出："要切实落实和维护董事会依法行使重大决策、选人用人、薪酬分配等权利。"以这个重要改革文件为标志，国企开始"落实董事会职权试点期"。

这个新阶段，解决的是董事会建设从"1 到 10"的过程，主要内容为通过部分企业集团先行先试，积累经验，并做好进一步推广的制度准备。

落实董事会职权试点期，核心政策文件有一个：2016 年 12 月 30 日中央全面深化改革领导小组通过了《关于开展落实中央企业董事会职权试点工作的意见》，明确要求"开展落实中央企业董事会职权试点，要坚持党的领导，坚持依法治企，坚持权责对等，切实落实和维护董事会依法行使中长期发展决策权和经理层成员选聘权、业绩考核权、薪酬管理权以及职工工资分配管理权等，推动形成各司其职、各负其责、协调运转、有效制衡的公司治理机制"。

这个政策文件很重要，它首次明确了中央企业层面董事会职权的五大项内容。那么，落实董事会职权的试点政策的推进和现状怎么样呢？取得了哪些效果？

2016 年 2 月开始，国务院国有企业改革领导小组将"落实董事会职权试点"列入国有企业"十项改革试点"部署推进，并且选择了中国建材集团、新兴际华集团、中广核集团、国药集团、中节能集团五家央企进行试点。在这个改革试点中，五家央企集团董事会得到了六项基本职权，分别是：中长期发展战略规划、高级管理人员选聘、业绩考核、薪酬管理、工资总额备案制管理、重大财务事项管理。

总体来说，落实董事会职权的试点，在推进这五家企业集团市场化管控、市场化经营方面发挥了积极作用。虽然作用程度不同、发力部位不同，但它们的实践效果进一步明确了董事会可以在三个方面发挥独特和重要的功能：推进公司战略思考；深化高级领导人员市场化选用、评价、分配机制；管控以财务风险为核心的战略性风险。

现在时：落实董事会职权两大挑战

加强董事会建设，落实董事会职权，是国企改革三年行动的重要部署之一。到现在，落实董事会职权进入第三个阶段，如果起一个名称的话，可以称之为“推广和深化”阶段，这个阶段要解决从“10到N”的问题。这个10到N，可以从“宽度、厚度和深度”三个维度去思考。

宽度：落实董事会职权，要从现在的五家中央企业集团试点，以及各省选择的试点企业，向更多的国企一级公司扩展。

厚度：中央企业和地方国企都由大量的下属子企业构成，要层层落实董事会职权，不能只停留在总部一级。

深度：目前试点企业确定的六项职权，还需要结合“权责法定、权责透明、协调运转、有效制衡”的总体要求，以及董事会“定战略、作决策、防风险”的功能定位，持续优化和深化。

董事会职权是“一个点”；开展试点是“一条线”；现在国企改革三年行动，要同时在宽度、厚度和深度三个轴线推动改革，形成“一个体”，确实责任很重，挑战不小。继续深入落实董事会职权，挑战在哪呢？知本咨询认为有两个，分别在落实董事会职权的主体和客体上。

1. 授权主体挑战

五家试点央企集团的董事会授权是国务院国资委将相应权限授予董事会。当央企集团继续向下授权给子企业董事会时，难点和挑战更大。

首先是授什么权的问题。从集团层面来说，六项基本授权已经大致涵盖了战略方向、干部选聘评价、薪酬激励、财务等方面，但企业集团各级企业是以经营为中心的业务集合体，对子企业董事会的授权将包括各级企业经营管理的方方面面，重大授权事项可能会有数十项，这样才可能有操作性。

其次是授给谁的问题。如果是全资或者独资子企业，自然可以由上级国有股东直接授权给子企业董事会。但是，很多下属公司已经上市，已经股权多元化，有股东会、有其他股东派出的董事监事，作为股东之一的国有企业直接授权给董事会是有问题的。这个时候，就要建立起对本方派出董事的授权配套机制。

再次是怎么授的问题。实际执行过程中，最大的难题是董事会职权落实如何与集团管控体系衔接配合。比如财务重大事项授权如何与集团财务体系集中管理配合而不冲突，干部选聘授权如何与党管干部体系及集团人力资源体系衔接不矛盾。这里面将会涉及哪些子企业董事会能授权、哪些能部分授权、哪些本身就不能采用授权方式的问题。

最后是愿不愿授的问题。过去二十年来国企集团化发展，很多企业采用的集中式管理、集权式组织，其基本思维逻辑是排斥“层层授权”的，所以大量的集团上级单位缺少向下授权的动力和积极性。这个问题涉及“责权利”平衡的问题。集团公司愿意向下授权，但做实子公司董事会，需要首先解决好自身风险管控责任的担心难题。

2. 行权能力挑战

国企子公司的董事会没有股东授权，肯定没法落实职权。但是，得到充分授权、充分信任、充分自主的董事会就一定能够科学地“定战略、作决策、防风险”吗？

肯定不能！我们对此确实要想细想明白。打个比方，能够有效履行“定、作、防”职责的董事会，需要“研究生”的学识、视野、方法、水平，而目前阶段大量国有企业董事会的发展阶段，还停留在“上中学”的实质状态。

国企董事会怎么样从“上中学”过渡升级为“研究生”呢？至少有三门课必须上，并且考试通过。

（1）第一门课：董事会组织建设。

很多国企子企业目前董事会覆盖还不完备，“应建尽建，配齐建强”的前四个字都没有完成，所以要先建起来。同时，要充分考虑好党组织成员、董事会成员、经理层成员在这三个治理主体之间的配置结构，不要相互重复比例过大，甚至基本是一套人马，那样，董事会的会议就很可能只有一个形式了，对于经理层的选聘、评价、激励也只能走走样子。

（2）第二门课：董事会规范运作。

董事会要做实，就必须有实实在在的组织支撑、机制支撑和要素支撑。如果一家国企的董事会，平时董事们也不见面，一年就象征性地开一两次会议，提前一周给董事们一大本议案，开会的结果很可能是你好、我好、大家好，但“定战略、作决策、防风险”的职能却很难到位。

董事会需要规范运作。浅层规范比如《董事会议事规则》等格式化文件都好搞，但是真正的规范，还有三个深层次的东西：

①董办规范。有效董事会，不仅取决于一个优秀的董事长，还需要一个合格的董秘，一个有能力的董事会办公室。这个办公室既是流程管理中心，也是参谋指挥中心，还是信息情报中心，意义特别，一定要搞好。

②专业委员会规范。日常运作应系统化，且是一个与企业部门直接联动，得到有效机制保障和资源支撑的决策参谋中心，专业委员会应做到调研规范、报告规范、问询规范、议事规范，专业委员会还要配合职能部门的支持（“长了腿”），才能根深叶茂。

③决策流程规范。董事会是利用票决制进行决策的。科学决策的核心是如何保障每位董事都能“尽职、尽能、尽言”，客观真实表达自己的意见，让董事们充分参与智慧，通过深度分析研讨来确定公司发展方向。

（3）第三门课：董事履职能力。

董事履职和做好一个公司的经理岗位到底有哪些不同？对此有很多不同答案，所以确实需要进行标准化、量化澄清和约定。一般来说，大概有五项：

①董事选聘规范。董事人员的任职资格管理，建议尽快提到议事日程上来。目前企业对于各类岗位都有任职资格规定，但是董事会成员需要哪些经验、知识、资质和能力呢？还缺少系统性的思考和安排。

②董事工作规范。一家国企如何保障公司董事深入履职，配备什么资源条件，董事如何进行信息收集和调研、如何与职能层交流互动、如何开展决策，这些问题都事关董事履职结果的核心。

③董事考核规范。过去两年来，全国很多地方都对董事考核提出了管

理规定，明确了包括尽职履责为中心的考核方法，但是由于董事岗位的特殊性，目前的考核体系仍需在定量化方面尝试新的突破。

④董事报酬规范。董事岗位的报酬原则是有国际通行规则的，但是对于国企董事而言，仍有很多特殊性。比如专职董事报酬和岗位责任如何匹配问题、国有股东派出兼职董事取酬和价值衡量问题、企业内部董事报酬和经理层岗位报酬重叠问题等，都需要根据本企业具体情况来做出规定。

⑤董事文化规范。好的董事履职需要有好的董事会治理文化支撑。如何让董事们合作交流融洽，同时又能充分自然表达不同观点，畅所欲言又和谐愉快？这就需要在文化理念和原则方面制定规范，营造良好氛围。

落实董事会职权走过了从“0 到 1”的建立期，从“1 到 10”的试点期，正在开始从“10 到 N”的深化和推广期。在广度、厚度和深度三个维度上改革发力，更需要我们深度理解政策要求，广泛吸收优秀案例经验，并且在本企业制度规范建设方面做深做透。“回答四个问题、做实一个平台、建立八大规范”，这是对落实董事会职权的基本建议。

第 49 问

国企落实对董事会授权时要注意哪几个关键问题？

在建立更加成熟定型的中国特色现代企业制度进程中，落实董事会职权至关重要，但是对于很多集团型的国企来说，这是一个很复杂的、需要认真审视的问题。知本咨询结合一些国企朋友的询问，就国企改革中涉及的授权放权、落实董事会职权等相关问题，进行一些框架性讨论。

这里涉及三个主要方面，一一展开。

授什么权

这是授权问题的起点。如果从理论上说，一家集团企业给下级子企业的授权，必须考虑的不外乎是战略目标的要求、经营发展的需要、股权结构的安排等，这好像并不太难。

不过熟悉国企成长历史的朋友可能都知道，国有企业集团的授权并没有这么简单。这是因为在过去二十年的国企发展进程里，居于主体的管理逻辑并不是思考如何授权，而是广泛地实施集权、收权，经营活动多采用集团化、集约化的方式。

在国有企业成长发展的新阶段，从集权和垂直管控的模式，开始进一步向授权与董事会治理模式调整，这个挑战不小，压力不小，要有系统性的思考和准备。

那么，在这个历史进程刚刚开始的前两年，国企集团要思考对下授权的内容，除了上面的理论因素要考虑外，还要认真衡量本企业集团的现实管控状态，以及本轮改革过程中对授权放权的政策要求。

1. 政策要求

落实董事会职权的改革，明确要求国企集团授予子企业董事会六项职权。这一政策要求，是从 2016 年 2 月国务院国有企业改革领导小组将“落实董事会职权试点”列入国有企业“十项改革试点”开始的。当时选择中国建材集团、新兴际华集团、中广核集团、国药集团、中节能集团五家央企进行试点，并且在国企改革三年行动中要求全国国企“积极稳妥开展相关工作，合理选取具备条件的重要子企业先行先试”。

落实董事会职权要求的六项基本职权，分别是：

（1）中长期发展战略规划。

（2）高级管理人员选聘。

（3）业绩考核。

（4）薪酬管理。

（5）工资总额备案制管理。

（6）重大财务事项管理。

当前正在推行的落实重要子企业董事会职权范围基本与以上六项职权一脉相承。

2. 企业现状

国企管控的现状，以及业务开展的现状，也会直接和授权经营事项产生交集。比如在上面六项落实董事会职权中，并没有涉及投资权等内容，也没有明确提及企业“三重一大”事项在授权中如何得到体现的问题。而实际上，这些涉及企业业务的重要决策事项，必须根据企业实际情况进行确认。从知本咨询的经验看，相关授权事项可以包括六类：

（1）用人权：编制、招聘、干部任用、劳动合同。

（2）分配权：工资总额、高管薪酬。

（3）财务权：资金管理、财务信息系统、预算审批、融资、担保。

（4）投资权：对外投资。

（5）经营权：业务合同。

（6）规划权：发展规划。

从前的授权一般是直接管理集团一级企业、二级企业的界面，并没有考虑董事会等法人治理主体的影响；现在要落实董事会职权，就需要进一步明确上面这些重要权限，怎么在国有股东、子企业董事会、子企业经理层再次分布。

授权如何才能合规、合理

中国特色现代企业制度，核心驱动力是依法治企。国有股东在履行内部管理时，要充分体现《公司法》等法律规范要求，充分考虑股权结构和其他股东的位置、利益。从这个基本点出发，国有股东在授权时，知本咨询建议按照子企业的股权特点，将授权类型划分成三类。

1. 全资和独资子企业

对于这样的子企业，由于股权 100% 由一家国有股东拥有或控制，企业的股东会实质上和上级国有股东是完全一致的。在此情况下，国有股东可以全面代表股东意志，所以可以通过授权清单的方式，直接授权给子企业的董事会进行决策。

2. 国有控股子企业

现在有不少国企的子企业，都是国有控股的，除了国有股东占据绝对多数或者相对领先之外，另外的重要特征是公司还有其他不同的股东出资。在此情况下，由国有股东直接给子企业董事会进行授权，就显得不妥。

这个时候，推动对国有控股子企业的授权就需要调整方式，通过国有股东派出的董事进行，通过国有股东授权清单的形式，将这个决策授权授予股权代表或者董事，然后再履行治理结构必需的程序要求。

3. 国有参股企业

国有参股企业中，国有股东虽然无法直接对企业经营产生重大影响，但是也必须关注参股企业的重大经营行为，这样才能解决好“只投不管”的问题。

对于参股企业董事的授权，可以从“负面授权清单”的角度进行设计和管理，国有股东从满足本方基本股权治理要求的角度，列明若干项必须由派出董事征求国有股东意见的事项，确保股东利益和风险防范。

解决好授权问题，知本咨询建议要将子企业划分成三类，区分情况形成三类授权清单，共同为授权体系的搭建构造一个合理合规的基础建构。

怎么做差异化授权

国企授权体系建设，要**一企一策、一地一策、一时一策**。这其中关键是“差异化”。道理大家都明白，关键是如何实现。知本咨询强调两点，希望对各个企业有所帮助。

1. 下授权限合理分类

从管理的角度，除了不断细化权限的内容，使得上级股东和子企业对每个权限的理解都边界相同、没有误差外，还需要根据权限本身的影响程度、风险程度对于下授权限做好分类。在实践当中，有企业将下授权限划分为三类。

第一类是充分授权事项。这一类权限是子企业生产经营必需的，同时子企业董事会和经营层可以有效行使，所以能够完全下授。

第二类是有限授权事项。对于投资等重要事项，可以根据性质、金额等不同，实行有一定限度的授权。

第三类是保留权限事项。对于一些国有股东认为非常重要、需要完全按照股东意图开展落实的工作，要求相关董事或者股权代表报经同意后再行推进。

这种分类模式也可以在董事会给经理层授权中继续应用，这就产生了二级授权结构（见图 3-4）。

2. 行权能力评估

授权效果如何，和行权一端有直接的关系。一放就乱和一管就死这对矛盾要良性解开，就是要破除一分为二的直线思维，建立起持续、动态、立体授权的权变思维。

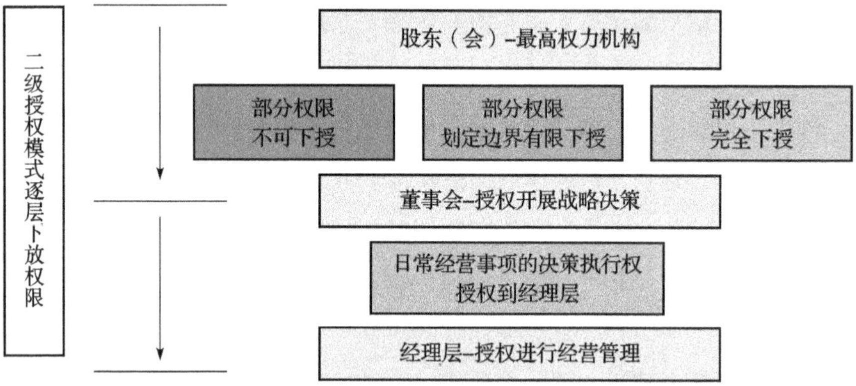

图 3-4　二级授权结构

这其中，最主要是做好对子企业行权能力的动态评估，一般来说应每年进行一次。这种评估是根据子企业的实际情况，对于其管理条件、人才队伍、企业竞争力、公司治理、决策绩效等多个维度进行指标设计，进而对于所有子企业在各个授权领域的条件成熟度进行打分排序。

根据排序的结果，就能够有针对性地对不同子企业采用以年度为周期的授权管理。得分合格的，比较优秀的，可以扩大授权范围和力度；得分下降的，排名靠后的，可以减少直至取消下一周期的授权。这样，就能够做好授权的动态管理，让授权不再成为授或者收的一锤子买卖。差异化授权，其实就是用权限分类实现一企一策，用行权能力评估实现一时一策。

授权是一个看似简单，却影响每个环节的重要管理问题。中国特色现代企业治理的完善，这个事情是绕不开的，建议每家国企都要在新的时期深刻思考授权体系如何与董事会建设深度结合，不断探索出科学适用、风险可控、富有活力的授权管理新路径。

第50问 加强董事会建设，要建什么章，立什么制？

国有企业董事会建设，需要哪些制度规章、流程规范、表格单据来支撑呢？

整体来说，可以分成4个层次，一共涉及12项制度规则，总结成四句话：

修订两个规章；制定三项规则；形成六项办法；设计一个指引。

修订两个规章

1. 公司章程

根据《国有企业公司章程制定管理办法》，公司章程的相关内容需要按规范进行修订。同时，根据相关政策要求，国企改革三年行动中的若干核心要求，也需要在章程中进行细化优化。

2. “三重一大”办法

重大经营管理事项、重要干部任免、重大项目投资、大额资金使用等“三重一大”事项，需要公司集体研究决策，应当单独制定“三重一大”办法。

制定三项规则

董事会建设过程中，有三项基本规则需要明确，分别是“董事会工作规则”“董事会议事规则”“专门委员会议事规则”。

1. 董事会工作规则

企业制定的董事会工作规则是全面规定本企业董事会各项管理原则和基

本方法的总纲性文件，总体上需要包括：

（1）总则。

（2）董事会组成和结构。

（3）董事会定位和权责。

（4）专门委员会设置（如有）。

（5）董事成员责权利。

（6）董事会决策程序。

（7）董事会运行保障和管理监督。

2. 董事会议事规则

在这轮董事会建设当中，议事规则文件需要全面进行优化。

第一，进一步细化和明确董事会的职权。要通过与国有股东和其他股东的沟通进行明确，并在此基础上详细列明在议事规则中。同时，也要明确董事会给董事长的授权范围和授权事项，确定董事长在董事会休会期间的工作权限。

第二，优化董事会召开次数和召集方式。根据要求，国企董事会需要一年至少以现场方式召开四次会议，并对于每次会议召集的过程进行详细规范。

第三，明确董事会讨论决策事项的程序。强化对议案的前期调研，补充必要资料信息，尊重各个董事的意见表达，确定议案讨论顺序和不同意见处理方式，细化议案决策表态流程。

3. 专门委员会议事规则

董事会专门委员会作为董事会的决策咨询支持机构，其管理和议事流程，需要制定相关议事规则。

形成六项办法

除了重点针对程序性问题制定三项规则文件外，根据相关政策要求和实践需要，知本咨询建议就董事会管理的一些重要工作，针对方法性问题制定管理办法。这一类的办法一共有六项。

1. 董事会授权管理办法

董事会授权管理办法，向上要和国有股东的授权体系相衔接，明确本企业董事会拥有的职权；内部要结合董事会给董事长的授权；向下要进一步对经理层和总经理的授权展开，一般会将授权清单作为附件。

2. 董事考核评价办法

对于一个多层的国企来说，董事考核评价是一级管一级的。本级制定的董事考核评价制度，用来对本企业管理和派出的董事履职进行考核，这样形成一个多层衔接的体系。

3. 董事会和总经理工作报告办法

要建立董事会向股东就年度工作和重大事项进行报告的机制和制度，同时也要建立总经理代表经理层向董事会进行工作报告的制度。这两个内容，可以同步制定进入"工作报告管理办法"。

4. 董事会对经理层成员选聘、考核、薪酬管理办法

这里包括了三个办法。

（1）经理层岗位选聘任用办法。

（2）经理层岗位考核评价办法。

（3）经理层岗位薪酬管理办法。

董事会职权中落实了对经理层人员选聘、考核评价、薪酬兑现后，管理这三个主要功能就需要明确的制度规定。

设计一个指引

"董事履职工作指引"是用来帮助企业各位董事成员正确、合理、有效地开展董事工作的指南性、支撑性文件。具体来说，可以包括以下内容。

1. 董事拥有的权利

需要根据政策规定，明确各位董事行权履职拥有的法定权力，包括知情权、参会权、表决权、提案权、建议权、质询权、调研权及其他权利等。

2. 董事肩负的责任和义务

明确指出本企业董事会成员履职的基本责任要求，突出忠实义务、勤勉义务及谨慎义务等基本点。

3. 董事会开展工作的基本原则

确定本企业董事会开展工作要遵循的基本原则、理念、目标，通过这样的规定，统一董事的工作方式方法，达到董事会文化建设目标。

4. 工作履职提示

区分董事在股东会议、党委会议、董事会议和其他会议等不同场合，分别给董事的履职重点进行提示性说明。这个部分是文件的主要内容。

5. 支撑与保障条件

依次列明本企业给董事履职提供的各项保障性资源和条件，以及获取这些保障的方式方法。

6. 工具和附表

可以根据实际需要将董事工作必备的模板、表格、工具作为附录进行使用说明。

第51问

担任国企董事需拥有什么资格？要具备什么能力？

国企配齐建强董事会最重要的前提条件之一便是让德能配位的人员担任董事，这样才能在作决策和作表决时不出错、不走偏。如何给国企董事们进行画像？如何制定科学合理的董事任职标准呢？

董事任职资格，20年实践演变

在企业里担任董事会成员，需要什么与众不同的资格要求呢？以下从三个方面依次做了说明。

1. 董事、监事、高级管理人员基本任职条件

由于董监高人员对于一家企业的影响巨大，所以必须有基本的任职要求。《公司法》第六章专门就此进行了规定，全国范围内的有限责任公司和股份公司选择董监高人员都需要遵守。这个规定是一个负面清单，指出有五种情形的人员不能成为董事、监事或者企业高级管理人员。这五种情形分别是：

（1）无法独立承担法律责任人员。

（2）近期有犯罪行为人员。

（3）企业经营失败责任人员。

（4）前任组织被吊销执照人员。

（5）欠债不还人员。

可见，《公司法》对于担任董监高人员的任职资格采用了排除法，是底线思维的典型体现。

2. 上市公司董事和独立董事

上市公司是通过公开市场发行股票的股份公司，依法高标准开展公司治理、及时公开透明进行信息披露，是对上市公司更加严格的要求。因而，上市公司的董事除了要满足《公司法》基本要求外，还需要符合资本市场的监管规定。

就此，证监会颁布的《上市公司章程指引》在董事相关章节，就上市公司董事补充了一项重要禁入标准：被中国证监会处以证券市场禁入处罚，且期限未满的人员。

客观评价，与《公司法》规定相比，上市公司董事只增加了一项排除性规定，还是比较宽松的。另外，应该更加注重观察上市公司的独立董事。因为对于国有企业来说，外部董事制度在很多方面可以参考独立董事制度，所以独立董事的任职资格标准，值得认真分析。

早在 2001 年，证监会就颁布了《关于在上市公司建立独立董事制度的指导意见》。在这个顶层设计中，对于独立董事应该具有的基本任职要求进行了五个方面的规定，之后上海证券交易所颁布的《上市公司独立董事备案及培训工作指引》等具体操作文件对于独立董事知识和能力的要求增加了一些详细量化要求，核心是三项：

（1）通过培训取得独立董事资格证书；

（2）独立董事担任历史中没有不良记录；

（3）个人履历要经过交易所审核。

独立董事的任职资格要求进一步明确为“持证上岗”，这是从知识能力的正面证明；同时要经过任职资格审核检查，一一核对各项可能不符合任职要求的事项，这作为没有不合格项的反面证明。一正一反，独立董事的任职资格就更为明确、严格了。

3. 国有企业专职外部董事

在 2009 年国务院国资委颁布的《董事会试点中央企业专职外部董事管理办法（试行)》一文中，对于专职外部董事提出了八条任职资格要求：

（1）具有较高的政治素质，遵纪守法，诚信勤勉，职业信誉良好；

（2）具有履行岗位职责所必需的专业知识，熟悉国家宏观经济政策及相关法律法规，熟悉国内外市场和相关行业情况；

（3）具有较强的决策判断能力、风险管理能力、识人用人能力和开拓创新能力；

（4）具有 10 年以上企业经营管理或相关工作经验，或具有战略管理、资本运营、法律等某一方面的专长，并取得良好工作业绩；

（5）初次任职年龄一般不超过 55 周岁；

（6）一般需具有大学本科及以上学历或相关专业高级职称；

（7）具有良好的心理素质，身体健康；

（8）公司法和公司章程规定的其他条件。

对比上市公司的独立董事，中央企业专职外部董事的资格要求更为全面、具体，有三个方面更明确了。首先是增加了政治素质要求，从干部管理角度进一步增加了个人品行、心理素质要求；其次是明确提出了年龄不能过大，从事决策和专业工作时间要更长，不是五年，而是至少十年；同时，教育背景要符合基本标准。此外，对能力结构的要求也更具体，强调要符合战略决策的工作要求，同时必须有令人信服的专长。

总体来看，《董事会试点中央企业专职外部董事管理办法（试行）》对于中央企业的专职外部董事，给出了一个更加清晰的画像，值得深入学习参考。各个省份在国资国企监管实践中，也在近些年颁布了本地区的国企外部专职董事管理制度，就相关任职资格标准进行了规定。比如，在《北京市市属国有独资公司外部董事选聘办法》中，对于国有独资企业专职外部董事的任职资格，在中央企业基础上进一步分解为基本条件、任职资格和禁入要求，形成了三个专项要求。

在基本条件中，核心是规定政治条件、能力条件、知识条件、品行条件、精力条件五项内容；在任职资格中，规定了专长、学历、资格、年龄四个方面；在禁入要求中，确立了关联回避为基础的底线规定。北京市的政策规定对于国企专职外部董事的任职资格进行了更为全面的规范，是进一步思考国企董事任职资格要求的有益参考。

国企董事资格，应该如何优化

在回顾了近二十年来国企董事资格制度的发展、现状和特点之后，就要思考如何在现有基础规定上继续优化这个国企董事会建设的基础规范安排了。国企董事任职资格，能不能建立一个整体统一的标准框架呢？知本咨询认为是可以的，这个框架可以用“三层条件 + 二大禁入”来概括（见图 3-5）。

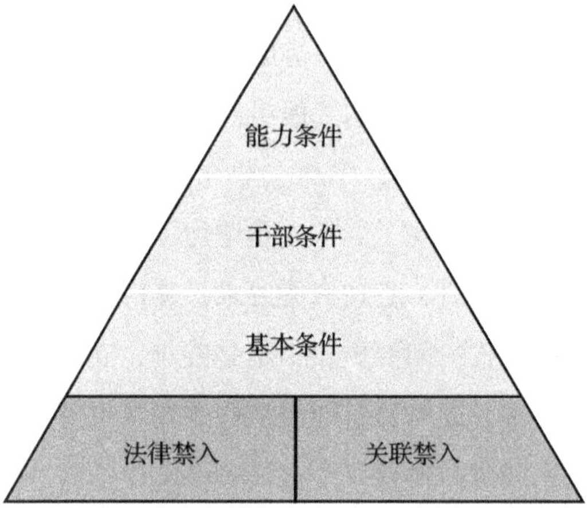

图 3-5　三层条件 + 二大禁入

在这个 3+2 董事任职资格模型中，居于底部的是两条禁入要求。

1. 法律禁入

从《公司法》开始，对于包括董事在内的公司高级管理人员，都有明确的排除性要求，这一点已经在本问题最前面进行了说明。

国企董事岗位，一方面代表了一家按照中国法律注册的公司高级管理岗位，另一方面也代表了国家作为最终出资人的企业高级管理岗位，从任何一个角度来说，都必须符合法律的要求。对于那些违反法律法规要求的人员，对于那些违反党纪政纪的人员，都要明确规定禁入。

2. 关联禁入

作为国企董事代表，是受国企股东委托，代理进行公司决策的关键个体。基于这样的身份特点，国企董事应该更多地借鉴独立董事制度，建立起更加独立和超然的组织角色。

具体来说，与独立董事近似，国企董事应该不与任职企业发生除了国有股东持股关系、必要的上下级管理关系和合理的津贴发放关系外的其他个人利益交换。如果有这几点之外重要的关联关系，应该退出董事岗位。法律禁入和关联禁入是以排除法的方式确定的国企董事基本底线。

同时，任何一家国企董事会聘用董事，都需要建立条件标准。按照 3+2 模型，我们建议从下到上，建立基本条件、干部条件、能力条件三类标准。

3. 基本条件

基本条件是指在任何一个国有企业担任董事需要具备的硬件要求。这个要求是比较综合的，可以包括以下方面：

（1）身体胜任条件：这是个人的物理条件，身体必须健康，心理素质必须过硬；年岁居中，可以胜任持续多年的工作，保证工作时间精力投入。

（2）教育背景胜任条件：目前相关规定多数是要求有大学以上学历或者是高级职称，总体来看还是符合实际情况的；但随着高等基础教育普及，重要国企董事要求研究生以上学历是必要的。

（3）政治面貌条件：在对上市公司独立董事的要求中并未明确指出，但是对于国企董事来说，一些企业处于公益类、商业二类或者关系国计民生，董事也有必要要求具有党员政治面貌。

（4）职业胜任条件：国企董事必须有较高的职业素养，有高度事业心和责任感，之前的各项工作都能勤勉尽责。

4. 干部条件

根据相关政策规定，国企董事要按照同级别国企干部岗位进行管理，这一点与独立董事不尽相同。所以，我们在考虑国企董事任职资格时，必须同时兼容企业的干部选拔标准，保持一致性。国企领导干部的 20 字标准，是我们需要重点关注的，那就是：“对党忠诚、勇于创新、治企有方、兴企有为、清正廉洁。”

每家国企都可以根据这个尺子，结合自身对干部的要求，制定担任国企董事的干部条件。

5. 能力条件

国企董事是以尽职尽责进行科学决策为中心任务的，重担压在肩，没有这方面的丰富经验和能力是不行的，会使企业承担过高的风险。那么，国企董事需要哪些能力呢？对此，北京市提出的专职外部董事能力是可以参考借鉴的。主要是五大能力：

（1）战略意识和发展眼光。

（2）决策和判断能力。

（3）风险防范能力。

（4）识人用人能力。

（5）开拓创新能力。

所以，国企在选任下属企业董事人员时，要明确综合能力的基本标准，同时要通过考察、评估等方式，挑选在这五个能力上综合素质比较强的人选。

“三层条件 + 二大禁入”为中心的国企董事任职资格框架，是知本咨询研究了大量的国企政策和实践后，推荐的分析模型。国有企业朋友，都可以在此基础上，制定出本企业适用的董事任职资格标准。只有明确了“模子”，才能选拔和培育出“苗子”，最终为国企董事会建设这根中国特色现代企业制度“柱子”的坚固有力提供成倍的力量。

第52问 落实董事会职权难点痛点到底在哪里？怎么改？

从表面上看，现在不少企业集团的子企业董事会难以开展独立决策，是由于集团管控体系要求，是集团的管理层出于本位主义，出于权力保护等原因按着不放。

其实，不全是集团不愿意放权，主要是还有另外两个原因。

第一，有些权力确实不能放，集团统一管理是全球证明最好的选择。比如财务资金系统的统一管理，世界500强跨国公司一百年的经验都说明，一个集中统一的全球财务体系是增强竞争力、提升抗风险能力的基本保证。

第二，很多决策实在不敢放，历史上出现过很多分散后的风险。

子企业董事会落实职权的真正障碍在于董事会决策事项的风险责任重大性与目前阶段董事会决策能力的发育不足之间产生的矛盾。

如果从国有股东决策能力和子企业董事会决策能力来进行比较，可能更加清楚，我们用一个杠杆来说明。

在长期执行集团垂直管控的环境下，国有股东职能部门长期研究和从事相关工作，在投资、干部、财务等方面的信息能力、分析能力和资源获得能力，都大大高于刚刚组建不久的子企业董事会。一家国企子企业和它的国有股东，就决策能力进行比较的话，可能就出现图3-6中第一张图的结果。

如果这个时候，贸然将决策权力全部交与子企业董事会，职权落实是做到了，但是由于决策能力不够产生的风险就成倍增大，要交的学费太高了！

那理性的办法是什么呢？请见二级决策能力杠杆如图3-6第二张图

所示。

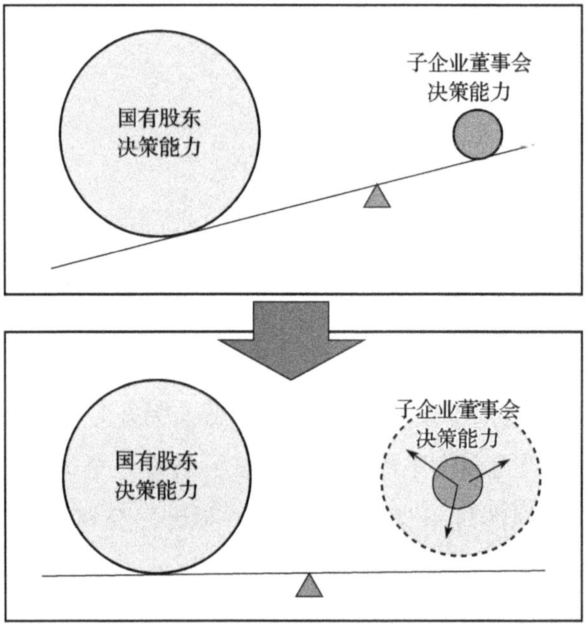

图 3-6 二级决策能力杠杆

核心就是国有股东支持帮助子企业董事会，在尽可能短的时间内传递、培养和提升决策能力，让这种能力可以逐步与国有股东的水平接近。在这种情况下，稍稍假以时日，落实子企业董事会职权就是水到渠成的事。

知本咨询认为，这就是“分层分类，有序落实董事会职权”的“序”。

有序落实董事会职权，怎么实现

难点痛点明确了，下面进入实际操作环节。

国企股东作为父母，知道落实董事会职权是一个有序的过程，但是绝不意味着可以原地不动，就等着时间过去；必须有实实在在的行动，通过有效的方式，把落实董事会职权作为一个动态的过程，培养和提升子企业董事会的决策能力，而不是把放权授权作为一锤子买卖。

怎么做呢?

需要在国有股东决策和子企业董事会独立决策两个选项中间，找到第三个答案，那就是“参与决策”。

实际上，我们建立了一个过渡状态。

第一步，在子企业董事会决策能力发展还不健全，无法全方位承接职权的情况下，在落实六项职权的过程中也需要重点体现子企业董事会决策意见的环节，但是这个意见并非终局的，还需要经过上级股东进行最终的确定和把关。

第二步，在参与决策不断积累经验，能力增长到可行阶段的时候，董事会的职权就可以全面授予子企业董事会。

1. 中长期发展决策权

这里面有两项重要决策工作，一是公司战略规划，二是重要的投资项目，目前很多是集团集中统一管控的。

落实子企业董事会在公司战略规划制定上的职权，首先就是在制定战略规划过程中，董事会要通过战略研讨会开展深度沟通和参与。外部董事不仅是最后听听战略部门汇报，而且需要全面发表意见和建议，同时参与到战略规划落实的跟踪评估当中。

一个公司的战略规划，必须经过董事会审议、相关董事签署意见后，再按照流程送国有股东单位审核，并由得到授权的层级进行批准。

这种办法中，董事会虽然没有直接拍板决定战略规划，但是从研究到制定、从起草到跟踪，都深入参与了决策意见；虽然没有完全达到“定战略”，但迈出了大大的一步。

另外，对于投资项目，即便集团管控要求投资审批集中管理，子企业董事也依然可以发挥重要职能作用。

一些企业的做法值得借鉴。对于重要投资项目议案，首先由子企业董事会成员进行详细审定，战略投资部门要详细沟通汇报，并根据董事意见进行优化完善。

在上报国有股东单位审核之前，必须要附每个外部董事的独立意见，这也是集团最终确定是否同意投资的基础和核心依据。

2. 经理层成员选聘权

落实董事会对经理层成员选聘权的主要工作，是将其与党管干部原则和流程有效衔接，保证流转顺畅。

根据干部管理相关政策，子企业党委或者上级党委，通过干部选拔和考核程序，是可以直接任命子企业的经理层成员的。但如果一刀切，那么董事会对经理层的选聘权就难以落实。

合理的做法是，在党委物色经理层干部人选流程中增加一个环节，即听取董事会成员的相关意见和建议；同时党委最终可以根据经理岗位的特点，按照市场化程度不同，以差额推荐等形式将初步人选推给董事会，由董事会组织进行选择或者聘任。

3. 经理层成员业绩考核权和经理层成员薪酬管理权

对一家子企业的经理班子成员进行业绩考核，通常包括了上级股东对子企业整体业绩和目标责任的考核评价，以及上级党委对子企业经理的干部综合考核评价。

董事会在这个过程中，要进行全流程的深入参与。

比如，在制定考核指标、执行考核、计算考核成绩、建议薪酬水平四个关键环节上，应该由董事会牵头制定和通过相关内容，并且和国有股东进行充分沟通讨论。这个过程中，董事长需要发挥最核心的作用。

4. 职工工资分配管理权

在越来越多企业实行工资总额备案制，推动工资总额市场化确定机制的环境下，董事会落实职工工资分配管理权是越来越容易的。

首先，每年度的职工工资总额需要通过机制来计算得出。这项工作需要通过董事会审议，并根据本集团的人力资源管理权限，与有最终确定权的相关组织进行沟通。

其次，涉及职工收入分配的重大事项也需要提前征求外部董事的意见和建议，再按照相关流程推进工作。

5. 重大财务事项管理权

在融资、担保、重要资本支出等方面加强管理，防止风险爆发，加强合规管理，是董事会“防风险”职责的重要部分。

怎么落实呢？

知本咨询建议在集团财务事项统一管控，整体实施集中财务管理体系的背景下，给子企业董事会预留参与决策的空间。

比如，涉及融资、担保等重大财务事项，在与国有股东进行沟通前，要先征求本公司外部董事的意见，董事会在必要时召集会议进行讨论，本着防范风险的原则提出意见。

如果董事意见或者董事会意见是同意，那么再按照集团财务集中管理程序，报国有股东进行确定。

在最终确定时，子企业董事或者董事会意见应成为重要的参考依据。

知本咨询分别对落实子企业董事会六项职权进行了研究。这里将董事会的“决策参与”作为一个主要功能进行说明，是希望帮助国企集团找到一个有序落实董事会职权的实现方法。

这个决策参与方案，一方面体现了子企业董事会在决策方面不断突出的地位和价值，董事进行决策的责任和作用，另一方面，也保证了集团管控体系的相对完整和顺畅，同时成为培养子企业董事会决策能力的实践过程。

落实董事会职权的难点痛点，核心是培养董事会的能力，基础是给予这个能力建立充分的时间和经验储备。

第53问 国企董事的薪酬激励如何正确安排？

广大国企员工既是劳动贡献者，也是价值创造者，都需要获得价值体现和工作回报。国企的薪酬激励制度就是根据这个基本目标设计和不断完善的。

那么，对于董事岗位，什么样的薪酬激励制度才能更好地体现董事岗位责任、价值和贡献，保障国企董事履行好使命呢？

知本咨询认为要明确一个基础，回答三个问题。

国企董事薪酬制度基本状况

按照相关政策要求和企业实践，国企董事会的董事一般包括四类，分别是：企业内部高级管理人员担任的董事、股东派遣的专职外部董事、股东派遣的兼职外部董事、企业员工出任的职工董事。

另外，还有一些企业参考上市公司监管要求，由董事会聘任了独立董事。对于以上不同来源、不同责任的董事岗位，在薪酬支付方面的情况差别不小。

1. 内部董事薪酬现状

对于很多国有企业的专职董事长（一般兼党委书记）、出任董事的总经理、出任董事的副总经理等类似岗位人员，一般来说，被认为董事是从属岗位，本人的高管职务是主要岗位，取酬时依据高管岗位的职务和考核标准进行，不再根据董事岗位单独计算收入。

2. 专职外部董事薪酬现状

股东派遣专职外部董事是近年国企改革的重要工作之一。根据2009年颁布的《董事会试点中央企业专职外部董事管理办法（试行）》，以及之后各省国资监管机构跟进出台的相关制度，专职外部董事的薪酬制度大致原则是三点：

第一，薪酬标准由负责派出的国资监管机构制定；

第二，薪酬由基本薪酬、评价薪酬、中长期激励等部分构成；

第三，专职外部董事的基本薪酬每三年核定一次。基本薪酬按月支付。

国资监管机构基本将派至所监管企业的专职外部董事看作与该企业高级管理人员同样级别的干部，因而实行了与企业高管基本一致的薪酬支付标准和方式。

3. 兼职外部董事薪酬现状

这些董事，本身有上级股东公司的岗位薪酬激励，对于兼任下属投资公司董事岗位，一般都依据《国有企业领导人员廉洁从业若干规定》，“未经批准兼任本企业所出资企业或者其他企业、事业单位、社会团体、中介机构的领导职务，或者经批准兼职的”，不得“擅自领取薪酬及其他收入”的要求，没有领取兼职董事的薪酬。

4. 职工董事薪酬现状

第四类董事是本企业职工出任的职工董事。这一类董事本身属于与企业签订劳动合同的员工，有本职岗位薪酬；这时兼任职工董事，薪酬待遇的规定是参考《中华全国总工会关于加强公司制企业职工董事制度、职工监事制度建设的意见》制定的：“公司应当为职工董事、职工监事依法履行职责提供必要的工作条件，保证其履职所必需的工作时间，其在履行职责期间除享受正常的工资和福利待遇外，履职所发生的费用比照其他董事、监事办理。”

5. 独立董事薪酬现状

参考证监会颁布的《关于在上市公司建立独立董事制度的指导意见》等规定执行。

相关规定明确：“上市公司应当给予独立董事适当的津贴。津贴的标准应当由董事会制订预案，股东大会审议通过，并在公司年报中进行披露。除上述津贴外，独立董事不应从该上市公司及其主要股东或有利害关系的机构和人员取得额外的、未予披露的其他利益。”

国企董事薪酬优化，三条建议

国企董事的薪酬实践现状大致清晰后，我们就一并思考，在董事会强化、做实的整体要求下，董事会成员的薪酬激励措施怎么样能够更好地适应和保障董事履职行权呢？

1. 董事薪酬应不应该付

根据《公司法》第116条："公司应当定期向股东披露董事、监事、高级管理人员从公司获得报酬的情况。"这个规定说明，法律认为企业包括董事在内，高级管理人员可以取得报酬。不过，应当区别于高管人员的薪酬模式，这主要有两个原因：

第一，董事与企业高管不同，这些岗位是直接代表股东意愿履行职责的；企业高管是受董事会聘请，接受董事会考核的经理层。在任期制和契约化管理、职业经理人制度持续深入的要求下，这种角色区分更加明显。他们的薪酬显然也不应该是一致的。

第二，董事履职基本方式是"决策"，并且就决策的结果承担责任，这一点和企业高级管理人员不同。董事的薪酬要充分体现其岗位责任、决策风险和价值贡献。

2. 董事薪酬应该谁来付

董事会是股东会的日常议事机构，董事会"定战略、作决策、防风险"体现的是股东意志。每个进入董事会的人员，都是股东委托的代表，不论是否兼任其他职务，他直接进行决策表决时，代表的是自己身后的股东。从这个角度来说，董事的薪酬由派出股东来安排和发放更为合适。

这一点，国企专职外部董事的薪酬管理已经做到了。

对于兼职外部董事，由派出股东单位来发放兼任董事岗位的薪酬更为合理。这样能够严格遵守不在兼职单位取酬的政策要求，又能更好地落实股东的任职责任要求。

职工董事是员工选举出来的代表，核心责任是参与管理、展开决策、监督过程，他们的薪酬应该由企业的工会组织进行确定，其费用来源建议可以在企业适当增加的工会经费中解决。

如果董事的薪酬都可以由派出单位来负责，那么就可以较好地突出董事责权利，同时更好地满足政策要求。

3. 董事薪酬应该付多少

董事薪酬的结构和水平问题是需要进一步思考的。现行的方式，专职董事参考同级别管理层确定收入结构和水平，从社会聘请的独立董事等专业人士采用董事津贴方式。

知本咨询建议，在此基础上对于国企董事薪酬结构进行优化。基本原则是：建立一个与董事责任、风险和长期绩效直接相关的报酬体系。这个报酬体系包括三块：

（1）董事季度津贴。

将目前用于独立董事的津贴制度，扩展到全体董事成员，以季度为周期发放；配合董事会召开的频率，对董事会功能强化和董事不断增加的日常决策工作进行支持保障。这是对工作量付薪的原则体现。

（2）董事任期奖励。

董事的职责具有特殊性，作为企业主要决策制定者，他们的工作有明显的长周期、强影响特点。这些特点在年度体现不充分，需要在更长的企业战略周期内反映出来。就此，结合董事会任期规定，建议专门制定“董事任期奖励”的报酬内容，以董事任期为基础，就其决策实施产生的股东价值增长结果，由股东单位计算发放。

这个任期奖励的计算基础，可以用任期内企业净资产增加额或者企业收入和利润复合增长率等战略性财务业绩指标为基础，结合任期内战略实施、风险控制具体情况综合考评得出。如果董事任期上述指标优秀，企业获得战略上快速发展，就得到更高的任期奖励，从而对董事责任和价值创造进行回报。

（3）董事责任追索赔偿制度和董事责任险。

如果只有董事季度津贴和任期奖励，对于董事的责权利约束是不足的。

董事的决策具有战略性，也具有风险性，如何衡量和评价决策风险，如何让董事们更好地履行“防风险”责任，也是需要结合董事薪酬考虑的问题。

根据《公司法》第112条规定，董事由于不当决策造成了重大风险和损失，应该进行补偿和赔偿。这种机制如何落地呢？

首先，建立董事收入追索制度。如果由于决策问题导致企业出现损失和问题，董事需要按责任扣回之前发放的董事津贴和任期奖励。其次，积极推动“董事责任险”在更大范围内落地。通过保险的形式，落实董事风险发生时的履约保障能力，给董事们构建一个责任风险安全带，也给企业增加一层风险防护层。

由董事季度津贴、董事任期奖励、董事责任追索制度和责任险三个部分共同构建的董事薪酬体系，可以更好地反映董事岗位的责任、风险、贡献，值得未来进一步深入思考。

董事作为高层决策特殊岗位，需要根据其责任、风险、贡献进行报酬设计。在这个过程中，派出股东单位是中心也是主体，董事的薪酬可以考虑三个部分，面向所有董事同时执行。通过这种方式，更好地实现做实做强董事会和落实董事职权的改革目标，让国企董事做出更大的价值贡献。

第54问 董事会秘书和董事会办公室在强化董事会功能中怎么干好？

随着国企改革三年行动落实落地，很多国企集团正在二级、三级企业建立健全董事会，并且授予董事会必要的职权。这个时候，如何把董办同时建强，把董秘功能发挥到位，不仅是一个组织问题，更是一个战略问题了。

如何做好国有二、三级公司的董办工作，如何选好用好国企子公司的董秘呢？

国企需要什么样的“董办”

国企董事会办公室要成为董事会成员的“腿、眼、嘴”。

腿的意思是：董办应该代替董事们与企业经营层和各个基层组织、相关部门进行深度沟通联络，解决好一些董事特别是外部董事平时在企业工作时间有限的问题。

眼的意思是：董办要在帮助董事会成员收集经营管理信息，深度研究审议，决策执行动态跟踪、预警等方面起到望远镜的作用，解决好董事会决策过程必需的信息对称难题。

嘴的意思是：很多董办以及董秘还兼具董事会发言人的作用，对外、对下都是代表董事会声音的关键节点，解决企业内外环境交互中的问题，要具有战略性、引导性、及时性，这是公司对外的一张名片，需要打磨得更亮。

“腿、眼、嘴”是个比方，对于董事会办公室的基本工作职能，政策是有明确要求的。我们简单做个整理，一家非上市国有企业的董办，主要完成四项核心工作：

1. 制度性工作

董事会办公室是公司治理结构的基础功能承担者，所以第一项功能就要负责公司治理研究和相关事务。这里面就要包括董事会治理体系的各项机制、制度、规范等。

知本咨询认为董事会需要建立八大规范，分别是董办规范、专门委员会规范、决策流程规范、董事选聘规范、董事工作规范、董事考评规范、董事薪酬规范、董事文化规范。这些规范制度建设是董办的核心基础工作。

2. 例行性工作

董办的核心任务之一是筹备和组织董事会和董事会专门委员会会议。

这些例行工作看似流程化，但关键要素不少，工作量是较大的。其中包括议案的确定和排序；前期资料的准备；董事调研工作安排推动；会议内容推动；会议流程管理；会议决议起草等。每一项议案，每一个会议都要精心细致组织。要让董事会这部机器科学运转，董办肩负重大责任。

3. 支持性工作

董办对于董事长、其他董事成员，有义不容辞的综合支持、服务和保障职责。

董事们和企业的所有接触、个人时间安排、行政保障等细节，如果董办安排得好，可以给董事营造一个良好的工作环境，提升满意度，同时能够提升董事会的工作效率。

4. 监督性工作

董办还有监督指导的重要作用，这个作用体现在两个方面：

一是指导子企业董事会建设工作，推动下属企业董事会配齐建强，使得整个企业的董事会治理体系成为一个上下贯通的整体。

二是随时跟踪监督董事会各项决议的执行状态，及时向董事会进行反馈，及时按照政策要求报告董事会的工作情况等。

优秀的董秘是什么样的

胜任国企董事会秘书的人员，至少要具备以下几个基础条件：

1. 综合广泛的知识体系

董事会的功能是“定战略、作决策、防风险”，要支撑好这几件事情，董秘需要熟悉掌握财务、管理、法律等各项专业知识，同时要对本企业的业务、技术比较熟知。

2. 丰富的相关工作经验

董秘确实需要一个相对资深人士担任，因为他（她）的工作性质是协助董事开展工作。丰富的工作经验可以帮助董秘正确处理各种关系和问题，采用恰当的沟通方式，并且具有领导董办一帮人的管理才能。

特别的、好的董秘基本有两项特长，一是能够整体思考、抽象思考、战略思考，给董事长提供宏观全局建议，也能把握董事会的工作重心和工作节奏；二是擅长写综合性和有深度的发言稿、讲话稿和总结性文字，能够充分体会董事长战略意图，有文笔的基础保证。

3. 性格要外向柔和

知本咨询认为，国企董秘要选择外向型、柔和型人才来担任。董秘有大量的沟通协调性工作，他所率领的部门不是多数议案的起草者和执行者，而是每个议案的推动者和落实监督者；他的工作主要不是案头研究，而是行动沟通。所以董秘要善于干这种类型工作，喜欢干沟通性工作，进而推动各项工作在一个好的治理文化中前进。

从长期来看，董事会办公室和董事会秘书，将会在国企改革中不断发育成长，功能持续丰富完善。一个成功、成熟的国企董事会，也一定会有一个成功和成熟的董办和董秘。

第55问 为什么董事会要先给董事长授权？

中国特色现代企业制度逐步进入了“细节攻关”的新阶段。

我们再讨论一个问题，那就是：为什么董事会要首先给董事长授权。

大家都意识到，从之前的形式型董事会，转型为决策型董事会，关键是董事会的决策权责要清晰、要到位、要落地，所以从股东开始，如何给子企业董事会授权、董事会如何用权、经理层如何行权这几个相互关联的问题，就显得特别突出。

通常的授权只有两个层面：

第一，解决董事会如何获得股东的授权；

第二，解决董事会怎么给总经理（经理层）授权。

从理论结构上看，这就已经很清晰明确了，董事会可以履行“定、作、防”的功能，经理层也能够按照授权进行经营活动的指挥调动。但是，从实践的细节分析，这种授权结构，忽略了一个关键角色——董事长。

在董事会授权管理机制中，为什么董事长是不可或缺的？怎么才能做好这个工作呢？

知本咨询认为，基于中国国企特点，董事会对董事长的授权，不仅是需要的，而且是必需的，同时要在董事会给经理层授权之前首先完成。这是解决治理结构内在风险的要求，也是中国特色现代企业制度的重要表现。

下面分三点解释。

职责缺位：“第一责任人”悬空

如果董事会只有给经理层的授权，没有给董事长的授权，企业可不可以正常运转？

肯定没问题。

但是这个时候，董事会功能的发挥，中国特色公司治理的结构，会存在两个重要风险点：职责缺位与执行断层。

先说职责缺位。这是指，如果没有董事会给董事长的授权环节，仅按照董事长这个法定岗位的职能，是难以承担"第一责任人"这个核心职责的。

请注意，公司董事会执行集体审议、独立表决、个人负责的决策制度，一人一票，董事长并不具备超出其他董事成员的、重要的唯一权利，这个岗位的定位主要是董事会的召集人。

现行《公司法》也沿用了此治理精神，第109条规定是这样描述的："董事会设董事长一人，可以设副董事长。董事长和副董事长由董事会以全体董事的过半数选举产生。董事长召集和主持董事会会议，检查董事会决议的实施情况。副董事长协助董事长工作，董事长不能履行职务或者不履行职务的，由副董事长履行职务；副董事长不能履行职务或者不履行职务的，由半数以上董事共同推举一名董事履行职务。"

中国国企的董事长充当着更加多重的角色，特别是党组织第一责任人，这使得董事长不能只担任召集人，他还必须是负责人、把关人、带头人。

按照双向进入、交叉任职的要求，国企董事长要同时担任本级党组织书记。根据党组织管理的规定，"书记履行第一责任人职责"。这样一来，对"第一责任人"的理解就非常重要。

什么是第一责任人？在中共中央办公厅2020年颁布的《党委（党组）落实全面从严治党主体责任规定》中，做了基本描述："党委（党组）书记应当履行本地区本单位全面从严治党第一责任人职责，做到重要工作亲自部署、重大问题亲自过问、重点环节亲自协调、重要案件亲自督办；管好班子、带好队伍、抓好落实，支持、指导和督促领导班子其他成员、下级党委（党组）书记履行全面从严治党主体责任，发现问题及时提醒纠正。"

履行好第一责任人的功能，党委书记兼董事长就不能浮在空中，需要在企业经营管理的重要问题上起到全流程的把关作用。

党委会、董事会、经理层的分工原则非常清晰，党委会作为前置研究主体，核心是“把方向、管大局、保落实”，前置研究之后就需要请董事会决策，以及经理层执行落实。

从分工上看，党组织并没有直接参与经营决策和实施，所以说能够体现出党委书记兼董事长第一责任人功能的空间，只有把董事长这个位置做实、做强，才能够真正承担起带领领导班子的基本责任。

怎么把董事长这个位置做实呢？

通过召开董事会当然可以，不过几个月召开一次的董事会是没法满足企业日常决策和过程监督的要求的。最好最方便的办法，就是通过董事会给董事长授权，将董事会部分职责授予董事长。

从这个角度来说，给董事长的授权不仅是一个责任转移或者董事会闭幕期间的例行安排，而且是体现国有公司第一责任人定位的核心方法。否则，就容易出现责任悬空的风险空间。

执行断层：董事长与经理层脱钩

从理论上说，在一家企业当中，董事长和总经理的职责分工是非常清楚的：董事长负责公司整体战略性工作，思考长远布局，统筹企业资源。

有人曾总结，董事长就是“找钱、找人、找资源”。如果是党委书记兼任董事长，那么还需要负责公司党建的全面工作。

总经理负责公司日常经营管理，核心职责是带领经理班子“谋经营、抓落实、强管理”，主要工作是日常的运转管理。

但从国企实践层面上看，这种理论分工可能带来几个结果：

第一个结果可能是，董事长的工作不断务虚。

战略性、长远性工作，思考多、行动不多，频率也没那么高。如果董事长的核心职能聚焦在这个上面，可能就会务虚更多，带来的现象就是“董事长管大事，不管具体工作”，对于企业当下的实际经营跟踪和监督，相对强度自然会减弱。

当然，董事长作为企业家，事必躬亲肯定不是最优选项，务虚工作是非常必要的；但是如果长期只管静，不管动，可能也没法真正担起企业第一责任人的重担。

第二个结果可能是，具体经营方针把控只能依靠总经理的能力和组织意识。

一般来说，企业总经理带领经营班子展开具体的经营议题，在董事会授权范围内，要通过总经理办公会的形式推动决策。

实际上，这个方式给予总经理比较大的自由裁量权。

总经理办公会的决策方式是经理负责制，也就是说最终的决策意见和责任都是围绕总经理本人的想法展开的，是否采纳其他副总的意见取决于总经理。

同时，虽然相关要求规定，总经理一般要在"决策前听取董事长意见"，在意见不一致时暂缓上会，从流程上是给予董事长表达意见的空间了；但是这种提前征求意见的方式，将最大的主动权，交给了总经理。

比如，当一个投资项目议题是总经理认可并推动的，在征求董事长意见时应该怎么说，利用什么场合说，重点突出哪些优势特色，总经理是可以确定的，这就能够给自己争取更大的同意空间。

再比如，同样一个投资议题，对于公司长远发展大局很重要，但是对于经理层的短期业绩考核有影响，这个时候总经理不想上这个项目，就可以通过总经理办公会提前将议案延后或者取消。在此情况下，董事长基本没机会参与意见。

在此情况下，如果仅把董事长与总经理的决策沟通放在非正式层面，一旦出现两个岗位人员配合不好、个性不和的情况，就可能产生经理班子闭环运作，董事长和总经理决策脱钩的治理风险。

解决方案：给经理层授权前首先给董事长授权

职责缺位、执行断层是摆在董事会治理和经理层管理之间的重大设计风险！

这两个风险是怎么产生的？如果我们仔细看，就能发现原因很简单，那就是：

董事会功能和经理层功能清晰划分之后，制度设计上产生了一个边界，将国企领导班子一分为二。这个分隔线客观上影响了董事长所率领领导团队的整体性，如果控制不好，就可能持续扩大，成为一道壕沟，变为制度风险。

针对这个问题，怎么从制度上填充弥补呢？建议改两个事情：

第一件事，改观念。

建议国有企业治理层要澄清一个概念，董事会的功能是“定战略、作决策、防风险”，并不是说董事长的责任是只能管这九个字的工作，董事长需要对经营绩效和管理运作承担第一责任。

从某种程度上说，董事长必须要有这个角色定位，才能真正保证一把手的责权利，也才能保证公司治理和管理的整体架构不跑偏、不割裂。

第二件事，先授权。

知本咨询认为，在董事会给经理层授权之前，首先要把一部分权限授权给董事长，让董事长对于若干最终决策担负起最后责任。

这样，董事长就可以根据授权内容参与和决定一些重大决策事项，从而行使好第一责任人的角色，真正发挥领导班子的“班长”作用。

在此基础上，董事长可以提议根据经营层的实际情况，自己把握大的经营决策事项；通过董事会将其他内容转授予总经理，形成一个双层授权的格局，也能保证总经理和副总的行权履职。

这样可以比较顺畅地解决国企领导班子虽是一个整体，但董事会工作和经理层工作又上下分隔的基本矛盾。

第56问 董事长办公会，合情、合理、合法、合规吗？

中国特色现代企业制度正在不断成熟、定型，要真正从长期制度建设角度完成“权责法定、权责透明、有效制衡、协调运转”的国企公司治理大目标，让所有机制合法、合规、合情、合理。《中央企业董事会工作规则（试行）》规定，董事长办公会不得决策董事会授权事项，很多朋友对此比较困惑。

案说由来

某股份公司公开披露了其董事长办公会的相关规定。

该公司对于董事长办公会的定义是：“董事长办公会是董事会闭会期间，董事长根据《公司章程》规定和董事会授权按照民主集中制原则行使职权的决策机制。”

同时，对于董事长办公会议事内容，这家企业确定了十六项，涵盖了大政方针落实、战略规划和年度计划、投资项目、改革改制、管理制度、薪酬福利等各个方面。总体来看，这个议事内容总体包括了董事会决策边界内的绝大部分，同时也包括了公司经营管理的“三重一大”事项。

董事长办公会怎么召开呢？这家公司的规定是：

“董事长办公会由公司董事长召集和主持。董事长办公会根据公司需要召开。”“出席董事长办公会的人员为公司董事长、党委书记、总经理、党委副书记、纪委书记、工会主席、副总经理、总会计师、总工程师、总经济师、总经理助理、总法律顾问、董事会秘书等。相关人员可以列席会议。”

总体来看，董事长办公会的出席人员是全部经理层，以及党委委员等领导干部，还有列席的各个议题相关的部门人员。对于董事长办公会的决策机制，在议事规则中没有明示，不过我们可以根据相关内容，并结合其他企业召开“办公会”实际情况推论假定，这是一个参会人员民主发言，最后由会议主持人（董事长）进行总结拍板决策，类似于总经理办公会的决策模式。

这家股份公司的议事规则不是个案，它代表了很多国有企业的共同做法。这种通过召开董事长办公会来进行管理决策的方式，在一些国有企业形成了实践、总结出制度，我们认为是有其必然原因的。这些原因归纳起来，可能有三点：

原因1：董事长需要深度参与公司经营。

目前董事长原则上一肩挑书记，如果对于公司经营的重大事项、每月的经营绩效、管理层和中层部门人员动态没有深入的了解和掌握，是难以领导党委会、董事会展开对大局、大事之科学决策的。

原因2：董事会日常召集有些难度。

在外董占多数的情况下，高频地召开董事会在时间上很困难，这本身就是一个现实的问题、直接的问题。但公司想要经营决策，想要保障高质量、高效率运行，就需要一个在董事会闭会期间，保持畅通的决策沟通方式。所以，一些国企就通过董事会授权的思路，请董事长在此期间代表董事会进行决策。

原因3：总经理办公会的历史习惯。

很多国企董事长原先都是总经理出身，召开总经理办公会进行决策已经形成习惯，也很习惯于召开党政联席会进行决策。到了董事长的新岗位上，作为企业第一责任人，面对同样的决策问题和议题时，就很自然地将总经理办公会、党政联席会的一些过去做法平移过来，变成了董事长办公会。

再辩逻辑

在中国特色现代企业制度的框架下，还请对董事长办公会这个决策会议形式认真权衡、全面斟酌、小心误区。为什么呢？

第一，董事长办公会混淆了党委会、董事会、经理层的定位边界，感觉高效，实为越位。

董事长办公会的形式将很多党委会成员、全部经理层成员纳入一个会议当中，最终由董事长拍板决策进行审议决策的方式，既没有做到党委会决策的要求，也没有实现外部董事参与董事会决策的目标，而且董事长拍板本身也不符合相关法规的原则。这样的方式，确实有重叠、越位之嫌。

第二，董事长办公会压缩了经理层决策空间，不利于激发经营层活力。

董事长办公会召开起来，在一个经营管理部门进行议案汇报，很多党委成员参加，同时公司经理层都参会轮流发表意见，董事长是会议主持人且最后拍板决策的环境下，公司总经理的作用只是一个副职的作用。在此情况下，总经理的权限无形中受到了挤压。

国企改革三年行动要求全面推进董事会建设，同时要求全国国企普遍推行经理层任期制和契约化管理。如果公司的重大经营管理决策，大量通过董事长办公会，而不是总经理办公会确定，那么很可能对任期制和契约化管理中总经理能否切实承担其契约考核的责任带来直接影响。

第三，董事长办公会弱化了董事会职能，不利于董事会决策中心功能实现。

董事长办公会，很多是根据董事会授权召开的，这是董事会给董事长代为行使董事会决策功能的授权。从召开董事会现实难度角度考虑，授权董事长办公会决策是可行的替代方案，但是从董事会职能强化的改革角度考虑，这种方法并不妥当。

改革要求国企董事会建好、开好、运转好。董事会不是随意将决策权限完全授予董事长个人行使的，而应通过外部董事占多数的董事会集体决策的方式，提升决策的独立性和科学性，做好董事会“定、做、防”的核心工作，这样才能完成好董事会建设运行的基本工作任务。

由此，董事长办公会的形式，需要进行优化、调整、改变。

三思路径

要改，应该改，那到底如何改呢？这里有两条建议。

第一条，改实质。

建议将董事长办公会的决策职能剥离。这个会应减少或者不作决策，改为董事长（也可以包括其他董事、党委成员）了解公司经营管理情况的沟通会。真正的决策，要么归位于总经理办公会，要么召开党委扩大会，要么归于董事会专门委员会，需要董事长授权决策时召开董事长专题会。这样各归各位，才能最终“权责透明、各司其职”。

第二条，改名称。

正是因为不决策，是沟通、是协调、是统一思想，所以不宜称为董事长办公会。如果必须召开的话，建议改名为“董事长专题会”。这不仅要换名字，对应名称改变，所谓议事规则、会议通知、纪要形式等载体，都要进行改变。

董事长办公会要改进，建议从“改实质、改名称”两个方面入手推进，真正为董事会建设助力，真正为经理层活力释放助力。

第57问 国企董事会“一票缓决制”是什么？为什么？怎么办？

通过这几年的改革，董事会制度得到了前所未有的强化，但是在如何充分体现中国人个性特点基础上帮助国企董事畅快无忧地发表决策意见方面，还有很多事情需要做。

董事会表决要根据中国国企实际情况增加“一票缓决”权。

什么是一票缓决制

一票缓决制并不是刚刚出现的新概念。这种表决方式是由中央企业新兴际华集团2013年开始采用的。

“新兴际华创新实行外部董事‘一票缓决制’，为企业科学决策、有效决策提供了有力支撑。”新兴际华集团（前）董事长刘明忠解释说，“‘一票缓决制’要求所有议案只要有1名外董反对就暂时不予上会表决，直至通过反复沟通、深入调研，所有外部董事认同为止，充分尊重外部董事。”

这中间有两个特色：

第一，是“缓决”而不是“否决”。外部董事如果认为特定议案需要完善、内容还不够清楚的话，可以提出暂缓上会决策的意见。待深入调研，调整方案，条件成熟再进行董事会审议。

第二，是“一票”而不是“多数”。新时期的“一票缓决制”，可以规定这么几项。

（1）在董事成员表决选项中，除了同意、反对、弃权三个主要权利之外，单独新设一项“暂缓通过”或者“经过调整后再次审议”选项。

（2）任何一位外部董事、职工董事如果对于提出的议案有核心修改意见、深入研究意见、重大调整意见，都可以行使这项缓决权利。

（3）缓决不是否决，更不是反对，也没有弃权，而是提出修改和调整的意见和建议，在方案更加成熟、完整、科学时再行审议通过。

为什么需要“一票缓决制”

一票缓决制之所以需要，是因为这种决策意见，能够更好地与国企董事会决策特点相协调。

原因1：这是绝大多数国企董事会议案的要求。

首先，国企董事会决策议案，在绝大多数情况下并不是通过或者不通过的问题，而是要在一定程度上进行调整完善、补充说明、深化调研、补充备选方案等等局部问题、深度问题。

一票缓决制，给予董事“暂缓通过”或者“经过调整后再次审议”等权利，是对董事提出各种正面的补充意见、调整意见的重要程序性支持。

原因2：这是董事会成员中国式表达方式的要求。

在整体中庸，但是有具体建议性观点的议案审议中，这个发言的董事到底是“同意”还是“不同意”呢？显然，怎么下结论都有不妥。

这时，如果有一票缓决制，就可给予董事们充分的发言空间，也有进退相对自由的余地；在行使自己董事权利建言献策的同时，又不至于让自己在不愿意选择的同意或者不同意两端上纠结难过。

因而，无论从议案这个审议对象，还是从董事这个审议主体，都需要利用一票缓决制的制度安排为董事会科学决策提供更充分的保障。

“一票缓决制”怎么实施

一票缓决制听起来不复杂，但是具体实施落地中，还真有些要安排的程序性事项。

1. 缓决权利和同意、反对、弃权是不同的，不能并列

缓决不是不同意，也不是完全同意，更不是弃权不管；而是在总体同意和肯定的基础上，提出对于议案的通过条件的建议和意见，是一种综合性的意见权利，不适宜把缓决权视同为与同意、反对、弃权并列的第四种。

建议在议案审议表中，将暂缓通过或者经过修改后再次审议等缓决内容单独列示。同时，要给董事留出书面表达自己的修改、优化意见的余地。

2. 缓决权利与议案会前沟通不同

在新兴际华集团的案例中，一票缓决制是在董事会决策前，授予外部董事的，实际上具有和外部董事进行多次事前沟通讨论的意味。

这种安排虽然可以避免在董事会上产生不一致意见，但是在两个方面存在可能的不足。

首先，议案不可能在董事会召开日期之前很长时间交给外部董事，这样在董事会召开前进行缓决意见表达就不太现实。

其次，董事会的会议议程是法律规定的，一票缓决的制度安排，可以使董事会会议表决流程更为规范和正式，也是董事会科学决策的必要组成部分。

所以，一票缓决制是在董事会上进行的意见表达，这种方式可给予外部董事和职工董事更加充分的履职空间。

3. 缓决的议案需要特别的补充程序安排

一个议案被缓决了，需要补充、优化、调整，是不是必须等到下次董事会召开时再上会讨论？这样会不会影响决策效率和时机？

其实，缓决议案是让议案更完美的正面意见，在修改完善后不必都等到下次董事会召开，可以通过向意见提出董事征询反馈意见，获得书面无异议答复后，启动董事会成员转签流程。

一票缓决制的出现，来自中国企业实践。知本咨询也认为，恰当地在国企董事会当中引入和推广这一制度，可以更好地开展国企治理，让公司治理模式中有更多的中国色彩。

第58问 董事会决策重大优化，如何推动“有条件同意”发挥作用？

董事会履行“作决策”职责，开展议案讨论和表决时，董事们虽然做出“同意”的表决，但是附带了一些条件要求。那么，这种决策意见如何表述、如何分类、如何执行的问题，是很多国企董监事朋友关注的焦点。

这里面涉及一个核心概念，叫“有条件同意”。

什么是有条件同意

各位董事对议案表达肯定的同时，又提出很多的意见和建议。

这种表达方式，算作什么意见类型呢？

反对？不是的，董事开始就说了是支持这个事情的。

同意？好像是同意，不过董事说了这几个优化细化问题，也不能不管。

更准确地说，这种决策意见是带有一定条件的同意，或者我们叫作“有条件同意”更为妥当。

我们扩大范围来想想，有条件同意在生活里还是不少的。再举两个例子：

第一例，注册会计师发表审计意见。

按照国际规范，审计报告的审计意见有五种类型，标准无保留意见、带有解释说明的无保留意见、保留意见、否定意见和无法表示意见。

其中带有解释说明的无保留意见和我们讨论的有条件同意议案的意思表达是比较接近的。这种意见的基本内容也是提示审计报告使用者，在几个具体事项上要注意或者澄清，但是整体上会计师对本企业的财务报表是无保留同意的。

第二例，证监会并购重组审核。

在上市公司涉及重要的重组事项时，需要提交证监会进行审核。在最终的审核过会意见中，非常普遍存在“有条件同意”的结果。

这里“有条件同意”是指已经通过审核，但还需要根据相关意见补充披露、修改或完善材料，然后才能正式拿到证监会审核批文。有条件过会只是重组委为了让上市公司更好地补充说明方案，不对重组结果构成实质性影响。

在这样的审核意见中，“有条件同意”和我们探讨的主题也非常接近。

为什么有条件同意非常必要

我们再来整理一下什么是国企董事会议案中的有条件同意。

董事对于议案的方向、内容总体持肯定意见，但是认为需要就具体方案进行细化补充、优化完善，或者提示重要关注事项，以更好履职并提高决策科学性。

从审计报告到上市公司重组，在这么广泛的领域内，都存在类似的决策意见，这就充分说明了有条件同意这种意见类型是经常产生、高概率存在的。

董事会决策中，增加有条件同意这个决策意见，现在看来是特别必要的事情，为什么呢？

原因 1：这是准确全面表达董事意见的方式。

刚才通过例子已经说到，董事们要尽职履责、发挥专业价值，一定会，也需要给议案提出优化建议，因为只有这样才能推动董事会决策质量提高。

原因 2：这样才能保障董事责权对等。

董事会是决策的严肃场合，不能有模糊地带。现在的董事会表决票上，一般只有三个圈，一个是同意，一个是反对，一个是弃权，并没有空间让董事把意见建议都详细地写出来。简单地同意或者反对都不是董事的真实意见表达，所以简单地在三个圈内做选择对于董事是很难的。

真正落实董事会职权后，董事决策责任承担更大，如果没有增加董事们需要的前置条件意见，就可能造成权责不对等。

原因 3：这样能保障议案执行更为科学。

如果我们在董事会决策程序中增加了有条件同意选项，那么首先在议案正式执行开始或者执行中，就需要补充完善方案，优化细节；同时对于议案督办跟踪就有了更有针对性的内容，这样决策执行的科学性就会更有保障。

知本咨询在此真诚建议，国企在推动董事会议事规则落地时，要对此进行积极思考。

董事会怎么让有条件同意落地生根

重要性我们都意识到了，关键是实操落地。

有条件同意这个决策结果，要合理嵌入董事会决策流程。对此，请注意四个核心环节。

环节 1：增加意见类型。

就是要在目前同意、反对、弃权三个决策表决选项之外，增加第四个选项，可以叫作“有条件同意”。

请注意，需要给董事们就“有条件”进行细化规定，以便大家正确使用这个决策选项。比如，议案中有几个词语使用不当，几处简单的小文字错误，这些意见就不能构成“有条件”。

知本咨询认为，有几个内容应该算作“条件”：

（1）补充必要的文件审批要件。

（2）方案内容的重要补充和完善修改。

（3）对于重要不确定事项的对策。

（4）其他董事认为必须提出注意或者优化补充的事项。

环节 2：修改表决票。

这个环节看似不起眼，但很关键。现在很多公司的表决票很简单，大致如图 3-7 所示。

*****公司董事会第*届第*次会议表决票

董事姓名：******

议案名称	表决意见		
	□ 同意	□ 反对	□ 弃权

签字：******

时间：******

图 3-7　会议表决票示例

这个表决票的问题在哪？你会发现如果董事们有发言的意见，根本没有地方写啊！

目前，董事会会议虽然有记录，但是其法律效力和决策效用与表决票还是有很大差距的。记录的整理也有很多问题，并且不便于在议案执行中进行跟踪反馈。

所以，表决票需要改，特别是要给董事提出有条件同意的选项留下足够的书写空间，并以此作为董事真实意见表达的历史依据。补充后的会议表决票如图 3-8 所示。

*****公司董事会第*届第*次会议表决票（正面）

董事姓名：******

议案名称	表决意见			
	□ 同意	□ 有条件同意	□ 反对	□ 弃权

签字：******

时间：******

*****公司董事会第*届第*次会议表决票（背面）

序号	“有条件同意”意见说明
1	
2	
****	

签字：******

图 3-8　补充后的会议表决票

这张新的表决票，从简单的三项选择变成了四项选择，同时变为正反面。在反面，董事需要根据自己的意见判断，对于有条件同意的相关意见进行逐项表述。这张表决票，作为董事会决策核心文件，进行归档保存，同时正式的意见内容，作为优化修改议案，进一步推动实施的基本意见。董事会最终的会议决策，也需要把这些条件意见汇总起来。

环节3：优化签字条件。

对于有条件同意的议案，董事长可以在现场宣布通过，但是需要按照董事意见进行逐项优化、完善或者说明。修改后的内容应由相应部门分别征求提出意见董事的书面同意，在获得这个书面同意后，再经过董事长签字，才能进入实施流程。

环节4：跟进督办。

所有的董事会议案都需要跟进督办，这项工作一般是由董办负责的。在增加了有条件同意决策意见后，督办工作就显得更加重要了。

董事提出的意见写在表决票上，都是很严肃、很重要的内容，董事会需要逐项进行跟踪落实。有的是针对议案内容，在正式实施之前需要督办；有的是针对实施环境变化，那就要通过督办随时跟进新情况，以便董事们及时做出优化调整决策。

从环节1到环节4，将有条件同意的决策内容通过流程化方式嵌入董事会决策机制当中，能够帮助国企朋友解决一部分实际问题。

在董事决策责任不断强化的今天，推动“有条件同意”纳入董事会决策机制，有必要性、有急迫性，也有可行性，值得尝试！

第59问

“科改示范企业”董事会建设的特点是什么？

2020年，国务院国资委在《关于做好“科改示范行动”入选企业改革方案备案等有关事项的通知》中，明确指出：“对于部分具备条件但尚未建立董事会的科技型企业，要尽快补齐短板，做到应建尽建。对于已经建立董事会的科技型企业，要把董事会配齐建强，努力实现非执行董事占多数，提高董事会科学决策的能力和水平。”

有多少企业没有建立完整的董事会

知本咨询统计了纳入科改工程的204家公司公开的董事会数据，有49家公司未设董事会而是采用设立一名执行董事，占比约四分之一。那么，这些公司要怎么建设完善董事会？是不是要把所有的“执行董事”都改为至少好几个人的董事会呢？

要想找到这个问题的答案，首先要看三个企业要素：规模大小、股权结构、发展历史。

1. 先看规模

如果从公司注册资本和人员规模两个指标来衡量科改企业，我们一起再观察49家仅设置执行董事的科改企业情况。

注册资本方面，如果假定1亿元人民币之下为小规模组织，10亿元以上为大规模企业，中间为中等规模企业的话，那么这49家公司的注册资本分布情况大致是：小规模16家、中等规模27家、大规模6家。

人员规模方面，暂且把100人以下的科技企业称为小公司，1000人以上的科技企业称为大公司，中间人数的作为中等规模科技公司。按照这个分类标准，这49家公司的情况则是：小规模14家、中等规模29家、大规模6家。

无论用注册资本还是人员规模作为尺子，在目前仅设置执行董事而不设董事会的科改企业中，接近30%的公司是小公司，接近60%比例的企业已经是中等规模企业，还有10%稍多一点的比例成了大型科技企业。

小公司讲求决策效率和控制管理成本，业务难度也不大，所以执行董事机制是可行的。但中等规模以上的公司，确实有必要重新考量董事会的作用。

2. 二看股权

这个指标相对比较好衡量。

49家仅设置执行董事的企业里，有46家为国有全资公司，另外3家是国有控股上市公司的全资子公司。

股东的单一性程度越高，股东单位对于企业的直接影响力就越大，这是基本规律。在一家100%股权都归属一个特定国有出资人的条件下，企业董事会的独立决策意义和价值，就会让渡于母公司直接管控的战略意图，这也是企业集团整体价值最大化的基本规律。

3. 再看历史

截至2020年，49家仅设置执行董事的企业里，成立不满十年的企业，一共有16家；成立十年但不到二十年的企业，一共有14家；成立二十年但不到三十年的企业，一共有15家；成立三十年以上的企业，一共有4家。

结果很清晰，真正的新企业，处于成长阶段的企业不到三分之一，而更多的企业已经成熟。如果公司治理和董事会建设也适用于企业成长和成熟规律的话，那么很明显，科改企业董事会建设的必要性还是很大的。

“执行董事”机制都要改掉吗？怎么改

本轮改革自始至终都突出了四个字——“实事求是”。在国务院国资委的科改政策中，说得很明白：“对于部分具备条件但尚未建立董事会的科技型企业，要尽快补齐短板，做到应建尽建。”对于这项政策的理解，有两点很关键，一是“应建尽建”，二是“具备条件”。

第一步，考虑股权结构。

多元股东的董事会效能，比单一股东董事会效能更大。所以科改企业当中，处于充分竞争领域的、市场化程度较高的公司，需要首先考虑是否有混改或者股权多元化的空间和机会，以便从引入外部股东和投资者角度，设计和充实董事会的构成。

第二步，考虑发展阶段。

进入成长期和成熟期的企业，具有了时间的基础考验，组织相对定型和平稳，需要更加优先考虑董事会建设。

第三步，考虑公司规模。

对于初创型的小科技公司，董事会的发育要和股东结构、股权激励紧密配合，可以让国有股东的职能管控体系在这个阶段多帮助和支持，分担管理成本。等企业顺利上路了，再推动董事会人数逐步配齐。

第四步，考虑执行董事机制优化。

如果国有企业不满足上面第一到第三步的条件，最终决定还是采用执行董事机制，那么就要对目前只有形式的执行董事机制进行优化。

对于一家初创型的小企业来说，执行董事通常身兼三职，除了执行董事，还要担任法定代表人，同时担任公司总经理。这个时候，他既是公司股东的最大代表，又是公司经营的一把手，绝对的中枢，作用确实太重要。怎么样把这个决策经营一体化机制搞好呢？这个问题，只有国有母公司能回答。

知本咨询的观点是三个：

选人。不是随便的一个干部都能干好执行董事，这个职务更不是挂个虚名，只在工商局材料里使用。母公司选人的时候，需要综合评估其品行、能力，看看是不是一个能创业、会打仗、能担当、有责任感、能带队伍、会协调的干部。

授权。现在很多执行董事只有当总经理的授权，执行董事有名无实，所有决策事项都由母公司职能部门代为管控了。建议国有母公司能考虑给这类执行董事授予一定的股东权限，以便于这些改革企业更快速地成长。

服务。这里没有谈管控，而是用服务替代。管控大家都会，只要把所有的权利都收起来即可，但是这种传统管控方法并没有解决企业的实际发展问题。对于设立执行董事的企业，它们是小企业、新企业，没有能力负担更多的职能成本，没有更多的专家人才；这是国有母公司能够提供的支援，如果可以从服务的角度去支持，而不是从控制的角度去扎口袋，那么公司的发展将会更充分，也更容易长大。

通过以 204 家科改企业为例，展开探讨国企改革中董事会建设的“应建尽建”话题，可以让人明白：董事会是活的，是企业有机成长的一部分，好的董事会需要和企业的规模、股权、历史要素充分结合考虑才不会变成有名无实的摆设；在思考三个要素的基础上，国有企业确实需要行动起来，补上董事会建设这个短板。同时，对于那些新全资企业、小规模企业，执行董事机制的优化也显得必要且迫切。

第60问

国有科技企业如何优化有技术创新特色的公司治理？

科技动能的发挥需要从科技企业董事会结构上进行充实，推动技术带头人成为董事会成员是必要而且可行的办法。

具体而言，在公司的治理层面，要解决好国有科技公司的科技动能发挥问题。对此，知本咨询建议要做好两件事。

第一件事：真正建立起首席科学家机制。

第二件事：真正带动核心科学家和技术带头人进入公司的董事会，在最高决策层中增加技术带头人。

什么是首席科学家机制

首席科学家是从国外引进的很重要的概念，其基本的含义是在某个技术领域或某个重大的技术项目上，对所有技术工作全权负责的唯一技术领导者。此人集责权利于一身，与职称当中的首席专家、首席工程师是不同的。职称是跟待遇级别相关的；而首席科学家不是，它是跟权责和利益有关系的。

首席科学家跟总工程师这类职务有些地方是交叉重合的。一个公司只有一个总工程师，但一个公司在不同的专业技术领域里可以容纳好几个不同的首席科学家，所以可以在不同的领域来做，因而首席科学家和总工程师制度是有交叉的。

知本咨询之所以建议首席科学家制度，是因为在国外成功的科技公司当中，首席科学家制度是被广泛使用的。

试想在国有科技公司、研究院所，或创新型的科技平台上，不同的专业技术领域，如果有不同的首席科学家这样市场化的岗位，具备自己的责权利，能够带动团队，相信对科技创新的驱动力是非常强大的。

国内首席科学家制度执行中存在的问题

国外是如此，国内在首席科学家方面也有实践。高等院校、科研院所，还有一些其他的科技公司，首席科学家制度都在推行，但是科学家制度在推广的过程当中有些问题，这些问题都有待改进。

问题 1：外表形式。比如某个企业跟某个院士签了几年期的协议，请这个院士来当公司的首席科学家。院士实际上在公司当顾问，还签了首席科学家的协议。但是院士一没时间，二没精力，三没考核，企业之所以这样做，只是为了好听好看，为了外表形式，如此一来，设立首席科学家便失去了真正的意义。

问题 2：内部职称。首席科学家变成了发展通道当中的职称，成为涨工资和津贴的工具。

问题 3：身份限制。知本咨询最近发现，有一些新的好迹象。比如教授当 CEO、董事长、副董事长或者当一些其他企业的创业者，用智力资源在社会上服务。在事业单位服务的同时在企业服务，在企业服务的同时又在科技事业平台服务，一个人有几个职务，在不断交叉重合的时候，是否能做到机制认同，现在是面对身份限制问题。

首席科学家制度应该怎么建

关于建立国有科技公司的首席科学家负责制度，知本咨询认为在中国科技企业治理层面，是应该真正考虑的一件大事。这个制度应该如何建立？首先要解决四个管理上的问题。

第一个管理问题：让首席科学家全面担负自己应该执行的技术建设或学科建设的管理责任，要给他人权、财权、事权，他要为结果负责。让他知道自己能够招来人，也要有支配项目经费的权利，以及要有业务、科技方向决策和试错的权力。

第二个管理问题：执行任期制目标管理。三年至五年一个周期；提出科技创新，以及对应的战略性考核目标；还应该在首席科学家里面推行任期制。

第三个管理问题：首席科学家的薪酬管理。如果这次推进的任期制和契约化管理是对经营管理团队来说的，下属符合条件的经营管理团队可以进行职业化经理人的管理，那么针对首席科学家也应该率先推动市场化双对标的薪酬管理，真正让他们有钱、有动力，然后安下心来把科技真正做好。

第四个管理问题：市场化的身份流动性管理。人是要有自由的，首席科学家期盼的不光是钱，还期盼自由。在人才使用方面如何打破体制限制，使他们能够自由流动，包括有很多首席科学家可能要从海外去聘，这个问题也要解决。

技术带头人进董事会

知本咨询特别建议科技公司在治理层面优先建立首席科学家制度，现在已经看到了非常好的政策的影子。在2020年4月6日科技企业改革的启动大会上，国务院国资委领导在主题发言当中也讲到了，这一次的科技型企业改革，一定要给以项目为主体的授权放权机制松绑，让项目来决定自己的技术路线、团队组建、经费使用、考核分配等问题，要做到管事管钱管人相结合。

谁是项目专业领域的负责人，或者说科技授权放权后谁能承接得更好呢？当然是公司的首席科学家。那么在这个科技授权放权政策环境下，首席科学家制度是否能大胆地在科技企业推动应用呢？

几个首席科学家中也有一个带头人，董事席位有限，不可能让首席科学家都进董事会。要建设中国特色的科技公司治理模式，其中一个关键点是应该把科技带头人变成公司董事成员，把国有科技型企业的董事会改造成一个有四个类型董事构成的结构。

第一类：股东董事。国有股东董事、外部投资人股东董事。

第二类：外部董事或者独立董事。

第三类：职工董事。现在国有企业当中都有职工董事。

第四类：科学家董事。如果能够让科学家进董事会，真正让公司内部与外部人士都看到公司对于科技的尊重，对科技投入的保证，对科技战略决策的科学性的保证。

知本咨询认为，对于现在国有科技企业技术带头人，还需要继续提升其责任和价值，让科技企业的技术带头人走进董事会就是其中一个重要举措。

| 第 4 章 |

C H A P T E R 4

国企治理与管控优化

第61问 国企治理和管控优化涉及哪些改革内容?

治理和管控，有时界面很清晰，有时又交叉在一起。在一家国有大中型企业当中，尤其如此。从治理角度看，党组织、董事会、经理层、监事会、股东会和职代会这六大主体，各自的职责都可以很清晰，边界是清楚的。

从管控角度看，就复杂了很多。主要原因是，企业对上有控股国有股东的管理要求、上级党组织的工作要求、上级公司职能体系的管理要求，对下要涉及各个部门，涉及下属投资控股企业，这样全部贯穿起来才是一个纵向的管理体系。管控流程是要穿透各个组织层次，并且与治理体系衔接的。

知本咨询把国企面对的治理和管控现状，通过图的形式重现一下。

知本咨询通常把这张图呈现的组织特点，称为“三横、三纵、三坐标”。在这个体系当中，国企做好治理体系设计的同时，势必会产生对公司上下各级间垂直管控现状的影响，进而公司管控体系也需要进行优化和改变。目前来看，与治理体系相关的管控优化包括哪些内容呢？国企面临的治理与管控现状如图 4-1 所示。

授权体系优化

授权在本轮改革中起到重要的作用。在《改革国有资本授权体制方案》（9 号文）和《国务院国资委授权清单 2019》中，把涉及国有资本投资公司和运营公司，以及中央企业集团的授权政策和授权内容，进行了系统的描述。政策的核心要求：“企业集团要层层授权，层层松绑”。

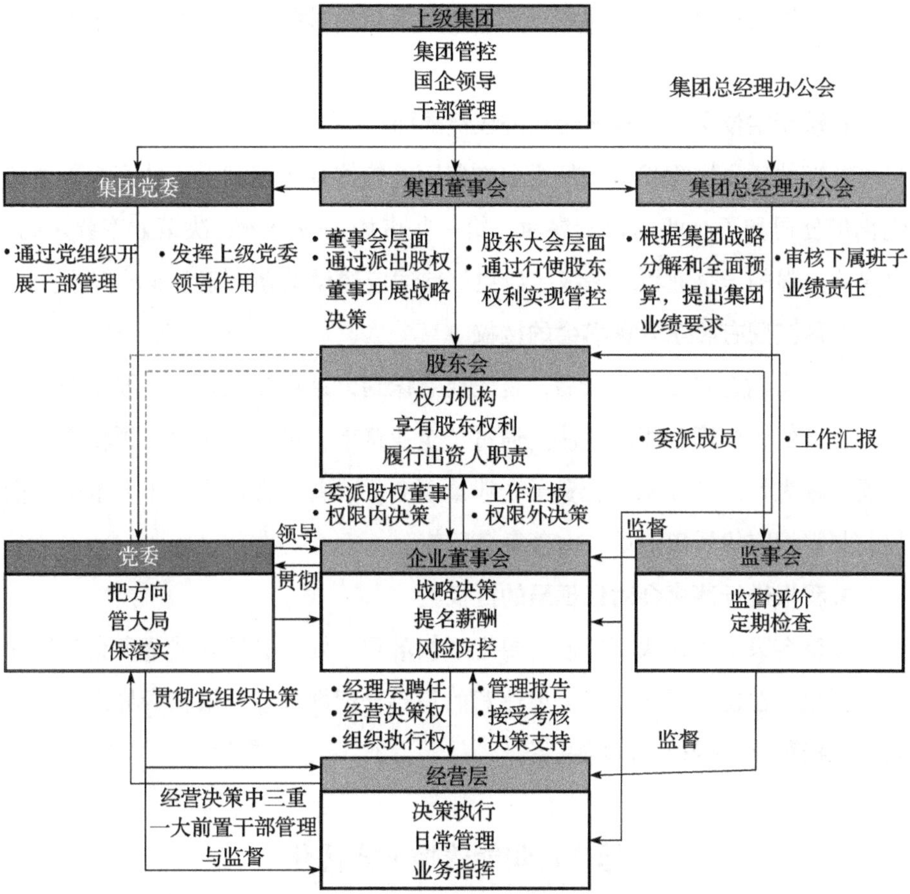

图 4-1　国企面临的治理与管控现状

同时，根据《中央企业混改操作指引》（以下简称《指引》），“中央企业要科学合理界定与混合所有制企业的权责边界，避免‘行政化’‘机关化’管控，加快实现从‘控制’到‘配置’的转变。国有股东要在现代企业制度框架下按照市场化规则，以股东角色和身份参与企业决策和经营管理，不干预企业日常经营”。

再结合对标世界一流管理提升行动的相关安排，政策要求“分类开展授权放权，综合考虑所出资企业的发展阶段、行业特点、治理能力、管理基础等因素，给予不同范围、不同程度的授权放权，充分激发企业活力”。

不同维度的政策都清晰地说明，国企改革中需要伴随现代企业制度的建设完善，推动从上至下的授权工作。授权要包括哪些内容呢？这其中大致是三个层面。

1. 重新定位母公司和子企业的权责界面

在新的历史进程里，我们需要在集团管控体系的基础上，认真探讨如何优化母公司和子企业的权责界面，给一些市场竞争充分、决策效率要求高、自身能力强的子企业更多授权，以更好地适应建设世界一流企业的需要。

2. 落实国有股东对董事会的授权

母公司确定好授权事项后，首先要意识到，这项授权是作为股东向下属企业进行的，合理合规的做法是通过子企业董事会进行。所以，授权事项的开展，首先是国有股东给全资子企业董事会，或者给合资企业本方董事的授权，制定相应的授权清单，由董事会行使。

3. 积极进行董事会对经理层的授权

董事会只是集体决策机制，要把授权落到实处，必须开展董事会对经理层的授权。在这个授权里，需要注意的是要合理划分经理层权责界面，以及其与承接董事会授权之间的关系。

母公司职能管控方式优化

这个问题的解决显得更加迫切。因为这是强化子企业治理决策，与优化母公司垂直管控最大最突出的节点所在，迫切需要妥善解决。

1. 流程调整

所谓流程调整，是指母公司对子企业的管控流程需要根据情况从直接垂直穿透型向通过董事会汇合过渡型转换。

垂直穿透型职能管控，母公司直接通过发文、管控、审批等多种形式，对于子企业的各个职能领域进行管理。这种上级职能部门直接对下级企业职能部门的管理，对于专业化提升起到了良好作用，但是对于发挥董事会作用是不利的。

董事会汇合过渡型，是指各个职能条线对下的管控工作和业务指导工作都需要在母公司层面有个汇集点，这个点可以是董事会办公室，通过汇集点来统一传达给母公司派出的董事，然后分别落实到子企业的方法。这种方法，需要母公司形成一个专门负责下属企业的综合性部门或者团队，他们和专职董事配合，作为母公司职能管控的衔接力量。

2. 岗位改变

将垂直穿透型职能管控改变为董事会汇合过渡型治理管控，对于母公司的职能岗位设置将产生影响。就此，知本咨询建议设置类似于“责任经理”的岗位，对内负责与各个职能部门进行沟通衔接，对上负责与母公司派出董事的沟通报告，对下负责与子企业的交流互动。这样就能够建立起一个管控流程与治理流程有机衔接的配套机制。

第62问 “治理型管控”演变过程与成败关键是什么？

这几年来，“治理型管控”这个词成为国企改革当中的热词，不断在政策和实践层面出现。

比如：

2019年颁布的《中央企业混合所有制改革操作指引》就规定：“中央企业要实施以股权关系为基础、以派出股权董事为依托的治理型管控。”

再比如：

2022年3月，国务院国企改革领导小组办公室召开完善公司治理机制、提升运转质量效能专题推进会，强调“要主动向治理型管控转变”。

治理型管控是一种新的管控方法吗

从字面上简单理解，治理型管控的核心是“治理”两字，也就是通过公司的法人治理结构，建立母子公司之间的管理关系。

“以股权关系为基础、以派出股权董事为依托”，就指明了这个治理模式的两个基本点：

一是母子公司之间的关系，不是上下级之间的关系，而是股权关系、投资关系；

二是建立和维护这种关系的主渠道，不是母公司和子公司的各个职能部门，而是股权董事，通过在董事会等法定治理通道进行商讨、表决，实现母子公司的战略联动、决策协同。

治理型管控是集团管控在新时代的崭新演绎形式，是中国国企组织发展的必然过程。集团管控历史阶段如图4-2所示。

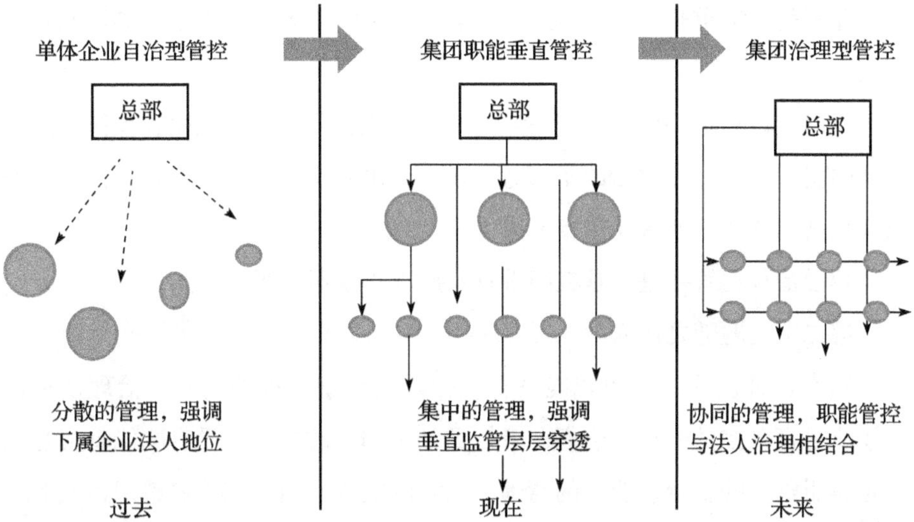

图 4-2　集团管控历史阶段

集团管控这个概念不是凭空而来的，而是在过去四十年国企组织发展过程中，自然产生需要并且不断发育成长而来。

在 1980 ～ 2000 年这个阶段，很多国有企业的规模很小，都处于刚刚从计划体系中改造、重组、转型出来，资源也分散，组织管理多数是以单体企业为中心进行的，可以称之为“自治型管控”。

从 2000 年开始的十多年间，随着国有企业不断整合、发展，集团性的公司不断增加，企业规模也持续放大，集团型组织如何管理是大家都要完成的基本作业，因而“集团管控”这个词越来越热。

很多企业的实践经验，都是先建立了各个公司层层穿透的垂直管理体系，比如人力资源统一管理，财务资金体系统一管理，投资决策集中决策，战略规划集团确定，采购体系集中管理……

集团管控体系就是基于集团某项具体职能的垂直管控，所以，更为精确地说，叫作“集团职能垂直管控”更好。

从 2020 年开始，时代的发展要求国有企业向治理型管控改变，是在既有的集团职能垂直管控体系上进一步的升级和优化。这里面的核心重点和难点，并不是推倒重来，而是建立一个职能管控和法人治理相结合的协同管控机制。

所以说，治理型管控肯定不是一种新模式，而是国企集团管控体系的一种新的实现形式，一种新的子形态。过去，国企建立职能垂直管控模式，如果说是这选项 A，那么现在有了选项 B。

建设治理型管控是不是集团垂直管控方式就不需要了？

第二个问题随之而来。

知本咨询认为，集团职能垂直管控是治理型管控的基础，治理型管控是职能垂直管控的升级。它们两者好像是 1 和 2 的关系，没有职能垂直管控奠定集团资源的整合、业务的清晰、组织的集约，治理型管控希望达成的高效、专业、差异化等高目标就没法完成了。

首先，治理型管控对企业组织条件是有要求的。

不是任何规模的企业、什么层级的企业都需要建立治理型管控。然而，对于中央企业和地方大型国企当中很多具有“多层集团”特点的企业组织，治理型管控是一件必须抓紧完成的工作。

什么是“多层集团”呢？多层集团型组织如图 4-3 所示。

多层集团的组织有三个基本特点：

宽度：这样的企业，通常具有多种不同类型的业务，都独立面对市场，组成不同的业务集团，需要及时进行决策。

长度：多层集团由四层及以上的管理层次组成，通常在一级总部下面，还是二级集团的职能体系，可以成为母集团和子集团结合。

厚度：多层集团的管理系统和组织关系复杂，信息流、资金流、物流、人流交织，如果不进行系统优化会产生各种梗阻性问题。

有这三个特点的多层集团怎么管呢？全部采用大一统的职能垂直管控体系显然会影响效率，同时也制约了很多基层企业活力释放。此时，治理型管控的优势就能够充分发挥出来。

其次，治理型管控的建设是需要有个先后顺序的。

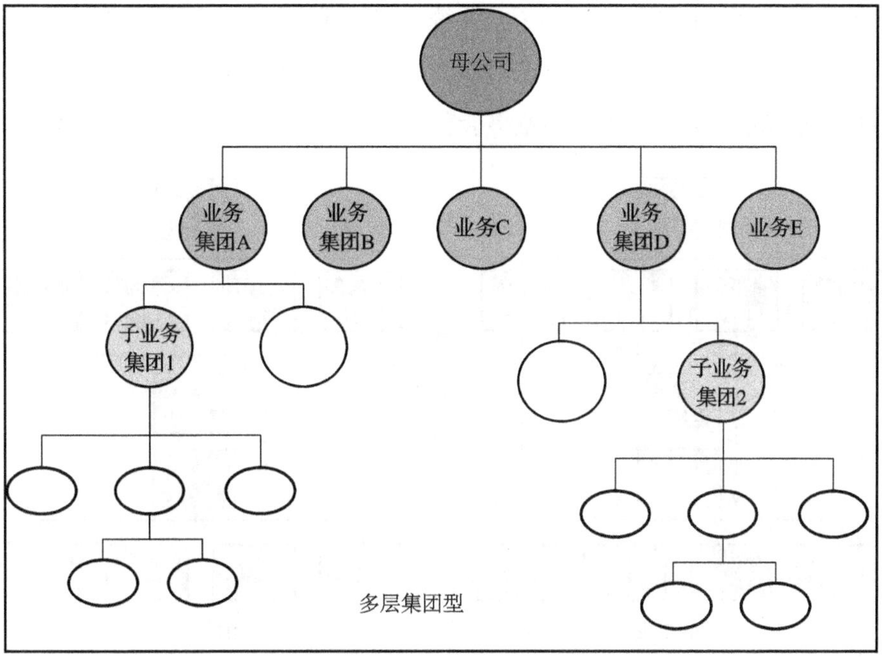

图 4-3　多层集团型组织

国有企业的组织发育程度，差异很大。从全集团角度，要先审视目前集团职能垂直管控的建设情况，如果企业依然存在“资源分散、多头管理、业务交叉、总部空心化、战略落实不力”等问题，可能首先要解决的不是治理型管控，而是将职能垂直管控建立建好。

如果集团垂直管控已经比较到位，目前出现了“决策流程长、总部对于基层业务不了解、组织效率下降、子企业动力不足”等大企业病症，那么就要认真考虑，抓紧推进治理型管控建设。

治理型管控成败的关键是什么

治理型管控要以派出股权董事为依托，这是基本要点，能不能做得到、做得好，具体操作就成为关键。

公司的职能主线和治理主线如图 4-4 所示。

图 4-4 的左面是我们熟悉的集团职能垂直管控方式，基本的管理方式是

母公司职能部门直接穿透，给子企业统一职能部门传递决策意图和指令，实现上下联动，一体化指挥。这个时候，虽然子企业存在董事会，但并不实际行使决策职能，只是“形式型董事会”。

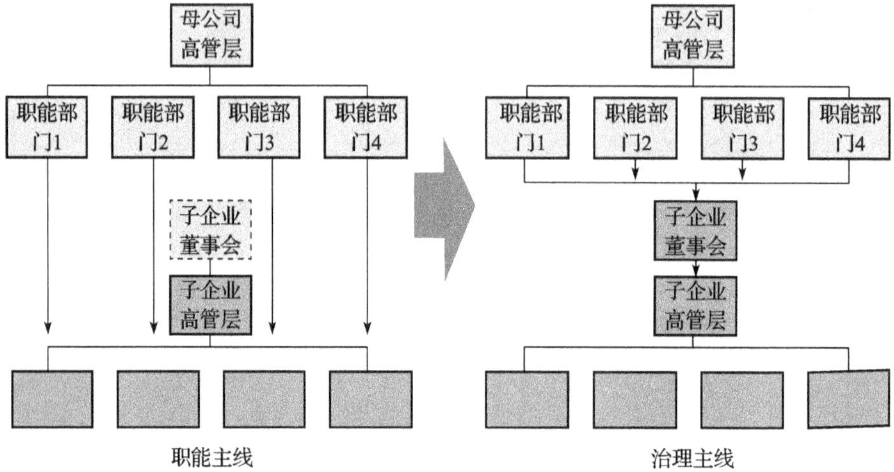

图 4-4 公司的职能主线和治理主线

在治理型管控模式下，要发挥董事会“定战略、作决策、防风险”的基本职能，将董事会做实、做强，这样的垂直管控线条就必须进行改变。

这个改变的关键是两点：

改变一：母公司职能部门不能直接向下穿透。

人力资源部等各个职能部门不能再像之前一样，随意给子公司人力资源部发函、发文件，而是需要通过本企业派出的董事们履行相关职责。

改变二：对于派出董事要进行集中支援和信息汇集。

派出董事上面对应本企业各个职能线条，下面对应子企业，做强这样一个中枢神经的位置，需要母公司调整组织，加强对派出董事的决策支援，以及信息汇集。

具体来说，就需要一个综合性的部门和对应岗位，我们一般称为“责任经理”。这个岗位的第一职责是作为外派董事的支撑，随时响应外派董事和母公司各个职能体系的沟通联络，并且代表董事深入收集和整理子企业的经营管理和决策信息，为董事决策进行辅助支持。

目前，很多国企的外派董事都是委托董事会办公室进行统一管理的。这是一个好的起点，下一步要做强的就是在董办内部增设和加强“责任经理”相关的职能。这样，治理型管控以股权董事为依托的管理方式，才能更深入持久、落地生根。

第63问 成为治理示范企业的十条关键路径怎么走？

对于中国特色现代企业制度建设，中国标杆的公司治理体系是不是也有同样的道理呢？

最新确定的145家公司治理示范企业名单告诉我们，成为公司治理的标杆企业，可以有十条路径参考（见表4-1）。

表4-1　公司治理示范企业十大路径

序号	路径名称
1	集团整体上市实现治理优化
2	集团推动国有资本投资公司实现治理优化
3	集团推动专业化成长实现治理优化
4	集团股权多元化实现治理优化
5	通过混改实现治理优化
6	中外合资企业治理优化
7	收购民营企业后的治理优化
8	上市公司规范治理优化
9	新兴产业建设治理优化
10	金融类公司实现治理优化

1. 集团整体上市实现治理优化

国企集团实现整体上市，不仅是充分实现资本证券化的要求，现在看来，对于建设中国特色现代企业治理体系也有非常重要的意义。

从多年前开始，国企改制上市的方向就是鼓励整体改制、全部上市。从国有集团公司的一级企业开始，完全通过资本市场的力量，建立起现代企业制度。

在 145 家公司治理示范企业名单中，这样的企业集团就入选了好几家。

从中央企业层面上，中国中车、中国中铁、中国铁建、中国能建这四家集团企业，通过集团整体上市的方式，基本实现了资本化、股份化，也建立了适应于资本市场监管规则的治理体系。

这些治理示范企业的案例对于我们的启示是，国资监管的一级国企集团，如果主业十分突出，并且处于充分竞争领域，希望彻底建立现代公司治理模式，那么集团整体上市是一种好的选择。

或者可以通过 IPO 一次完成，或者先局部后整体分步进行，这个方向值得坚持。

2. 集团推动国有资本投资公司实现治理优化

通过“两类公司”的建立和优化方式建设治理示范企业，确实是一条清晰的大路。

比如，在中央企业层面上，入选企业包括了宝武钢铁集团、中国远洋海运集团、中粮集团、中国交建集团、中国建材集团等多家中央企业国有资本投资公司。

还有，吉林省国有资本运营公司、深圳市投资控股公司、广西投资集团、重庆渝富控股集团等多家来自地方的两类公司，也进入了示范企业名单。

两类公司作为政府和市场之间的“隔离带”、产业拓展的“主力军”、下属产业市场化经营的“大平台”，自然承担了两个层次的公司治理任务。

第一个层次，是科学承接国资监管机构的授权，建立国有资本投资公司特色董事会，建立投资型、资本型小总部，建立战略监督、产业监督、综合监督的大体系。

第二个层次，是对国有资本投资和运营公司的下属业务板块和子企业，通过授权放权，通过子企业的股权改革，建立有效的公司治理机制，推动子企业的市场化机制快速建立。

3. 集团推动专业化成长实现治理优化

中国航天科技集团、中国海洋石油集团、中国华能集团等一批中央企业，以及潞安化工集团、山东能源集团等地方一级国企集团，也入选了示范企业。

这类产业集团公司有其自身特点，比如有一部分企业集团主业是石油、电力、通信等国民经济四梁八柱产业，有商业二类特点，有非充分竞争的因素。因而本着分类监管、分类改革、分类考核的基本原则，公司治理模式和路径，自然和充分竞争领域国企集团是不同的。

这种差异会体现在下属企业股权多元化程度把握、授权机制的内容范围把握、董事会决策内容把握、市场化机制着力点把握等多个“把握”的不同上面。

同时，这类公司还能告诉我们，在一个既有商业二类产业，又有充分竞争业务的专业性集团内部，中国特色现代企业制度如何既有整体协同，又能体现企业差异。

4. 集团股权多元化实现治理优化

在公司治理示范企业名单中，还有一类需要关注的企业集团，那就是集团母公司完成了股权多元化，形成了若干不同股东。

这样的企业集团包括中国东航集团、南方电网、中国商飞公司等几家。

从法律概念上，这几家集团企业已经从国有独资企业变为国有全资企业，而且股东方分属于不同的国资监管代表。

这种类型的企业到底应该如何治理？怎么起到标杆示范作用？我们认为，可以从上述三家企业集团的实践中探索出新路来。

5. 通过混改实现治理优化

在过去几年的混改实践中，很多公司都开始积极推动配套的机制优化，本次治理示范企业名单也包括了若干家混改企业。

中国国际货运航空有限公司、南方航空物流有限公司就是近两年开展混改和股权多元化的代表企业。

这两家央企下属货运航空业务，通过引入战略投资者，力图打通业务发展最后一公里，同时搭建一个更为均衡的董事会结构，完善市场化经营机制，这对于推动我们学习建立混改企业治理模式挺有意义。

6. 中外合资企业治理优化

在 145 家治理示范企业当中，也有中外合资企业入选，这大概就是用来帮助我们形成新理解和新模式的。

中外合资企业从建立开始就是按照现代公司标准进行的，治理的基础规范水平较高，同时股东会、董事会的实质性运作也能达到较高水平。

当然对于中外合资企业，也有独特的要面对的课题。

由于中外管理体制不同，信仰有差异，所以如何将“中国特色”的公司治理方式、党组织参与和融入公司治理的机制，并获得外国合资伙伴的理解和支持，建立一个大家都认可的治理体系，需要根据本次治理示范企业工程找到答案。

7. 收购民营企业后的治理优化

一家民营企业，由于各种不同的原因引入了国有资本，并且国有资本成为相对控股股东。这样企业的属性就发生了变化，在治理方面就面对新挑战。

挑战一个方面来自要充分体现国有控股企业的各项治理要求和监管规定，补全之前可能欠缺的短板；另一个方面我们还需要尽可能将民营企业已经奠定的市场化文化、机制、政策都保留下来，因为这些都是国企改革追求的目标。

苏美达就是一家有这种特点的优秀企业。多年之前，这家企业正式加入国机集团，成为中央企业的下属公司。如何在央企集团管控的框架下，保持本企业市场化经营和决策的基因优点，形成新的公司治理竞争力？

这家企业的经验可以给予我们诸多启发。

8. 上市公司规范治理优化

145 家公司治理示范企业之中，共有 68 家上市公司，足见上市公司治理模式对于公司治理规范化的重要帮助。

上市公司治理具有几个硬件优势。

首先，通过股票发行，公司的股权结构得到了不同程度的优化，建立了中小股东、社会股东监督管理公司决策的基础。

其次，通过证券监管、信息披露等政策，使得公司的治理决策和经营管理更为公开透明。

最后，通过股东大会制度、独立董事制度、高级管理人员制度，在公司重要治理主体中建立了更加规范的机制。

这三个方面都是全资和独资企业需要学习的。

国有控股上市公司的治理模式，还有哪些可以优化的关键点？

三年行动政策要求中已经明确了一点，那就是如果国有股东的股比仍然较高，需要积极引入持股比例5%以上的积极股东，进一步优化股权结构，推动公司治理继续深化改革。

9. 新兴产业建设治理优化

公司治理的建设，如果能够在新企业、新业务上从头开始，比照最优秀的经验进行设计，将能够起到很好的效果。

公司治理示范企业名单中，类似这样的企业，有华电江苏能源公司、联通数字科技公司、贵州黔通智联科技公司等几家。

新兴产业公司优化现代公司治理，重点要考虑的问题，不是如何科学规范地构建五会一层，而是国有股东要深入认识到这种新兴业务企业的发展规律和本集团长期从事的传统主业是不同的。所以不能习惯性地采用原有模式来进行管控和决策，需要给新兴产业公司足够的治理和决策空间，真正反映新产业规律和企业成长规律，推动市场化的股权结构、差异化的治理模式，这样才能帮助新兴企业找到成长的动力。

10. 金融类公司实现治理优化

145家公司治理示范企业当中，还有一部分企业是国企集团下属的金融服务企业，这类企业在治理方面也有独特性。

第一，金融类公司的监管、内部治理，不只是要体现股东的要求和国资监管规定，还要满足分业金融监管的要求，外部环境是双重监管。

第二，多数金融类公司的股权结构，相对更加分散多元，股东主体较多，有不少企业属于无实质控制人的公司。

第三，金融类公司在董事会、监事会的构建方面，已经有较长时间历史，可以说基础硬件条件是更好的。

浙江省浙商资产管理公司、招商证券股份公司、诚通基金管理公司、国泰君安证券股份公司、新疆金融投资集团公司等企业入选治理示范企业，其他企业可以从他们身上学习更多的金融类业务国有企业公司治理的优秀经验。

总之，145 家治理示范企业是一个经过深思熟虑的筛选结果，囊括了各种国企现代治理的典型路径，也给不同类型的国企提供了分类优化治理的思考空间和学习空间。

第64问 国企开展授权体系改革要遵循哪些原则?

授权就是把权力层层下放，传递到它应该到达的地方。换句话说，要“让听得见炮声的人指挥战斗”。这是一个核心问题、基础性问题，国企想要激发活力，就要先从授权放权做起。授权政策已经到位，下一步的问题，就是中央和地方的一级企业集团，如何进一步将授权分解好、使用好。

授权四大难题

授权目标很清晰，实施落地却面临四大难题：权力选择难题、多层治理难题、职能迁移难题和风险平衡难题。

权力选择难题：什么样的权力授予下属企业？什么样的权力必须在集团集中？这就要求有所取舍，有所授，有所不授。

多层治理难题：集团公司“四会一层”，即党委会、股东大会、董事会、监事会、经营层如何平衡好内部的决策分工？优化决策流程？同时，与下属业务板块的“四会一层”如何决策衔接？

职能迁移难题：国务院国资委要求很明确：“企业集团要层层授权，层层松绑。”那么，目前集权管理的集团总部职能部门怎么办？需要做什么样的调整？

风险平衡难题：一管就死，一放就乱，这种现象仿佛是很多企业的魔咒，挥之不去。很多人担心，现在把权力放下去，会不会重新带来管控失灵的风险，会不会产生新的发展风险？

授权四项基本原则

无论是集团公司向下属企业的授权，还是一个领导向下属员工的授权，都要遵循几个基本原则。

基本原则 1：便利决策。

便利决策既是授权的第一项基本原则，同时也是授权的基本目标。市场竞争行业，“时间就是金钱，效率就是生命”，有时候决策必须在短时间内做出，才能抓住市场机遇。

例行性决策压缩流程。

企业的管理体系是一个网状系统，纵向是组织，横向是分工，用流程把这些点串联起来。决策大部分都发生在不同的流程节点上。通常，一家企业数百个流程，每个流程都有判断 Yes 或者 No 的决策点，这样算下来，就至少有上千个决策点。对于企业管理流程中的决策点，或者我们称之为业务和管理例行性决策，重要的是压缩流程，快速决策，推动企业高效率运行。

模糊性决策集体智慧。

企业的一些核心决策行为，不是例行性的，而是面向未来的模糊性、不确定性决策。对于“重要但不紧急”的决策事项，我们提倡大力通过专家委员会研讨，企业领导集体讨论决策的模式。

基本原则 2：风险可控。

一手抓授权，一手抓监督。这样才能最大限度地激活国有企业，同时防止额外风险的发生和积累。在这个问题上要有清醒认识。

控制风险，不是消灭风险。

风险与收益相生相随，消灭了风险，同时就丢掉了收益的所有可能。所以，我们要的是超出正常水平的风险控制，是高代价成本的风险控制，而不是把所有风险都消灭。这就需要每个企业在思考授权时，明白哪些是高风险区域，就是说风险发生概率高，风险发生后代价大的区域，并且清晰地把它们界定出来。

控制风险，不是干预，而是监督。

企业在市场经营过程中，连续执行既定的战略和战术，在此过程里产生的风险，用什么方法发现出来，并且控制住？国有企业有机制体制上的优势，是可以充分利用审计、监察、财务这样的系统手段，建立一个有效的监督网络，保障权力运行在合理区间，远离高风险区域。

基本原则3：有效实施。

授权的到位，授权的效力，不仅取决于授权者，也取决于接受者。有效实施授权，就是能够根据下属企业的能力、阶段、特点有所区别，有所变化，因企而异，分类分层。

授权评估，动态调整。

一企一策的原则是很有道理的。企业行权能力的建设，也显得十分必要。作为母公司，如何针对不同下属企业的特点，分层分类进行评估呢？本书作者在这里给大家推荐“授权评估六要素”进行参考，即公司治理、企业规模、企业行业性质、企业竞争力、人才队伍建设、企业制度体系。

六个要素分别从企业发展的不同方面，帮助企业集团母公司管理层对下属企业接受权力的“成熟度”进行综合的比较，比如企业竞争力比较强，独立运作能力完善的下属公司，就可以得到更高的评估值，得到更充分的授权。

动态调整，不要年年调整。

国务院国资委提出一企一策，动态评估被授权国有集团的行权能力，并且及时调整授权的原则，非常清晰。企业集团向下授权，依然是动态调整，及时优化。

企业授权，尤其是所授业务战略的决策权、投资项目决策权、核心干部选择权、人事用工分配权、长期激励设置权，这些都是着眼于长期、落脚于未来的权限，效果的显现需要时间，权力的有效执行也需要稳定的时间保障。

如果每年都变，企业丧失了长期预期，手里的权力就可能短视化，反而对于有效行使起到了反作用。那么，动态应该是多长周期呢？三年为一个周期最好。

知本咨询的观点是，每年对下属企业进行一个评估，对行权能力有改进空间的，授权六要素评估还有不足的，及时要求企业进行优化改进；同时执行积分制，三年总算，一并调整。这样是一个相对稳健的策略。

基本原则 4：责任承担。

权力从一个侧面看，是利益；从另一个侧面看，是责任。授权，就是谋求被授权企业、被授权领导人能够责权利一致。这里不只有能力问题，还有态度问题。态度问题是要求被授权的单位和负责人，要勇于担当，勇于承担起这份来之不易的权力。

责任担当，反对逆向授权。

我们有时候会发现一个有意思的现象，各个级别的负责人，明明是职权范围内的事情，不仅自己不拿主意，反而要层层上报，层层请示，这就是所谓“逆向授权”。

产生这种管理习惯，一个原因是上级领导管惯了，习惯于什么事情都包办、代办，有一种代办满足感。这样下属本应承担的责任，就顺水推舟，交给领导们去办，责任也全部转交，自己无责一身轻。另一个原因是下级负责人有意减轻负担，推卸责任。把问题转交给上级，把好处留给自己。

“逆向授权”是企业管理系统中有百害无一利的毛病，应当坚决反对。就像华为公司任正非先生所说：“高层要砍掉手脚，基层要砍掉脑袋。”就是指不同层级的人员，都要承担起自己必须承担的责任，不要包办，更不能推责。

第65问 国企授权体系建设有什么优秀实践方法？

很多国企都关心在实操过程中，有没有什么好的方法指导，能让企业用比较快的速度，将授权落地成为实践。因为这件看似简单的事情，在实践中确实比较难缠。

建议推行一套“上级放心、下级满意、收放有度、风险可控”的权利分配和调整机制。要实现这一点，就需要一种系统性设计和机制安排，而不是简单列一张表那么随意。

一个有效的国企授权体系，长什么样子呢？有效的国企授权体系如图 4-5 所示。

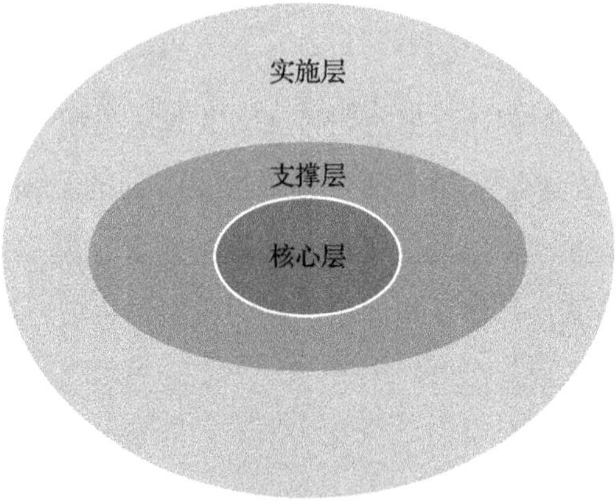

图 4-5　有效的国企授权体系

这张示意图画了三个圈圈，说明了授权制度体系的三个基本边界，从里到外分别是核心层、支撑层和实施层。

1. 授权制度核心层

核心层就是明晰“受权主体及对应授权事项”的问题。在制度层面体现，就是确定有效的权力接收主体，并且制定“授权清单”。

权力接收主体看似很简单，实际有很多误区，一定要考虑法律、政策、流程、效率等多个因素。

2. 授权制度支撑层

支撑层指的是授权制度得到运营需要同步配套的组织和制度。在这里主要包括两个方面：

首先是组织支撑。一个有效的授权制度，需要企业在组织结构上进行审视和完善。企业是不是拥有清晰的股权结构？企业目前的董事会是不是已经落实了职权？法人治理结构是不是已经完整到位了？公司现行的管控体系是不是支持授权？与管控体系相适应的职能组织是不是已经做好了授权的准备？这些问题，需要一一作答。

其次是制度支撑。要让授权后不出风险，就要保证企业有完善的审计、监察、财务监督机制，也需要企业有权力承接的保障机制。

3. 授权制度实施层

实施层面，还要配套的是对于授权进行动态管理的机制。主要体现是建立完善的授权评估体系，同时规律性、动态性进行授权机制的调整。

所以，一个授权体系只有包括了核心层、支撑层和实施层三个层面，互相配合，才能产出高质量的授权效果。

第66问

如何深入理解企业集团落实子企业董事会六项职权的内容？

落实董事会职权，关键在于从一级国企集团向下层层展开。根据相关政策规定，在国企集团给下属子企业董事会落实职权过程中，要以六项职权为基础有效开展工作。

这六项职权从实操的角度来看，由于授权涉及企业集团管控的整体调整优化，还有一些具体问题需要解决。那么，具体如何结合管控界面和流程来深入理解企业集团给子企业董事会的授权内容呢？

中长期发展决策权的落实

子企业董事会的第一项职权，就是中长期发展决策权，这项权利具体包括三项内容。

（1）制定中长期发展规划。中长期发展规划的制定，是要以国企集团公司整体规划为指引，按照企业的整体思考和安排，明确未来阶段性发展目标和方向。制定发展战略和三到五年发展规划，要经董事会审议通过，履行上级单位或者治理机构的相关程序后组织实施。这里要强调，企业董事会可以组织制定发展规划，但是需要与上级集团规划保持一致，同时这个规划要通过上级集团的管控和同意后才能实施。

（2）制定年度投资计划。这件事情和集团整体投资管理体系的要求直接相关。目前的规定是，国企董事会可以根据中长期发展规划，明确年度拟投资项目；但是需要执行集团公司管控要求，经本企业董事会审议通过后，履行上级国有股东相关程序后，才能组织实施。

（3）培育新业务领域。这是指董事会有权思考和培养新的业务增长点。

具体来讲，一是这个新业务领域需要依照股东企业和本企业中长期发展规划，二是依然需要聚焦主责主业，三是要积极稳妥发展新业务，确保可进可退，从而打造高质量发展的业务梯队。

中长期发展决策权的落实是董事会“定战略”职能的具体体现，为了做好做实这项工作，国企董事会需要建立闭环的战略管理体系，保障持续稳定发展。

经理层成员选聘权的落实

董事会的第二项权利是经理层选聘权。这是指“经理层成员选聘坚持党管干部原则，发挥市场机制作用，突出政治标准，注重专业能力，选优配强子企业经理层，确保经理层素质高、能力强、作风好、结构优，形成整体合力”。

（1）制定经理层选聘工作方案。这是要解决准备如何选聘高级管理人员的问题。经理层选聘需要子企业党组织与董事会制定相关工作方案，明确选聘和管理基本规范，细化人选条件、选聘程序、考核评价、薪酬激励、调整退出等内容，报上级党组织批准后方可执行。

（2）稳妥开展经理层选聘工作。这里面本企业党组织和上级党组织都要全面参与并进行把关，以反映坚持党组织对企业选人用人的领导和把关作用。从程序上看，首先是子企业党组织征求董事会意见，组织人选推荐、测试、考察等工作，集体研究后向董事会提出建议；其次由董事会决定聘任或者解聘，然后在任免前报上级党组织备案。同时，具备条件的子企业可探索差额选聘方式。根据工作需要，注重采用竞聘上岗、公开遴选、公开招聘、委托推荐等市场化方式选聘经理层成员。上级党组织在确定标准、规范程序、组织考察、推荐人选等方面发挥领导和把关作用，派人参加测试、考察，掌握相关情况，加强工作指导。

（3）推行任期制和契约化管理。全国范围内推动这项国企干部市场化机制改革，要以董事会职能落实为条件之一。落实职权，就要对任期制和契约化过程中的关键节点进行把关掌握。基本原则是“坚持严管和厚爱结合、激励和约束并重”，对经理层成员全面实行规范化、常态化任期管理。子企业董事会决定聘任或者解聘总经理，并根据总经理的提名，决定聘任或者解聘经理层其他成员。通过签订聘任协议，明确任职期限和经理层成员的责任、权利、义务，强化契约管理。契约目标充分体现科学性、挑战性，薪酬兑现坚决做到强激励、硬约束，岗位退出真正实现更坚决、更刚性，促进职务能上能下、人员能进能出、收入能增能减，激发经理层干事创业活力。

经理层成员业绩考核权的落实

业绩考核，实际是任期制和契约化其中一个部分，董事会落实这项职权，对于落实战略目标和年度目标有重要作用。

（1）制定经营业绩考核办法。子企业董事会根据集团公司的经营业绩考核导向，围绕企业发展战略和中长期发展规划，制定符合本企业特点的经理层成员经营业绩考核办法，建立健全差异化考核机制，报国有股东备案。

（2）签订年度和任期经营业绩责任书。这里有两个关键环节，第一个环节是，每个年度和任期之初，子企业董事会依据经营业绩考核办法，结合上级单位与子企业董事会授权代表签订的经营业绩责任书，与总经理签订年度和任期经营业绩责任书，明确经理层经营业绩总体目标。第二个环节是，授权总经理与其他经理层成员逐人签订经营业绩责任书，合理分解落实经营业绩总体目标，确保考核目标合理衔接、经营业绩有效支撑。经营业绩责任书签订后，要报国有股东备案。

（3）科学合理确定经理层成员业绩考核结果。年度和任期结束后，子企业董事会依据经审计的财务决算数据等，对经理层成员考核内容及指标的完成情况进行考核，决定总经理业绩考核结果；结合总经理建议，核定其他经理层成员业绩考核结果。经理层成员业绩考核结果，报国有股东备案。

经理层成员薪酬管理权的落实

与经理层成员选聘、考核相关的另一项权利就是薪酬管理权。

（1）制定薪酬管理办法。子企业董事会根据国家和中央企业关于薪酬管理相关政策，参考境内市场同类可比人员薪酬价位，统筹考虑企业发展战略、经营目标及成效、薪酬策略等因素，制定经理层成员薪酬管理办法，决定经理层成员的薪酬结构和水平，报国有股东备案。

（2）制定薪酬分配方案。子企业董事会根据薪酬管理办法，制定经理层成员薪酬分配方案。根据业绩考核结果，决定经理层成员薪酬分配事项，合理拉开差距。薪酬分配方案和薪酬分配事项报国有股东备案。

（3）建立健全约束机制。子企业董事会应当在遵循国家有关政策基础上，健全与经理层成员激励相配套的约束机制，建立薪酬扣减、追索扣回等制度。

职工工资分配管理权的落实

董事会落实职权的第五项是职工工资分配管理权。这是指企业董事会通过市场的收入分配管理方式，深入分配制度改革，提升组织效率。这其中也包括四项具体内容。

（1）制订工资总额管理办法。子企业董事会按照国资监管部门对企业工资总额管理要求，根据企业发展战略和薪酬策略，制订符合本企业特点的工资总额管理办法，报国有股东审定。

（2）明确工资总额决定机制。按照工资总额管理办法要求，强化考核分配联动，结合所在地区职工平均工资水平、同行业企业职工平均工资水平等因素，子企业董事会研究提出工资总额年度预算方案，并确定年度工资总额清算结果，报国有股东备案。

（3）动态监测职工工资有关指标执行情况。子企业董事会督促和指导经理层合理安排职工年度工资总额预算支出，建立职工工资总额预算动态监控制度，对工资总额发放情况、人工成本投入产出等主要指标执行情况进行跟踪监测和预警提醒，确保工资管理各项制度规定得到有效落实。

（4）统筹推进企业内部收入分配制度改革。子企业董事会督促经理层持续深化企业内部收入分配制度改革，构建以岗位价值为基础、以绩效贡献为依据的薪酬管理制度，以岗定薪、按绩取酬、岗变薪变，切实实现职工收入能增能减。

重大财务事项管理权的落实

落实董事会职权的第六项，是重大财务事项管理权。这项职权落实的基本原则是“重大财务事项管理坚持收支积极平衡、资金合理配置、利益关系协调，确保担保规模总体合理、内部债务风险管控措施有力、对外捐赠量力而行”。

具体来讲，包括这个方面三大制度的制定和管理。

（1）制定担保管理制度。子企业董事会制定担保管理制度，合理确定担保规模，完善担保风险防范措施，落实风险管控责任。严禁对集团外无股权关系的企业提供担保，严禁对参股企业超股比担保，原则上不得对子企业超股比担保。年度担保计划纳入预算管理，履行内部决策程序。

（2）制定负债管理制度。子企业董事会制定企业负债管理制度，在强化资本约束的基础上，根据上级单位有关要求，研究确定资产负债率控制目标，采取有效措施把资产负债率保持在合理水平。若被国有股东纳入债务风险管控范围，子企业董事会应当制定债务风险控制方案，报股东单位备案。

（3）制定对外捐赠管理制度。子企业董事会制定对外捐赠管理制度，根据企业盈利能力、负债水平和现金流量等财务承受能力，规范捐赠范围，合理确定捐赠规模，将年度捐赠支出纳入预算管理。对预算外捐赠事项，提交子企业董事会审议，并履行相应预算追加审批程序。捐赠事项应当公开。

中长期发展决策权、经理层成员选聘权、经理层成员业绩考核权、经理层成员薪酬管理权、职工工资分配管理权、重大财务事项管理权等六项职权，都是发挥董事会作用的关键性改革措施，希望各家国企都能深入领会，学习实践。

第67问

如何打通落实董事会职权“最后一公里”？

国企改革三年行动是系统性工程，改革进入深水区，动真碰硬无法回避。落实董事会职权后，是否就解决了本企业决策效率的问题或达到了基本预期效果？

2022 年 3 月 30 日，国务院国有企业改革领导小组办公室举行的有关完善公司治理机制、提升运转质量效能专题推进会上已经明确提出，要提升外部董事的履职行权能力，并明确外部董事表达意见的两种情形，即授意表决和授权表决。

这就是需要解决打通落实董事会职权“最后一公里”的问题，即围绕股权董事（或国有股东派出外部董事，以下简称股权董事或外部董事）健全管理机制。怎么做呢？

（1）建队伍，提能力；

（2）健制度，便管理；

（3）定清单，搞授权。

建队伍，提能力

现在，多数国有企业已基本完成了董事会应建尽建，外部董事占多数的改革要求或任务。但配齐建强呢？集中发力推动董事会建设，大家面临的普遍难点是外部董事不够用，尤其是专职外部董事。

但事实是，没有专职董事队伍或外部董事非由专职董事队伍担任，将直接影响到董事会职权做实。原因很现实，兼职外部董事责权利不对等，天然存在有效发挥外部董事作用的障碍。

围绕外部董事，建队伍、提能力，国有企业需要做好以下三件事。

一是明确外部董事资格。需满足“四有”：有担当，有专业，有经验，有潜力。

二是畅通外部董事来源。集团内部畅通，国企集团内部选拔培养形成外部董事人才库，类似于后备干部队伍建设，统筹管理和挑出；集团外部畅通，充分吸引外部高端人才资源进库，类似独立董事，也可以叫兼职外部董事。

三是搞好外部董事培养。有关外部董事的开发培养是一个长效机制，需要健全培养开发机制，系统有序培训。当然，可以探索类似于董事会秘书的认证机制，形成国有企业专职外部董事内部认证机制。

配制度，便管理

针对外部董事的管理制度主要有两类。

一是选用育留方面的制度。具体包括外部董事的选聘制度、考核评价制度、薪酬制度、培养开发制度，以及外部董事履职行权指导性文件等。

二是报告沟通方面的制度。具体包括外部董事召集人制度、外部董事定期报告制度等。

定清单，搞授权

清单管理是本轮国企推动治理机制改革，厘清治理主体权责边界最主要的工具之一。根据知本咨询总结的中国特色现代企业制度的“666”模型，主要包括六个关键清单，即：

四个政策明确要求清单：党委前置研究讨论重大经营管理事项清单；董事会决策事项清单；经理层经营权限清单；尽职合规免责事项清单。

两个实践需要的清单：职代会民主管理事项清单；国有股东授权清单。

上述提到的国有股东授权清单是指外部董事的授权决策事项清单。这个清单就是直接落实外部董事两种发表意见情形的操作依据。

根据国资监管机构完善公司治理机制专题推进会的要求，要明确外部董事表达意见的两种情形：一般情况下，董事应立足于全体股东及公司整体利益，综合考虑各方面因素，按照个人最佳商业判断参与决策。这可以称之为“授权表决”。对于需要股东研究提出意见的决策事项，外部董事应当提前听取股东意见，然后在董事会上进行表决。这可以称之为“授意表决”。

如何厘清外部董事“授意表决”和“授权表决”的事项边界呢?

1. 清单管理实施方式

采用负面清单模式，即在董事会职权范围内，以制定“授意表决”清单为主；“授意表决”清单之外的董事会决策事项可由外部董事独立自主表决。

2. 清单边界制定原则

一是分层分类原则：不能“一刀切”，需要结合企业股权结构、行业特点、发展阶段，以及外部董事管理机制健全程度等，分别制定清单；

二是应授尽授原则：在已经通过严格考量并明确了董事会职权清单的情况下，应以授权外部董事以独立自主表决为主；

三是动态调整原则：与董事会授放权管理类似，针对外部董事的负面清单也需要结合实施情况进行动态调整优化。

国有企业需要关注派出外部董事的管理机制健全，以打通做实董事会职权的“最后一公里”。

对于派出外部董事管理需要：建队伍，提能力；健制度，便管理；定清单，搞授权。

第68问

落实董事会职权后，上级国有股东如何调整管控体系？

在对重点子企业落实董事会六项职权的过程中，越来越多的企业认识到一个问题，那就是很多事项高度依赖母公司的管控改革。

子公司承接了董事会职权，需要进行组织优化和机制调整。但是这项改革对于国有股东的组织体系和管理方式影响更大，对原先的管控体系、管理流程和管理习惯都提出了崭新要求，国有股东的职能部门尤其感受明显、体会深刻。

核心框架：16 个字

还是回到关键问题：在落实子企业董事会职权后，上级国有股东如何调整管控体系呢？知本咨询总结了 16 个字的核心框架：党委领导、治理主线、做小机关、专家渗透。

1. 党委领导

在落实子公司董事会职权，推动治理型管控的过程中，发挥上级党委的领导和指导作用，依然是非常重要的。上级党委的作用，主要体现在落实中央战略部署、落实党管干部原则、落实党内监督等方面。

2. 治理主线

在治理型管控的基本架构下，得到相应授权的子企业董事会开展决策工作，国有股东要通过派出的董事进行决策和发表意见，职能管控的基本线条，要从之前的上级职能部门直接管控下级同类部门，改变为以派出董事为中心的模式。

3. 做小机关

在对于核心子企业董事会授权放权，做强董事会决策功能后，国有股东的职能体系需要进行精简，实现“小机关、大企业”的基本目标。

4. 专家渗透

通过授权放权，国有股东的机关职能部门人员，从过去大量精力花费在流程审批工作，转变为专家型工作。他们要在相关专业领域真正给予子企业支持和指导，帮助子企业正确决策，使得子企业承担责任，国有股东又能控制风险。

需要注意的关键点

1. 党委领导

上级党组织对本级党组织的指导关系，并没有因为落实子企业董事会职权而发生重要变化。在党组织发挥作用的若干个方面，依然要落实到位。

（1）贯彻党中央方针部署和上级党组织决策。

这是各级党组织都必须践行的使命和责任，上级党组织要担负起推动、监督、确保各项方针政策不折不扣得到下级党组织执行的责任，下级党组织要严格按照上级部署推动本级相关工作。

（2）上级党委贯彻党管干部原则。

根据党管干部原则，以及干部管理权限的要求，上级党委要在若干关键程序环节起到把关、确认、备案等作用。

在制定经理层选聘方案的环节，相关方案要报上级党组织批准后执行。在经理层选聘的各个流程中，上级党组织要发挥领导和把关作用，并且派人参加测试、考察，掌握相关情况，加强工作指导；在董事会决定聘任或解聘事项时，任免前需要报上级党组织备案。

（3）上级纪委对下级纪委的指导和领导。

要继续保持全面从严治党的要求，强化党内监督，加强上级纪委对下级纪委的指导和领导。

2. 治理主线

治理主线是相对于之前的职能主线而言的。这两种管理方式有什么不同呢？职能主线和治理主线的区别如图 4-6 所示。

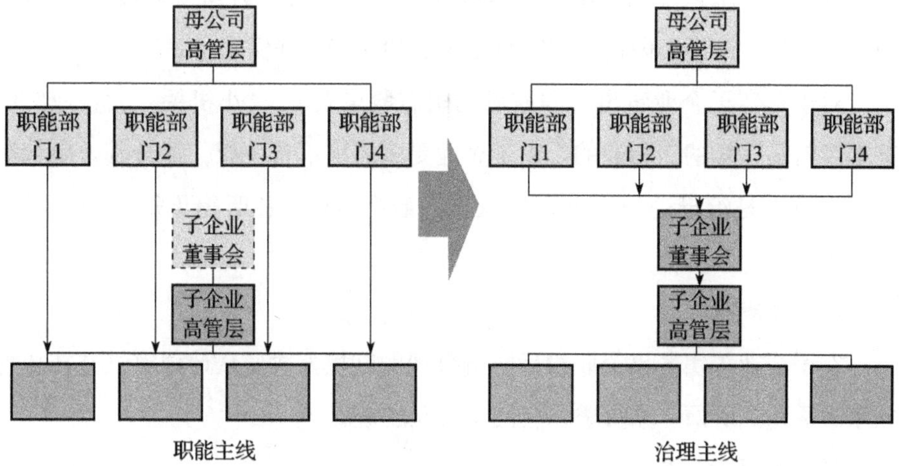

图 4-6　职能直线和治理主线的区别

在职能主线下，集团管控的核心是每个职能体系都形成了纵向穿透型的流程，子企业的法人治理结构是虚化的。

在治理主线的要求里，各个职能体系不再提倡直接管控子企业的部门，而是需要通过子企业董事会来表达职能意见。

这种变化需要对母公司职能系统的组织安排进行系统调整。

首先，对国有股东派出董事大幅度提升要求，请他们对于各个职能线条的管理依据、管理口径、管理意愿都熟悉起来，这样得到决策授权后，才可能决策不跑偏。

其次，国有股东职能体系里需要增设一个岗位，其主要职责是对口联系派出董事，并且为他们提供参谋性、支持性保障。

同时这个岗位要成为枢纽，统一衔接内部各个职能部门，成为职能意见和派出董事之间的联结器。习惯上，通常将此岗位称为“责任经理”。

最后，每个职能部门都要详细梳理。在子公司董事会职权落实后，梳理管控流程以确保体系切换的通畅性。

从实践情况看，从职能主线优化调整为治理主线，可能会是一个长周期的过程，不可操之过急，可以根据个性特点分轻重缓急，逐步到位。

3. 小机关、大企业

这种管理思路近几年在一些集团性企业很流行。其核心思想是集团母公司职能部门应该做小做精，同时将子企业的功能做强做实。

对于落实子企业董事会职权后的国有股东来说，“小机关，大企业”的基本逻辑是一样的、相通的。给子企业更多的决策自主权，提升其效率和活力，本身也是给母公司人员减负减压，最终实现“让听得见炮声的人指挥战斗”。

4. 专家渗透

在子企业落实董事会职权后，母公司的管控方式要从计划审批型转变为专家渗透型。所谓专家渗透，有两个关联的概念。

第一个概念是专家。

国有股东需要转变角色，从审批者升级为专家顾问。职能人士当专家顾问，要对资质能力提出更高的要求，因为这不是事务性工作，而是创造性、判断性、战略性工作。

第二个概念是渗透。

职能部门专家的功能通过自身强有力的专业背景、专业建议、专业判断，帮助子企业相关人员做出最好的决策。职能专家在有需要的时候可随时提供有价值的帮助，把国有股东的判断渗透进每个决策。形成的效果是，管理效率提升，决策风险可控，同时子企业有成就感，母公司有满意感。

党委领导、治理主线、做小机关、专家渗透，作为子企业董事会职权落实后，国有股东管控调整的基本方向，是政策导向，也是趋势所向。

第69问 公司治理九条关键股权线对管控机制有何影响？

有限责任公司、股份公司，建构在多元股东、出资人的基础上。现代企业公司治理的基础建构，更是不能离开“股权”两个字。国企建立中国特色现代企业制度，积极推动市场竞争领域的混改和股权多元化，构建“协调运转、相互制衡”的公司治理机制，还是要从“股权”这个基本概念入手，捋顺结构、创新机制。

无论是从法律角度，还是从管理角度，或是从实践角度，一家有限公司或者股份公司从“1%”到“100%”的股权宽度内，有哪些关键性控制线、加速点？这些关键股权线对于企业改革中的管控机制有什么重要影响？怎样有效利用其有利因素？如何防范可能出现的股权陷阱和无意义纠纷？公司治理九条关键股权线如图 4-7 所示。

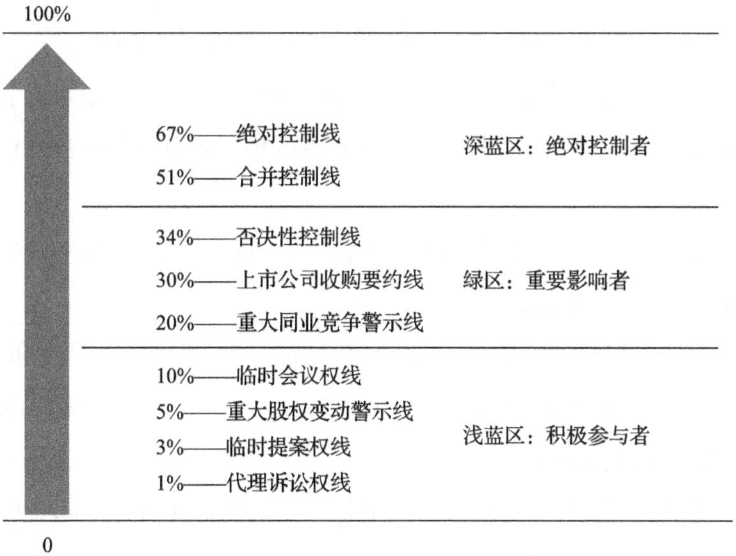

图 4-7 公司治理九条关键股权线

简单来说，一家现代公司，从股权比例上可以划分出 9 个重要的数字，它们分别是 1%、3%、5%、10%、20%、30%、34%、51%、67%。我们再把这 9 个数字对应的 9 条线归个类，用不同的颜色划分为浅蓝区、绿区和深蓝区，以表示在这个区间内的股东角色基本特点，分别是积极参与者、重要影响者、绝对控制者。

那么，这些数字和控制线，到底代表什么意思呢？

浅蓝区：积极参与者

之所以称这个股权治理区间为“积极参与者”，那是说明在 20% 以下持股的股东，作为参股方一般不会获得特别的管治权，但是可以通过不同的方式积极参与公司治理，发表自己的意见。在浅蓝区，值得大家关注的有四条股权比例线：

1%——代理诉讼权线

这是指在公司的合法权益受到不法侵害，公司却怠于起诉时，为了保护公司的整体利益，公司持股 1% 的股东可以用自己的名义代表公司提起诉讼。

这样一个代理诉讼权，对公司治理的实际意义是什么呢？

就是如果在公司日常经营管理过程中，股东感受到存在董事、监事和高级管理人员违反规定，进而伤害到股东权益的情况，就有权保护公司及自身权益。

1% 的股权线，为解决公司内部利益纠纷，提供了一种解决方案。

3%——临时提案权线

单独或者合计持有公司 3% 以上股份的股东拥有临时提案权，即可以在股东大会召开 10 日前提出临时提案并书面提交召集人。这是根据《公司法》条款规定确认的股权线。

3% 股权比例线对公司治理的意义是，股东能够通过提出临时提案参与公司的日常经营管理，初步对公司治理产生一定影响力。根据法律规定，股东大会的议案都需要得到审议，那么 3% 股东提出的临时议案，也需要在股东大会进行讨论；如果能够影响到更多的股东意见，那么这种方式对于公司治理管控将有一定作用。

5%——重大股权变动警示线

《中华人民共和国证券法》规定：投资者持有或者通过协议、其他安排与他人共同持有一个上市公司已发行的有表决权股份达到 5% 时，需进行报告和公告。上述股东增加或减少所持股份达到一定比例时也需要进行报告和公告。

5% 股权比例线对公司治理的意义是，对于股份有限公司，尤其是上市公司来说，持有或者通过协议、其他安排与他人共同持有公司股份达到 5% 的股东属于公司重要股东，能够对公司治理产生一定影响力。由此，如果国有企业希望通过引入战略投资者作为积极股东参与公司治理，其持股比例应不低于 5%。

10%——临时会议权线

按照《公司法》相关规定，单独或者合计持有公司 10% 以上股份的股东有权提议召开股东会临时会议和董事会临时会议。同时，在特定情况下有权请求人民法院解散公司。

该类股东可以通过提议召开股东会临时会议，或者董事会临时会议的方式，让股东会或者董事会来讨论自己关心的问题，并且提出自己的意见和观点。

由于股东会和董事会对公司战略决策都有关键性作用，通过特别开会的形式进行单独讨论决策将对公司日常经营管理产生更大影响，股东参与公司治理的程度进一步加深。

绿区：重要影响者

无论是国内还是国际的基本标准，如果一家公司股东的持股比例达到 20%，这个股东将能够至少对公司决策产生重要影响。在 20% ～ 50% 这个股权区间，单一股东虽然不一定完全能够左右一家企业的未来，但至少可以施加直接、重要的决策影响力量。

因而，按照国内外会计准则的相关规定，属于这个区间的公司股东，要在投资核算时，采用一种叫“权益法”的方法，将被投资企业的利润变动、净资产变动和本企业的账面投资金额联动。这充分说明，成为20%股东，施加重要影响，作用力是直接和显著的。在20%～50%之间的绿区，有三条关键股权线。

20%——有效控制线/重大同业竞争警示线

在国际投资理论和实践中，20%的股权比例，通常也被看作一家企业海外投资是不是直接投资FDI的基本比例，这是一个标识股东是不是“有效控制”的关键性分水岭。另外一个方面，如果在一家集团公司内，上市公司业务和其他兄弟公司业务有交叉重合，母公司持股的股权超过20%，就会引发对于两家公司同业竞争的担忧。

同业竞争是指挂牌或上市公司所从事的业务与其控股股东或实际控制人所控制的其他企业所从事的业务相同或近似，双方构成或可能构成直接或间接的竞争关系。20%是一个非常重要的股权比例，因为超过这个股比，股东将从一般的积极财务投资者、参股角色，改变为重要影响者和联合控制者。在国企股权改革的实践中，用好20%股权线，可以考虑几个方向：

国企通过股权改革，希望保留少数股权比例的，可以在20%～34%之间进行权衡；在股权结构设计时，通过多家投资者的引入，形成一股领先和相对分散相结合的治理模式，能够利用好20%以上这个关键股权比例，更多释放国有股权，同时保障企业的管控平衡。

30%——上市公司收购要约线

30%的股权比例，距离1/3的比例已经非常接近。单独把这个数字拿出来进行说明，是因为按照《证券法》的规定，对上市公司股权收购比例一旦超过这个阈值，就需要通过要约方式向全体股东申请收购股份。

《证券法》第七十三条要求，投资者持有或者通过协议、其他安排与他人共同持有一个上市公司已发行的有表决权股份达到30%时，如果继续收购该公司股份，需要发出收购要约。

由于上市公司的股权结构相对于非上市公司更为分散多元，所以 30% 的比例可能将产生实质控制人变更的结果。在国企改革当中，对于国有控股上市公司，需要注意 30% 收购要约线的法律规定，也要对于单独或联合起来接近 30% 的持股股东进行相关治理的责、权、利安排规定。对于国有非上市公司，30% 收购要约线值得关注，但非绝对，更为重要的是下边马上要讲的 34% 股权线，也就是超过 1/3 表决权。

34%（1/3 以上）——否决性控制线

“1/3 以上”的否决性控制线是根据“2/3 以上”的绝对控制线反推导出的。在《公司法》中，涉及有限责任公司和股份公司修改公司章程、增加或者减少注册资本、公司合并、分立、解散或者变更公司形式等决议，以及上市公司超过总资产 30% 的重大资产变化等相关决议，需要代表 2/3 以上表决权的股东通过。也就是说，如果持有 1/3 以上的表决权，可以直接造成相关决议被否决。

“1/3 以上”的否决性控制线，人们一般习惯用 34% 来表示，实际只要是能体现“1/3 以上”的百分数都可以，比如 33.4%、33.34% 等。34%（1/3 以上）股权比例线在法人治理中既是“否决性控制线”，也是“安全控制线”。当国有全资公司或者独资公司引入非公资本进行混改时，只要持有“1/3 以上”的表决权，就可以确保非公股东对公司“生死存亡”的决议无法单方面通过，相当于国有股东控制了公司的“生命线”。

需要注意的是，《公司法》中第四十二条规定“股东会会议由股东按照出资比例行使表决权；但是，公司章程另有规定的除外”。这条规定说明，在国企股权改革中，不一定必须通过持股超过 1/3 来维持否决权，还可以通过各方股东约定的方式，设计表决权中的一票否决权。

深蓝区：绝对控制者

每个国企改革者，都对50%以上这个股权绝对领先的区域不陌生。对于很多国企来说，51%、67%或者是80%以上的股权比例，都是最经常用的。通过国企进一步的股权改革，释放投资各方的治理活力和价值，是重要的方向，如何理解好和使用好这些比较高的股权比例，是需要认真考虑的问题。

51%（过半数）——合并控制线

根据《公司法》，股份公司的股东大会在做出除涉及公司修改公司章程、增加或者减少注册资本、公司合并、分立、解散或者变更公司形式以外的决议时，只需要经出席会议的股东所持表决权过半数通过。换言之，持有超过1/2的表决权，基本可以掌握公司除"生死存亡"事项外的重大决策权，也就基本形成对公司的绝对控制。

当一家企业持有另一家企业过半数股权时，需要由本企业直接进行会计合并，从而实质形成一个集团性财务报告，"财务并表"这一点也充分说明了绝对控制的地位。在国企改革实践中，大家都很清楚51%股权的作用和价值；但是从公司治理控制的角度，请各位注意，在一家企业只有两个股东时，选择一个51%:49%的股权比例，或者50%:50%的股权比例，都可能造成权利对等结果，更容易出现"治理僵局"，产生难以决策或者争论、吵架的结果。所以，最好的方法是，两家股东的股权结构，尽可能回避对等股权，或者在章程中详细规定处理治理僵局的方案。

67%（2/3以上）——绝对控制线

根据《公司法》，涉及有限责任公司和股份公司修改公司章程、增加或者减少注册资本、公司合并、分立、解散或者变更公司形式等决议，以及上市公司超过总资产30%的重大资产变化等相关决议，多以"2/3以上"为表决通过线。也就是说，在有限责任公司、股份公司代表2/3以上表决权的股东，拥有对公司的绝对控制权，而"2/3以上"就是绝对控制线。

“2/3 以上”的绝对控制线，人们一般习惯用 67% 来表示，实际只要是能体现“2/3 以上”的百分数都可以，比如 66.7%、66.67% 等。实际上，持股比例超过 50% 时，已经可以完全控制一家企业的经营了，只不过对于几个重要的事项，还需要另外的 1/3 股东同意。如果一家股东直接持股达到了 67%，那就可以认为是基本完全可以按照自主意识来决策，实现了 100% 的绝对控制。

我们认为，国有企业的国有股权比例，目前整体是高度集中的，很多都在 67% 以上。改革就是要通过市场化、资本化将这些股权的价值释放出来，激发公司活力。

国家相关改革政策要求，引进持股比例超过 1/3 的积极的、战略的外部投资者，就是希望能够解决好一些企业过去“一股独大”的问题。因而，我们这里提到 67% 的绝对控制线，是希望大家配合 51%、34% 等各线进行思考，从而为适合自己的最优股权比例建立一个系统分析结构。

浅蓝区是积极参与者；绿区是重要影响者；深蓝区是绝对控制者。总体看，在国企股权改革和现代公司治理建设中，股权结构变革的方向是从股权细碎的浅蓝区和股权高度集中的深蓝区，一起共同向股权多元、平衡、合理的绿区进行移动。一方面，改变国有股一股独大的局面；另一方面，解决好国有参股企业只投不管的问题。这样国企竞争力、创新力、控制力、影响力、抗风险能力就可能更好地展现出来。

第70问 如何破解混改企业管控困局？

2019年11月，国务院国资委发布的《中央企业混合所有制改革操作指引》(以下简称《指引》)，在方向、规范、操作、创新四个方面，给予了中国国企改革详细可用的政策依据。其中，对关于混合所有制企业的管控问题，提出了诸多明确的概念创新，怎么来理解，如何来应用呢？

混改企业管控三重困境

很多混改企业是从原先国有全资、国有控制转变为国有股权多元，以致国有参股，在管控的理念、模式、机制上都出现新要求、新环境和新摩擦，国有股东如何应对好这样的新情况，调整自己的管控方式，就变成一件重要而且十分迫切的现实问题。

实践说明，混改企业在管控方面主要面临三大困境：治理之困、监管之困和机制之困。

1. 治理之困

中国国有企业的治理可以说是全世界最复杂的治理，没有之一。因为所学习和应用的治理格局，一是来源于西方的现代公司治理，股东会、董事会、监事会都是要件必备；二是来源于中国计划经济转轨过程中的历史传承，职工代表大会等也是必须必要的；三是来源于党的领导和组织建设需要，党组织、党委会的地位和作用也必须得到加强。这个复杂关系再与国企混改结合在一起，难度系数又增加许多。所以，在一些已经完成“混”的企业中，这两年出现一些“改不动”的新问题，其根源就是难以找到上面综合复杂治理难题的解决方案。比如混改企业的董事、监事怎么管？混改企业的党建怎么抓？

2. 监管之困

混改企业生存不易，另一个方面的原因是它很难离开国有股东母公司各个职能线条的影响和监管。

所有集团的职能体系，都根据集团管控的要求进行了重新配置，实现了不同职能线条的垂直监管。在一家企业集团适应了这样的纵向管控系统后，面临下属公司进行混改，该如何应对呢？问题就显得十分突出，举几个例子：

（1）混改企业要求市场化的人才管理和薪酬激励，但是如果是国有股仍然占有第一大股东的位置，那么这家混改企业要不要纳入工资总额管理？这家企业的经理人得到高薪或者股权，要不要和其他同类公司原本一样的干部进行平衡？

（2）混改企业要求独立的财务运作，那么集团的财务统一管理、特别的资金集中管理体系是不是要进行调整？如果一家国企集团的不少下属公司都进行了混改，那这家集团的财务统一管理是不是就名存实亡了？

（3）混改企业要独立地进行业务开发，需要市场化地选择供应商和合作伙伴，但是在集团集中采办体系下，走内部流程通常复杂和漫长，那么这家混改企业能不能独立于采办系统之外？

3. 机制之困

这几年，新改组和新设立的混合所有制企业上千家，既实现“混”又实现“改”的企业有多少家呢？实际中的混改企业，很多是“五老企业”——董事会还是老摆设，上级管理还是老办法，干部观念还是老路数，一把手还是老模式，员工还是老习惯。混改企业机制革新难，源于几个方面：

（1）头和脚的关系。机制改革从谁开始，从头开始还是从脚开始？如果没有认真地、实实在在地进行管理层的身份、职责、激励革新，希望从下面的中层干部和职工进行彻底的改革，显然是不现实的。但是改“头”需要决心、需要资源，这需要国企母公司多做功课。

（2）皮和毛的关系。混改企业多数是一家大型集团公司的一个部分，或者是一小部分。在没有改革前，混改企业的员工和其他企业一样，管理机制一样。如果单独进行改革，实现完全不同的市场化机制，就像把皮和毛分开，既不现实，也不可能。

所以，机制改革不仅是混改企业自家的事，也是整个国企的事；不仅是员工的事，更是干部，特别是核心岗位高级干部的事。

三把钥匙

《指引》就混改企业管控治理问题，找到了打开混改企业管控问题的三把钥匙，那就是：

用修改章程打开治理之锁；用股权董事打开管控之锁；用市场干部打开机制之锁。

钥匙一：修改章程。

《指引》正文指出："混合所有制企业要完善现代企业制度，健全法人治理结构，充分发挥公司章程在公司治理中的基础性作用，各方股东共同制定章程，规范企业股东（大）会、董事会、监事会、经理层和党组织的权责关系，落实董事会职权，深化三项制度改革。"

章程从没有像如今这样重要。谈判和修改章程，从没有像今天这样迫切。如果要做好公司治理，做实董事会，那对于股东各方的责任、权力的详细规定，就显得十分必要。有很多混改企业在股权多元化之后，由于一些具体问题事先没有讨论明白，导致股东之间不愉快，产生裂痕。举一个例子，比如国有股东一方需要根据规定实行集团内部审计和监察，对于混改的控股型下属企业，按内部要求也需要接受，那么这个问题就需要通过讨论，事前告知外部股东，并写到章程里，作为大家共同遵守的规则。如果把类似这样的细则问题梳理出来，在公司章程中进行明确规定，就能够避免很多将来不确定性问题，为公司长治久安创造条件。

钥匙二：股权董事。

《指引》就混改企业监管问题，提出了"股权董事"的概念：要转变混合所有制企业管控模式，以**派出股权董事为依托**的管控方式，明确监管边界，股东不干预企业日常经营。

股权董事的提出，实际是要求从之前的多线条纵向垂直管控，改变为以股权董事为枢纽的节点型管控。

钥匙三：市场干部。

企业兴衰，系于一人。一把手对于企业的重要性，没有人质疑。在民营企业中，企业发展潜力核心就是看企业家的眼光、魄力和水平；国有企业的领导人也很重要，对于一家国民共进的混改企业，这个一把手的人选怎么定，任期要多长，怎么发挥企业家的作用呢？

一家混改企业，既然是国有出资的股权多元化公司，在一把手和高级干部选择方面，就需要更多参考非公企业一把手选择方式，利用市场化的手段进行选择。具体来说，如果一家国企要变成混改企业，首先要考虑的是，如果这个企业是一个市场化的公司，有没有一个称职的一把手长期承担这个重担，帮助各方股东增值，推动企业持续增长？如果目前的班子里有，那么如何激励他发挥企业家的作用，长期为各方股东做出贡献？如果没有，那么能不能在系统内或者市场上找到这样的优秀一把手？

一把钥匙开一把锁，混改企业管控的问题，需要不断尝试各种解决方案。《指引》已经给出了三把钥匙，通过修改章程、股权董事、市场干部来应对三大管控困惑。

第71问 混改企业如何推行差异化管控?

国企改革如何在混改企业实施差异化管控模式，是大家都比较关注的一个问题。关于这个问题，政策要求十分明确。

国务院国资委 2019 年 11 月发布的《中央企业混合所有制改革操作指引》当中，清晰地指出：“中央企业要科学合理界定与混合所有制企业的权责边界，避免‘行政化’‘机关化’管控，加快实现从‘控制’到‘配置’的转变……实施以股权关系为基础、以派出股权董事为依托的治理型管控。”

在国企改革三年行动过程中，对于国有相对控股企业，也需要根据法律法规和公司章程实施更加市场化的差异化管控。

但是，这种所谓“差异化管控”机制或者叫“治理型管控”模式到底是什么？到底怎么管？与现行国企集团垂直管控有什么关系？这些问题目前还没有找到明确的答案。对此，知本咨询认为，答案就是“国有股权代表制度”。

什么是国有股权代表制度

国有股权代表和国有股权代表制度的名字，最早出现于 2000 年发布的《关于加强中外合资企业中方国有股权代表及高级经营者管理工作的意见》之中。

这个文件的核心意思，就是明确“中外合资企业中方国有股权代表，是指代表中方国有股权、由中方国有投资主体依法委派的合资企业董事长、副董事长、董事”。同时，对于国有股权代表选任标准、委托责任书、任期制、在职培训、资格证书、义务责任、请示报告、股东监督、考核评价等基本制度要求，进行了规范。

国有股权代表制度，有以下几个核心点。

1. 委托授权和责任

既然是国有股东的授权代表，就必须有授权，有责任。在本文件中，规定“中方国有投资主体在委派中方国有股权代表、推荐高级经营者时，要分别与其签订委托责任书。明确被委派或推荐人员的任期及任职的目标要求、责任和权利，以及严重违约、损害中方国有投资主体利益应承担的法律与经济责任，必要时应经过司法公证”。

也就是说，国有股权代表，是受国有股东委托，在授权范围内行使国有股东权利，并承担对应考核目标要求和承担国有股权责任的关键岗位。

2. 选拔和任用

不是什么样的母公司成员都能成为国有股权代表的，文件规定：“要把组织考核推荐和引入市场机制、公开向社会招聘结合起来。按照公开、平等、竞争、择优的原则，拓宽选拔的视野和渠道，尽可能采用企业内部竞聘或通过企业经营管理者人才市场向社会公开招聘等方式选拔人才。”

文件指出，所选之人大概要符合以下一些条件：“思想政治素质好，认真执行党和国家的方针政策和法律法规；具有强烈的事业心和责任感，自觉维护国家、企业和劳动者的合法权益；掌握现代企业管理知识，具有金融、外贸、科技和法律等方面的知识；中方国有股权代表应具有较强的经营决策、资本运营能力；高级经营者应具有较强的经营管理、组织实施能力；遵纪守法，廉洁自律，坚持原则，善于与外方协作共事；具有大专以上的文化程度，并有一定的工作经历和经营管理企业的经验。”

3. 监督和管理

国有股权代表与国有股东之间，是十分清晰的授权委托和监督管理的关系。国有股权代表制度明确规定：“建立请示报告制度。中方国有股权代表在合资企业召开董事会议之前须将会议议题及时向中方国有投资主体报告，听取意见。在合资企业董事会决策中，中方国有股权代表要准确、完整地贯彻中方国有投资主体的意图。”

同时，“根据委托责任书的约定，对中方国有股权代表及高级经营者实行年度考核和任期考核，由中方国有投资主体组织实施。年度考核一般安排在合资企业年度财务决算后进行，任期考核在中方国有股权代表及高级经营者任期将要结束时进行”。

“合资企业中方董事长、总经理任期届满，或在任期内发生撤换、调离、辞职、解聘的，经征得合资企业董事会同意后，要依法进行离任审计。要重视对中方国有股权代表及高级经营者的投诉举报，对于投诉举报的问题认真进行查证处理。充分发挥合资企业党组织、工会和企业员工的监督作用。”

所以，从授权和责任、选拔和任用、管理和监督这三个方面来看，国有股权代表制度，已经在过去的20年中，对于国有投资的中外合资企业治理和管控起到了重要的作用。

国有股权代表制度能不能在混改企业推广

《关于加强中外合资企业中方国有股权代表及高级经营者管理工作的意见》，是针对中外合资企业的管理制度，对于国有企业改革形成的混合所有制企业，特别是国有股比例降低到相对控股地位，外部非公投资者具有较强治理和管控能力的混改企业来说，也是一个很好的差异化管控解决方案。这个判断，是基于如下原因：

（1）企业股权结构类似；

（2）企业管控要求类似。

所以，这个制度完全可以成功平移到混改企业，特别是国有相对控股的混改企业，成为差异化监管、治理型管控的主流模式！

国有股权代表制度，怎么在混改企业推广

根据国有股权代表制度的核心内容，进一步将其平移应用到混改企业管控上，可以从四个方面着手，即明确任用、明确授权、明确机制、明确衔接。

1. 明确任用

如果采用国有股权代表制度，改革的第一步，就是要在这些任命的下属企业董事当中，选择其中一个最为重要的，一般是董事长或者副董事长，作为国有股权代表。他（她）的身份，不再只是一张纸的委派，而是实实在在要承担起国有股权管理的责任，组织其他公司董事，在公司法人治理结构基础上进行决策。

2. 明确授权

混改企业的国有股权代表，需要得到国有股东较为明确的授权。根据差异化管控的要求，国有股东需要在规划权、投资权、经营权、用人权等不同的方面，将原来由母公司一刀切集中决策的模式，改变为授权给国有股权代表行使部分或者大部分权限的新模式。

国有股权代表制度有两点需要明确。

第一点明确：授权是授给国有股权代表的，只授给一个人，一个最主要的人，而不是授权给国有股东派出的所有董事成员。因为他们的责任不同，所有人负责就是大家都不负责。

第二点明确：授权可以有多有少，可以一企一策，可以动态调整。

3. 明确机制

国有股权代表机制是指，在国有股东授权范围内由“股权代表”负责组织决策并进行事后报备，同时国有股东还须明确“责任经理”进行专业支持的基本管控机制。

这种机制最主要的变化，是国有股权代表得到了授权后，可以根据本企业决策程序在经营层或者董事层通过集体决策的方式展开工作。

如果是授权范围内的事项，国有股权代表可以组织相关董事直接在董事

会议上，经理层直接在经营层面上，独立开展决策，不用再等母公司职能层的决策意见了。这可以大大减少决策链条，推升混改企业的决策自主性。

如果是授权范围外的事项，国有股权代表须将相关议题上报给国有股东，待获得准确反馈意见后，再组织混改企业董事会等相关决策流程。

4. 明确衔接

国有股权代表制度需要与国有股东的管控机制进行衔接配套优化，主要体现在职能体系如何与国有股权代表进行良好的沟通、联系和管理上。

建议在国有股东职能部门设立专门“责任经理”岗位，用来全程支持国有股权代表的工作。

责任经理的主要职责有三项：

第一，作为对混改子企业进行联络和管理衔接的统一出口，避免政出多门；

第二，负责日常工作中对混改子企业信息收集，服务和支持国有股权代表与国有股东的沟通和专业支持；

第三，推动混改子企业国有股权代表授权范围之外事项的国有股东内部决策支持工作。

结合四点依次优化，可以形成差异化管控的基本模式（见图 4-8）。

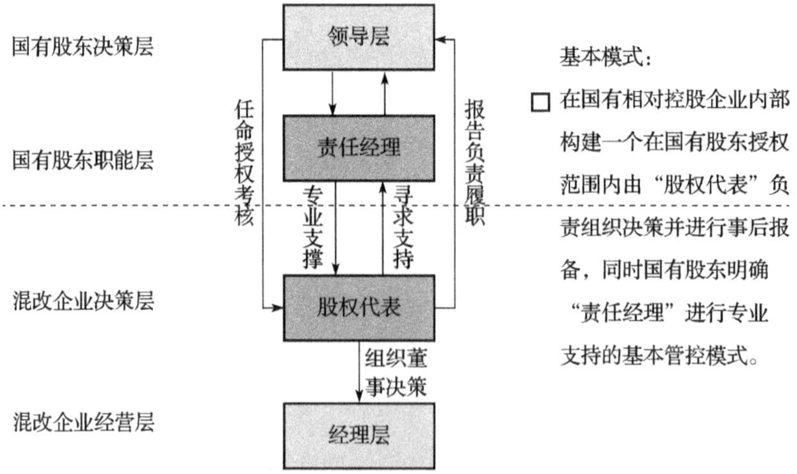

图 4-8　管控结构

国有股权代表制度平移到国有相对控股混改企业上，可以说是新瓶装旧酒和新瓶装新酒的有机结合。正是因为这种制度不仅仅是一个新概念，所以经得起时间的考验。

第72问

相对控股国企的差异化管控，差异在哪儿？怎么落地？

国企改革三年行动要求，国有企业集团公司对国有股权比例低于50%且其他所有制股东能够有效参与公司治理的国有相对控股混合所有制企业，根据法律法规和公司章程实施更加市场化的差异化管控。

2021年11月，山东省国资委颁布了《关于省属国有相对控股混合所有制企业差异化管控的指导意见（试行）》（本文简称山东意见），以政策形式提出了三大方面的理念和策略，对差异化管控这个命题做出回答。

国有股东履职方式“要变”——五个通过

对于相对控股企业的管控，在国有股东这个方向要做出哪些调整呢？山东意见可以总结为“五个通过”。

1. 通过“管资本”模式落实管控意图

“管资本”本来是国资监管体系的任务，将其基本思路下移下沉到企业集团对相对控股子企业的管理，指导思想就显得非常明确了。

管资本不是管资产，也不是管业务，更不是管经营，这是差异化管控的核心区别出发点。而管资本的核心出发点，就是将相对控股子企业看成一个整体，国有股东和这家子企业的关系是股东出资人和被投资企业的关系，连接这个关系的是股权、产权、股东权利。

国有股东行使股东权利，需要建立在公司章程和各方股东投资协议的基础上，通过股权管理主线进行统一管理。

2. 通过“企业法人治理结构”展开管控机制

在管资本模式下，国有相对控股企业的法人治理结构就显得格外重要，成为管控机制的中枢。

相对控股企业，有更多的股东参与治理决策，也一定有更多的差别化股东利益，怎么样体现这些股东权利的统一、平衡，又使得国有股东意志得以体现和落实？

山东意见说明：“相对控股企业是独立市场主体，应建立协调运转、有效制衡的法人治理结构，规范股东（大）会、董事会、监事会、经理层的运作。股东（大）会、董事会、监事会依据企业章程独立决策，独立行使职权。”

目前的国企改革要求强化全资子企业董事会功能，落实董事会职权。

对于相对控股子企业，还需要同时优化股东（大）会、监事会的职权，保证它们同时发挥作用。

3. 通过“国有股权代表”落实股东意见

国有股东管资本要通过股权管理，要通过法人治理结构，谁来对这个具体过程负责？谁来保障国有大股东的权益？谁来落实国有股东和相对控股子企业的有效联系？

山东意见再次明确提出：“对于企业重大决策事项，按出资比例或公司章程履行出资人职责，主要通过股权代表体现意志，不干预企业日常经营活动。”

国有股权代表是国有股东派出的核心代表，虽然不能称为全权代表，却是联结上下的核心组织环节。因为他获得了国有股东的明确授权，在授权范围内可根据自身判断对于被投资企业进行决策意见表达。在授权范围外，决策前国有股权代表须通过特定通道征求国有股东意见。

4. 通过“决策事项清单”细化股东审批

哪些事项可以授权国有股权代表进行决策，哪些事项必须由国有股东保持事前同意的权限呢？

就此，山东意见提出了制定“决策事项清单”的要求：

“省属企业结合实际授权放权情况，对相对控股企业需要国有股东决策事项实行清单管理。清单内事项，按省属企业相关规定，事前征求国有股东意见，国有股东代表依据国有股东意见独立发表意见；其他事项，由国有股东代表独立发表意见。”

山东意见给出了十七类决策事项作为基本参考（篇幅所限在此不一一列举）。这些事项大致可以划分为三类：

第一类，核心制度类，关键是公司章程、发展战略事项；

第二类，投资股权类，涉及投资项目、股权转让等股东重大权益事项；

第三类，财务风险类，与年度预算、担保融资、金融交易等有关重大事项相关。

当然，各个国企集团的情况差别很大，在这个决策事项清单上，还是要体现一企一策，动态管理。

5. 通过“发挥非国有股东作用”巩固管控效果

差异化管控追求的效果之一就是监管制衡，决策有效。充分发挥其他股东的作用，是差异化管控的重要内容。就此，山东意见给出的几个思路值得参考，知本咨询称为“三个保障”。

空间保障：明确全体股东平等权利。

“相对控股企业非国有股东与国有股东按出资比例享有平等股东权利。相对控股企业应切实维护全体股东合法权益，建立科学合理的投资回报机制，及时披露相关经营财务信息，充分保障股东知情权。”

除了国有大股东之外，其他股东的权利空间有多大？

不大，只需要和国有股东平等一致。但要在实践过程中真正落实，需要的是国有股东的管理者在思想、观念、意识上给其他股东留出位置、留出空间。心理空间上充分实现平等股东权利是重中之重。

机制保障：特别决议事项。

“发挥各股东作用，经股东协商一致，可在公司章程中明确股东（大）会特别决议事项、决议程序和决议通过的比例。”

特别决议事项，可以是保护国有股东权益，也可以是维护其他股东利益，可以是国有股权的“金股”表决规定，也可以是其他股东的“金股”表决规定。

结构保障：董事制度。

国有相对控股企业，要更加发挥好董事会这个决策中心的作用。就此，山东意见明确："非国有股东依照投资比例或协议约定，按分配席位推选董事、监事，鼓励实行独立董事制度。"

市场化经营机制建设"要深"——三大市场机制

在治理层面完成差异化安排后，下一个需要明确的就是相对控股企业如何更快、更深、更实地践行市场化经营机制。

山东意见重点强调了三点，那就是建立更加市场化的用人制度、建立更加市场化的薪酬分配制度、建立更加市场化的中长期激励机制。

1. 用人制度如何更加市场化

第一，市场化管理人员的范围要更大。

山东意见规定，在相对控股企业里，除了国有股东推荐和委派的人员之外，全部管理人员都要进行市场化选聘。

这就是说，国有股东直接管理的干部，只包括本单位推荐和委派人员；子企业的其他管理层人员都要由市场说了算，由董事会或经营层说了算。

在相对控股企业里，市场化管理人员的范围要更大。

第二，市场化评价和退出的力度要更大。

"管理人员实行竞争上岗、末等调整和不胜任退出等制度。""全面实行全员绩效考核，强化合同管理刚性约束，明确工作内容、劳动纪律、绩效考核、奖励惩罚等条款，畅通能进能出渠道。"

这些规定充分说明，国有相对控股企业，市场化程度要全面体现在管理人员和全体员工的市场化考核评价机制上；如果没有绩效、没有能力，就自然会被市场淘汰。能上能下、能进能出需要率先实现。

2. 薪酬分配如何更加市场化

核心还是这个"更"字。

（1）工资总额确定更加灵活。

“建立健全相对控股企业与劳动力市场基本适应、与经济效益和劳动生产率挂钩的工资决定和增长机制，工资总额可实施备案制管理。”

对于相对控股企业，确实需要率先全面建立工资总额的双挂钩机制，通过企业真正的业绩贡献来创造薪酬增量。

同样，作为国有股东，也要给予相对控股企业充分空间，不再刚性控制工资总额，也不再将这些企业和集团其他子企业一起算平均、搞平衡，以确保建立更加灵活的工资总额备案制管理机制。

（2）内部工资分配更加自主。

除了企业负责人外，相对控股企业“按照贡献大小实施差异化薪酬分配制度，形成按劳分配、绩优多得导向，实现收入能增能减”。

企业的工资总额是自己挣出来的，内部的分配需要有充分的自主权，应根据本企业的特点确定适应性更强、更能体现市场要求的工资、奖金和激励政策。

3. 中长期激励如何更加市场化

中长期激励本身就是市场化程度较高的分配机制。

更加市场化的含义，是指国有股东应该对相对控股子企业更优先、更早、更全面地纳入中长期激励的范围。

山东意见规定：“把符合条件的相对控股企业优先纳入中长期激励试点，结合所处行业特点、发展阶段等情况，择优选择超额利润分享、科技型企业股权和分红激励等激励方式，激励管理人员、关键岗位和核心骨干。”

党建与监督机制“要强”——双八字原则

国有相对控股企业的差异化管控，同时要把党建和监督两个轮子修好，这样才能保持市场化机制的长治久安。

1. 相对控股国企党建原则：“严守底线，看齐上线”

在一个股权相对分散的国企里，如何强化党建？政策的要求是有效结合

《中国共产党国有企业基层组织工作条例》和《关于加强和改进非公有制企业党的建设工作的意见（试行）》两个规定，根据企业实际情况推动实践。

知本咨询的经验认为，在国有相对控股企业的党建工作中，基本指导思想是“严守底线，看齐上线”。

（1）严守底线。

这是指，相对控股国有企业要全面落实非公企业党建的所有要求，做到超过 100 分，做到党建工作“四有”。

就此，山东意见规定：“相对控股企业要在国有股东指导下，落实《中国共产党章程》等党内法规制度，坚持党的领导，加强党的建设，为党的工作创造必要条件，建立党的组织，开展党的工作，确保党建工作有组织、有活动、有作用、有影响。”

（2）看齐上线。

相对控股企业需要参考《中国共产党国有企业基层组织工作条例》的要求，本着“标准不降低”的基本原则，对标对表，学习优秀实践，充分发挥党组织作用，将本企业党建工作尽可能提升到更高的水平线上。

“落实相对控股企业党组织在公司治理结构中的法定地位，把党建工作基本要求写入公司章程，推动党的建设与企业生产经营深度融合。结合实际情况，研究制定需党委决定、前置研究讨论及负面清单，明晰党委与其他治理主体的权责边界，规范党委前置研究讨论的要求和程序。”

2. 相对控股国企监督标准：“自觉接受、严格内控”

包括巡视巡察、纪检监督监察、内外部审计等在内的国有企业的大监督体系是国有企业健康发展的必要保障。对于国有相对控股国有企业的监督，采用什么样的原则和标准呢？

八个字——**“自觉接受、严格内控”**。

自觉接受，是指不管股东结构如何，不管国有股东股比如何，在相对控股企业里，要和其他国有企业一样，接受党内外的各类监督。

监督不能在这类企业留下死角、空白。

严格内控，是指相对控股企业要全面建立完善国有企业要求落实的内部控制体系、风险管理体系、安全环保生态体系、合规管理体系、应急管理体系等各种控制机制，为企业防范和降低风险做好保障。

最后，我们再总结一下，对于相对控股国有企业的差异化管控，山东意见做出了有价值的规定。知本咨询结合这个文件，给各位国企朋友从三方面进行总结：

国有股东履职方式“要变”；

市场化经营机制建设“要深”；

党建与监督机制“要强”。

用更短的一句话来说，差异化管控就是“五个通过”“三个市场机制”和“双八字原则”。

第73问 国企如何优化强化对参股企业的管理？

根据国务院国资委政策精神，从2020年开始，不少中央企业安排部署，对本集团所属各级公司的参股企业进行梳理、检查，强化参股公司的管理和监督，成为国企集团的专项工作之一。

加强对参股公司的管理，到底要解决哪些目前存在的现实问题？如何理解这一专项行动和“宜控则控，宜参则参，宜独则独”的混合所有制改革基本原则之间的关系呢？

国有参股公司的问题出现在哪里

相对于国有控股企业的管理机制而言，参股企业属于“远亲”，这样的位置有时候比较尴尬，有时候又能产生一些打擦边球的机会。这些套利空间如果被不恰当地运用，就有可能成为参股公司管理的缺位地带。

方向把控缺位。国企的战略主业已经定义得比较清楚，但是一家企业特别是大中型企业通常都是两到三个主业方向。而更多的跨界投资、生态平台型投资，都是通过参股的形式完成的，这样就会产生更多的失误，所以，对于方向的把控就显得更重要，也更困难。

合作审核缺位。参股企业要有好的收获，达到预期目标，对于合作伙伴的选择和信任十分关键。在现实中，国企合作方通常是业内有名有分的好企业，但也时不时出现一些“李鬼”。对这样的企业需要把好关，增加资信和守法遵规的审核。

参股方式随意。参股就是当小股东。有些国企追求管控目标少了，就有更多的财务利益考量，这个念头用得过了，就会产生“固定保底”“名股实贷”的资金游戏，把参股变成了移花接木的牌子。

投资决策随意。在个别的企业里，由于参股涉及的股权小，投资金额也不大，审核决策的流程和程序就很不被重视，出现国企集团投资授权下移过多、下属企业行权能力不足、参股投资决策随意等现象。

参股公司管理有哪些观念误区

一般来说，国企要在惯行的“投资管理办法”基础上，根据本次参股企业管理强化的精神，专门制定本公司“参股股权管理办法”，真正从少数股权持有者、企业战略执行者的角度对参股公司的管理模式、手段、方法进行构建。

参股管理观念误区一：“要把参股公司像控股企业一样全面管控。”

为什么经常有“一管就死，一死就放、一放就乱、一乱就收、一收又死……”这样的循环悖论呢？就是因为国企通常在管理过程中，会放大某些动力，要么基于搞改革的目标下放过多权限，造成管理真空；要么基于管风险的目标大量收权，造成管理叠加。管理的钟摆就这样忽左忽右，总是不能科学、冷静地分析管理系统建构的客观必要以及防范风险的必然要求。

对于参股公司管理有些问题出现，一些国有企业管理者可能出于简单处理的考虑，未来对于所有参股企业各方面管控都参照控股企业的管理模式和套路来。这样的逻辑，且不说这是不是能够得到其他股东的同意和支持，对于企业原先参股的战略目标来说，也是背道而驰的。

参股管理观念误区二：“所有投资必须控股，现有参股全部清理。”

无论从国际还是国内来看，进行少数股权投资都是企业战略行动中一个落地的工具。这个工具可以帮助企业实现新资源的嫁接、新技术的尝试、新产业的孵化，也能够实现有效的财务投资目标，还能够帮助企业在日益变化的时代里通过“平台化、生态化”和非股权参与的业务实践，不用控股权、少用资本就可以实现更大的战略版图拼接。小米集团用参股方法投资了200多家企业，培育了不少上市和准上市公司，打通了“生态链”，实现了股权大幅度增值，就给广大国企提供了一个样板。可以说，参股股权投资是一个价值很高的管理工具，只不过这个孩子有点调皮，管起来会更麻烦、更复杂，需要用新的方式方法。

参股管理观念误区三：“因为要规范参股，所以混改还是要保持国有控股。”

“宜参则参、宜控则控、宜独则独”。“三因、三宜、三不”的混改基本原则是针对中国国有企业改革的真实环境做出的客观、科学、理性、辩证决策，背后是四个大字——“实事求是”。

脱离这个基本点，国企改革的大量工作在复杂历史、多变环境中就没法推进，也难以找到真正的好答案。国企混改的股权结构，每个企业的情况都有很大差别，显然没办法用“一剂神药”治理全世界。

国企混改中出现了不少参股公司的案例，这种动因是多元的，也是积极客观的。现阶段进行的对国有参股企业的梳理，并非对于“宜参则参”而言，而是出于从方法上更为系统，管理手段更加严谨的政策要求。

参股公司管理如何“到位不越位”

国有企业强化参股公司管理，正是一个好时机。应有的原则是，避免主观因素和先入为主；同时创新具体机制体制，在若干重点问题上构建新的国有参股企业管理方法论，即围绕组织平台、权益约定、日常监测、内部关联、产权管理、党建文化六个方面健全机制。

1. 组织平台

国企参股公司管理要在管理平台上做些功课。

建议国企参股管理，在有条件的企业建立一个集中的组织平台来统一管理，实现投资、管理和变现的全流程专业化。这个平台可以是一个专业的基金性质管理者，也可以是一个较为专业的投资管理团队。核心目标是真正用投资和资本的视角来对参股股权进行管理。

2. 权益约定

国有参股股权的权益保护是国有资本监管的重要要求，因而在参股管理中进行专门的约定十分重要。进行这样的约定，建议以优化和修改章程为中心，将国有股东的权益要求写到各方投资者都认可的公司章程当中。这样，一方面可实现国有股权的长期保护；另一方面也可“依法治股”，充分体现市场化导向。

权益约定里面有两种需要争取的国有权力，一是所谓“金股”的规定，在一些公司发展的重大事项中，国有股东明确拥有一票否决权；二是所谓回购权的规定，在投资预期目标没有达到的时候，国有股东拥有用协议方式优先出让股权的权力。

3. 日常监测

这也是参股企业管理中的基础问题。企业的危机不是一天产生的，监测得当可以敏锐地提前预判风险，安排国有股权的保全和防范措施。

日常监测的方法很多，但是由于参股公司不同于控股企业，不建议采用下达文件、下达报表、下达指令的管控方式，而建议采用内外结合的监测手段。内部，可以以季度为单位分析参股公司的财务数据，通过股权代表了解参股公司运行状态，每年获得财务审计报告；外部，可以通过征信、媒体等方式及时关注参股公司的社会信息披露。监测是手段，不是目的。参股公司可根据日常跟踪的情况，随时调整国有股权的战略性处置建议。

4. 内部关联

参股企业与国企集团的关联交易事项一直是敏感区，也是雷区。这里有可能的风险在于，由于国企参股后的血缘关系，参股公司会有更多机会获得来自国企集团的商业利益，包括内部市场、内部价格、内部资源，还包括可能的品牌支持、政策和融资环境等。一些参股企业确实在动这样的脑筋，但是因为这种可能性，国有股东就对内部关联交易避而远之，这看起来就偏离政策主航道了。

以产业链上下游交易为特点的一体化运作和网络化经营，已经成为管理大势，一家企业集团内部的下属公司如果没有对于集团业务的价值，没有任何关联交易，存在的价值就会受到质疑。参股企业的内部关联，要约定价格的形成方式，要估算国有股东的整体利益创造，只要能够实现“双赢”就是好的。同时，关于国有股东的无形资产，比如品牌和商标等使用，确实需要进行规范和保护，没有得到授权许可，参股公司就别再揩油了。

5. 产权管理

虽然是参股，可能投资总金额不大，但是国有股权的产权全流程监管是不能缺少的。参股企业的国有产权占有、变动、注销都需要专门进行产权登记，同时要在投资和增资环节、转让环节做好国有资产评估和进场交易工作。

我们建议，国有企业对于参股企业的产权管理，要和公司派出的产权代表相配合，使具体的企业联络者真正明白产权管理要求。

6. 党建文化

国有参股企业，也需要加强党建工作。不过，需要明确的是，所依据的政策原则与国有控股企业是不同的。参股公司要按照《关于加强和改进非公有制企业党的建设工作的意见（试行）》开展党建相关工作，而控股公司的政策依据是《中国共产党国有企业基层组织工作条例（试行）》。

第74问

国企如何治疗“总部机关化”？

国资系统组织各家中央企业进行整治央企总部机关化、行政化趋向的专项工作。专项行动只能起到统领和倒逼作用，而每家央企必须做到观念到位、设计到位、行动到位、保持到位，才能实实在在推动本企业去除行政机关式的管理风格，才能保证今后不反复，不走回头路。因而，确实有必要给“扫除机关式总部”进行系统评估，并给出全面的参考答案。

机关化国企总部的自画像

一家国有企业、中央企业的总部，通常由百人以上，多则数百人、近千人的职能性机构和人员构成。除了领导层外，多数都是参谋性岗位。现在我们经常说起部分央企总部像机关、像衙门，是由于很多管理现象的出现给人留下的印象使然。

1. 四多

人员多。一些中央企业的总部机构，从原先的一二百人，持续增长到五百人、七百人。这里面有事业成长、下属公司增加的重要因素，也有很多是原先没有的管理系统不断叠加造成的结果。

程序多。正是因为负责的人多了，所谓参与、会商、把关的部门就多了，一些中央企业的报签、审批流程持续加大。下属公司一个重要事项在总部进行审议时，要在各个层级和环节上转签、审议，不断地接受知情或者不知情的职能人员反复查看。

文件多。国有企业管理的规范性，体现在书面的文件记录规范上，这是国企的核心竞争力之一。不过当一家企业把发文和收文作为日常工作的主要方式，并占据总部人员大部分精力时，这些文件就变成了包袱和形式。由于要应付每层机关的不断加码，不仅国企总部人手不够，下属企业也必须跟着不断增加人手，久而久之，固化的低效作风就形成了。

会议多。有文山，必有会海。为什么要开这么多的会议？两个原因，一是程序上的要求，二是集体决策机制的要求。这两点本没有错，不过如果和机关式总部不担风险、不敢担责的主观意愿结合在一起，就可以变成一种通过集体决策、层层会议讨论而免责的工具。企业业务问题上的大量会议和文件大幅度占用了人力和时间资源，减慢了企业决策和反应的速度，结果是由于各种不同意见而被否定的概率大大增加。机关式总部带来的大量会议没有增加价值，而是在不断减损价值。

2. 四讲

讲级别。企业没有级别，企业干部也不需要级别，这是多年来企业改革政策的基调。这次央企总部去除机关化改革，要求改掉“办公厅”等机关式组织名称，改变“处长”等行政式级别，很好，很到位。同时，还应当形成在整体社会里营造弱化级别观念的环境。

讲形式。形式要讲，形式主义要防。在一些机关化的国企总部里，行政化的趋向直接反映在各种形式上。比如，为了体现领导层的级别，往往将企业内部的会议形式上搞得像行政会议。总裁、副总裁的办公、出访、接待等标准，都要讲求与行政官员对等、对齐。“宰相门前七品官”，在一个处处讲形式，人人有级别的企业总部，高高在上的衙门感油然而生。

讲辞令。不知从何时开始，一些企业内部的公开言论开始有“外交官”的倾向。用词非常圆泛，形容词、副词修饰多，但决定性、方向性的动词、量词很少出现。下级对于这些总部文件和讲话的理解，都在用心去猜。当全体企业人员都开始模仿一种行文方式，都在找看不出任何破绽的遣词造句时，这家企业的机关化倾向就十分明显了。

讲逢迎。有没有机关化倾向还要看一个指标，“领导重要还是客户重要?”我们都知道在华为公司，有句很重要的话叫作“眼睛盯着客户，屁股冲着领导”，这是典型的市场型企业特征。如果一家国企的每一层次，都把领导怎么想、领导喜欢听什么、领导有没有照顾好、领导怎么安排好、怎么样让领导舒服等问题放在第一位考虑，逢迎讨好之风兴起，公司作风之忧就很大了。

消灭“机关化”的三项核心工作

解决总部机关化的难题，我们有**知本3J解决方案**。3J是简写，第一个J，是“警”；第二个J，是“精”；第三个J，是“竞”。

J—警

警示、警醒、警觉。

机关化问题，病因是观念。所以最重要的是要防患于未然，把问题扑灭在矛头出现时。一家企业，不管是不是国有企业，要时刻保持对总部效率降低、程序烦琐、相互推诿，面向领导过多、面对一线太少现象的警觉，并且持续通过评估、诊断、复盘等方式，每年对于总部的机构和人员工作进行检讨。

组织要保持对于臃肿、低效的恐惧感和不适感，这样才能持续保持变革的动力。

J—精

精简、精干、精深。

“小而美”的总结不一定对。对于大型企业来说，小总部不一定美，但很大、很多人、很多部门的总部确实显得肥胖臃肿，必须减重。国企机关化的起点，经常是由于“和尚”多了要有“庙”，“和尚”有了“庙”必须“念经”出现的。在这样持续扩大组织和人员的循环往复中，闲人多了，闲事多了，自然给机关化倾向预备了土壤。

所以，无论是中化集团，还是招商局集团，都对总部进行了大比例的精简。让精干的总部人员获得大幅度的授权放权，使其成为助力企业整体发展的“头脑”。

其实，总部人数减少不是很难，关键是总部人员的观念、能力要进一步改变。要从审批型转换为专家型，真正把角色从掌握下属企业的生杀大权转换到帮助下属企业创造专业价值的新维度上来。从前有权力，现在有专业，这种专家型的深入参与才是价值型总部的要义所在。

J—竞

竞争、竞聘、竞赛。

流水不腐，户枢不蠹。总部规模要控制，同时总部的人员需要通过人才竞争机制才能充分焕发活力。应该提倡，每三年左右，一家大型企业集团总部的所有人员都要起立，重新在集团内部开展竞争上岗，把基层最新鲜和实战的干部选拔上来，同时完成总部人员的上下轮岗。

新奥集团在总部职能体系中改造"资源精灵"，就是要从客户服务角度，让职能人员都能接受内部市场的选择和竞争机制，利用这样的机制，让总部人员不再认为自己与业务关联不大；与基层不是领导和审批的关系，而是服务和帮助的关系。这种机制转换很重要。

同时，也应该提倡在总部进行赛马。让每个人、每个部门都能接受业绩的考验，进行横向的比较，实现优胜嘉奖，末位淘汰，用竞赛机制巩固改革成果。

国企改革任重道远，国企总部改革需要尽快配套。知本咨询利用 3J 模型，给广大国企总部树立一面镜子，开出一个药方，帮助大家"清除机关化、行政化"。每家企业情况不同，一企一策，可以参考，可以思考。

| 第5章 |

C H A P T E R 5

国企经理层建设

第75问 董事会对经理层授权制度，为什么很重要？怎么样能建好？

国企改革三年行动要求建立董事会对经理层的授权制度，我们怎么样理解这项改革和企业现有授权管理制度的关系？如何才能结合最新要求将经理层的授权管理提升到新水平呢？

三个关键原因

专门制定董事会对经理层的授权制度显得重要并急迫，知本咨询认为是基于三个关键性原因。

原因1：建立新型治理关系。

董事会对经理层授权是要通过董事会对经理层授权的制度，让企业所有的治理主体都清楚，“新型治理关系”正在建立，并且会在未来发挥重要的作用。

国企改革要求在满足要求的企业建立新型治理关系，这个治理关系，我们简称为“治理型管控”。其核心是通过层层授权，建立起各层级企业的市场化经营自主空间，同时突出企业董事会等法人治理结构的作用。

之前母子公司授权没有重视董事会，现在董事会要落实职权，发挥作用，就要把之前“绕路到达”的授权方式改过来，那就是母公司作为股东给董事会或者股权董事授权，然后再请董事会给经理层授权。

强调董事会给经理层的授权制度，我们认为就是要帮国有企业建立新型治理关系的认识，从形式上突出董事会的作用，强调经理层对董事会负责的意识，为这种新型治理关系的最终强化奠定基础。

原因2：落实董事会授权的必须。

建立董事会对经理层的授权制度，并非简单为了使经理层完善权责，而是为了让“落实董事会职权”这个任务真正落实到位。

虽然董事会和经理层一个是决策中心，一个是执行主体，但它们是紧密连接的硬币两面。董事会授权的落实，没有经理层无法实现。同样，董事会如果没有向经理层授权的机制，就可能使董事会的权利形成空中楼阁，难以落地。

建立董事会向经理层授权制度，和国有股东向董事会授权制度，共同作为落实董事会职权的基本制度，是发挥董事会“定、作、防”职能的“左右拳”，缺一不可。

原因 3：激活经理层必备。

国企改革的微观目标，就是激发微观主体活力，让国企的动能迸发。国企全面推动任期制和契约化改革，符合条件的推动职业经理人制度建设，就是希望给国企经理层建立一个权责明确、权责利对等、清晰考核、刚性激励约束的市场化机制。

这个机制的重要保证条件，就是在考核责任明确、激励约束条件刚性的要求下，同时保障给经理层充分、足够、合理的权力空间，让经理们可以大胆地承担起指挥生产经营的责任，能够为自己“谋经营、抓落实、强管理”的决策行为负责。

澄清三个概念

在企业正式动手制定董事会向经理层授权管理制度之前，应该就三个容易混淆的概念，再仔细想想。

概念 1：授权和放权不同。

什么是放权？通常指将原本应由某一治理主体享有的法定职权，从上级单位或上级治理主体下放或归位于法定的相应治理主体。

什么是授权？是指某一治理主体可将自己享有的法定职权或上阶治理主体授予本阶治理主体的权利，授予比自身低一个位阶的治理主体或授予本阶治理主体的个别成员行使。

简单来说，放权是指本来就应该在经理层职责范围内，应该由经理层行使的、由上级交回来的那些权利；授权是指本来是董事会的权限，为了激发经理层动能，由董事会确定授予经理层或总经理行使的权利。

所以，我们说的董事会对经理层的授权制度，是指针对董事会将其法定权限授权给经理层，规范授权行为和授权内容的制度，而不是一些企业全面制定和修订的“经理层权责清单”或者“权限表”的内容。前者包括的范围只有授权部分，后者包括了授权和放权两个部分。

概念 2：授权不授责。

董事会给经理层的授权，将原本属于董事会决策的事项交给经理层，这实际上是多了一个代理机制。如果错误的决策是由经理层做出的，他们承担直接责任；但作为董事会，并不能因自己没有参与决策过程而推脱责任。授权的所有事项，本身就是董事会的职责范围，董事会虽然进行了授权，但依然要为由此而产生的各种结果、后果负责。“授权不授责”，就要求董事会强化授权事项的事前、事中和事后管理，以保证职权合理授出、合理使用、合理监控。

概念 3：授权不前置，前置不授权。

如果准备将一家企业董事会的相关权限授予公司经理层行使，那么对应的党委前置研究程序还需不需要呢？一般来说是不需要的，这就是“授权不前置”的含义。之所以如此，基于两个原因：

首先，企业董事会计划给经理层授权，就是希望通过减少程序审批环节提升运营效率，对市场进行快速反应。如果经理层在决策董事会授权事项时，仍然需要党委前置研究讨论，那么这个目标就打了折扣，董事会给经理层授权的管理意义就降低了。

其次，董事会授权经理层决策的事项，一般也是企业重大经营事项。而按规定，经理层决策重要经营事项也需要党委前置研究讨论。党委会之所以能够研究通过这个授权方案内容，也是因为党委会确信经理层可以充分行使相关权利，可以有效控制风险。由此，董事会授权经理层，暗含了党委会授权经理层的意思。

第76问 “经理层权责清单”如何确定?

国企党委会、董事会、经理层要实现权责法定、权责透明、协调运转、相互制衡，这是建设中国特色现代企业制度的基本要求。对经理层，特别是总经理这个企业经营工作的指挥中心，应该匹配什么样的权力空间，怎么样具体制定“经理层权责清单”呢?

确定经理层职权的起点:《公司法》

经理层到底有什么职权? 回答这个问题，首先需要来寻找我国现代企业制度的基本框架要求。在《公司法》上，对于有限责任公司和股份有限公司的经理岗位，进行了详细的描述，并就其职权进行了清晰的定义。

我国《公司法》第49条规定，经理对董事会负责，行使八项职权:

一、主持公司的生产经营管理工作，组织实施董事会决议;

二、组织实施公司年度经营计划和投资方案;

三、拟订公司内部管理机构设置方案;

四、拟订公司的基本管理制度;

五、制定公司的具体规章;

六、提请聘任或者解聘公司副经理、财务负责人;

七、决定聘任或者解聘除应由董事会决定聘任或者解聘以外的负责管理人员;

八、董事会授予的其他职权。

上述八项法定权限，是有几类明显区分的。

第一类权限，为主持或者组织实施类权限，主要是由经理层行使将董事会决定的事项进行全面落地。在这个过程中，经理层是“现场总指挥”。

第二类权限，为拟订或建议类权限。对于一些重要制度规章制定、重要岗位人员变动等事项，由于是属于董事会权责范围，但又和经理层业务工作直接关联，这时经理层可以组织拟订或者提出建议，请党委会前置研究，请董事会进行决策。

第三类权限，为制定或决定类权限。对于这类事项，本身在经理层权责范围内，是执行生产经营必须的权利。经理层可以在程序规定下，独立确定、制定、决定。

第四类权限，为董事会授予权限。这是指在落实董事会职权的过程中，董事会将自身权限范围内的部分事项通过授权清单的方式交给经理层行使，从而给经理层新增的决策和经营权。

《公司法》对于经理层职权的规定，完全反映了现代企业制度条件下对于经理这个高层核心岗位的法律定位，四类职权的基本分类，也给国企制定"经理层权责清单"设定了良好起点。

经理层职权，三类基本划分

大家都比较纠结的一个问题是，有这么多的经营管理事项涉及党委会、董事会、经理办公会等多层面的决策主体，在制定经理层权责清单时，怎么样才能不重、不漏、不偏地客观表述出来呢？

解开这个难题，除了综合考虑《公司法》八项规定外，还是要回到对经理层的基本定位上，那就是"谋经营、抓落实、强管理"。这三点九个字，形象刻画了一个国企经理班子，一个国企总经理主要职责的基本点。其中最关键的字是"谋、抓、强"。

1. 谋：谋划建议权

"谋"是什么意思？一般来说，"谋"的意思是"谋划""筹谋""筹划"等概念。也就是说，经理层有"谋划建议权"，这类权利和《公司法》规定的拟定或者建议类权限基本一致，是指经理层可以通过筹划思考，就重要经营管理问题提出建议方案，交由董事会决策后实施的权利。

谋划建议权是国企经理层的第一类职权，由经理层负责解决“准备干什么”的问题。

2. 抓：主持实施权

经理层的职权包括“抓落实”，需要通过各种方法将董事会和股东的决策思路和战略意图变成现实的行动。从这个角度来说，这个权利可以统称为“主持实施权”。主持实施，需要经理层成为现场总指挥，在生产服务以及经营管理全流程、全周期内，负责把握总体进度、控制质量、达成经营目标。

主持实施权是国企经理层的第二类职权，核心是经理层可以决定“要怎么干”的问题。

3. 强：制定批准权

“强管理”是经理层的另一项基本职责使命。经理层除了建议权、指挥权等过程权限外，还需要一些保障性的决策权、决定权来巩固和提升管理体系。经理层的这类权利，可取名为“制定批准权”。经理层的制定批准权，是在权责范围内，或者授权范围内，由经理层、总经理直接进行确定和决定的事项。

作为经理层的第三项职权，制定批准权，是指经理层可以决定“能不能干”的问题。

落实“谋经营、抓落实、强管理”的功能，与经理层谋划建议权、主持实施权、制定批准权三项基本职权相对应。这三项权利层层递进，构成了经理层思考、建议、指挥、决策的闭环。

“经理层权责清单”大致什么样

明确了经理层的三大职权类型后，还须设法一步到位完成本企业经理层权责清单的制定工作。因为现在只是根据权利的功能类别进行了区分，并没有根据企业业务特点、管理特点进行内容类别的详细分类，所以要实现这一点，就还需要继续拆分。经理层权责清单如表 5-1 所示。

表 5-1　经理层权责清单

编号	权限名称	备注
1	谋划建议权	
1.1	公司组织结构方案	
1.2	公司基本制度	
1.3	公司改革方案	
1.4	公司战略规划	
1.5	公司投资方案	
1.6	公司年度预算	
1.7	公司薪酬分配方案	
1.8	公司对外融资方案	
1.9	其他董事会要求或公司需要的建议	
2	主持实施权	
2.1	生产经营计划组织	
2.2	业务合同执行	
2.3	企业经营资源调配	
2.4	员工考核奖罚	
2.5	经营风险控制	
2.6	其他主持实施经营必需的事项	
3	制定批准权	
3.1	销售合同签订	
3.2	限额内采购合同签订	
3.3	中层以下人员聘用和薪酬审批	
3.4	预算内财务收支审批	
3.5	其他董事会授权或业务需要的审批	

这个表格仅为示意。一个实践中应用的“经理层权责清单”要更加细致，同时还要与企业的责任部门、决策流程等要求嵌入一体，与董事会决策清单、党委会前置研究清单相互支撑，才能准确地为经理层的权利和责任划定边界。

第77问

经理层成员任期制和契约化改革如何冲刺？

2022年是国企改革三年行动的收官之年，任期制和契约化改革也已经进入2.0时代。

那么这升级版的任期制和契约化改革，具体有哪些问题呢？

总结起来有可称之为“四伤”的四个方面的问题：文件体系不完整、内部竞聘没做实、业绩考核不挑战、结果兑现刚带柔。

针对这四个方面的问题，结合知本咨询自主研发的“国企改革评估综合解决方案”中任期制和契约化改革评估相关要点和内容延伸出对每个问题的两点办法建议，称之为“八法”。

情景一：文件体系不完整

1. 情境再现

某改革企业编制了《经理层成员任期制和契约化管理工作方案》报上级集团通过审批，并制定了《经理层成员业绩考核管理办法》，然后又根据工作方案和考核管理办法，与经理层成员签订了聘任协议书和业绩责任书。

企业没有单独制定本企业的《经理层成员任期制和契约化管理办法》和《经理层成员任期制和契约化薪酬管理办法》，是因为企业认为上级集团公司有这两个办法，遵照执行即可。

2. 情境分析

由于《“双百企业”推行经理层成员任期制和契约化管理操作指引》（以下简称《操作指引》）中提出了明确的要求，工作方案、聘任协议和业绩责任书，基本上所有企业没有缺失的，容易缺失的是政策中没有特别明确要求的《经理层成员任期制和契约化管理办法》和《经理层成员任期制和契约化薪酬管理办法》。

很明显上述改革企业的任期制和企业化管理的配套制度不够完整，确保改革成效的环节有所缺失。

办法建议一：系统设计。

结合《操作指引》《关于加大力度推行经理层成员任期制和契约化管理有关事项的通知》（国企改办发〔2021〕7号）、《关于印发〈经理层成员任期制和契约化管理契约文本操作要点〉的通知》（国企改办发〔2022〕6号）等有关政策和操作规范的要求，知本咨询提出了任期制和契约化1+3+4的文件体系，作为制度文件和操作文件实现落地（见图5-1）的参考意见。

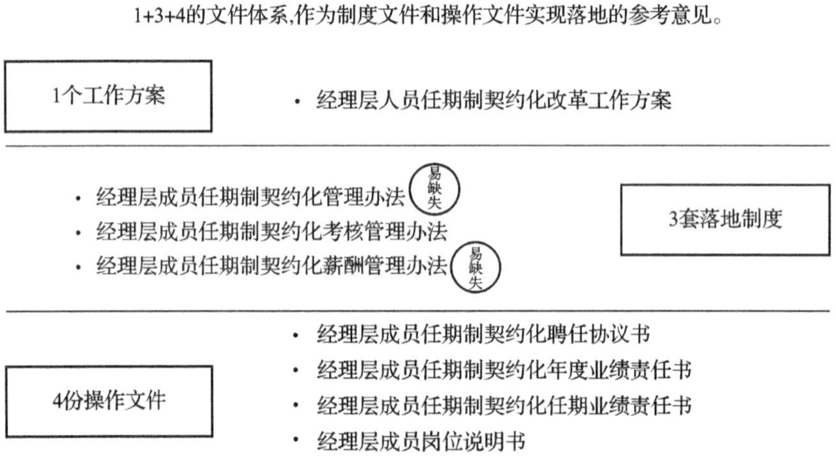

图5-1 1+3+4文件体系

任期制和契约化改革是一个自上而下的系统工程，作为制度保障的文件体系，同样也需要系统设计。

办法建议二：个性实用。

制度文件的完整，确保了改革“有法可依”，但在具体内容上要结合企业实际“一企一策”。所以在以上三个管理办法类制度当中，就可以将企业的个性化内容体现出来，这也是保证制度有生命力、实用有效的关键。

另外，经理层岗位说明书必须是一人（岗）一书，每个副总经理都要有针对其岗位的岗位说明书。

除了上面提到的 1+3+4 的文件体系，其实还有很多改革标杆和优秀企业的优秀实践。

他们结合公司实际，制定了更为完善的配套制度或文件，包括《经理层成员选聘管理办法》《经理层成员退出管理办法》等，用来明确细化具体操作细节，是非常好的做法。这些都值得其他企业参考借鉴。

情景二：内部竞聘没做实

1. 情境再现

在某改革企业的《经理层成员任期制和契约化管理工作方案》中，对如何选聘经理层成员“只字未提”。

同时，在任期制和契约化的第二届任期仍然采取“身份转换”的方式，即现有经理层班子岗位不变，甚至还是上级指派，直接履行聘任程序，确定任期、签订契约，转换为任期制和契约化管理的经理层成员。

2. 情境分析

《关于进一步深化中央企业劳动用工和收入分配制度改革的指导意见》（国资发分配〔2016〕102 号）明确要求：“中央企业应当建立管理人员综合考核评价体系，以综合考核评价为基础，通过竞争上岗、公开选聘等多种方式，公开、公平、公正地选拔优秀管理人员。”

而任期制和契约化改革实践，结合改革推进的时间点，要求除首届任期之外，均采用内部竞聘的形式进行选聘。

办法建议一：授权到位。

内部竞聘说起来不难，很多企业也制定了相关的制度和流程，但是做起来有些企业就犯了难。说到这个犯难的根源上，有的原因还是跟企业治理相关。

建立现代企业制度，仅仅将决策权与经营权分开还不够，董事会与经理层之间还要形成一个委托授权关系，就是董事会选聘和考核经理层。这一点也是判断一家国企董事会职权是否落实到位的“试金石”。

办法建议二：流程固化。

企业应在上报上级审批的《经理层成员任期制和契约化管理工作方案》中，把经理层成员如何内部竞聘、职责划分、程序流程明确下来；并明确除首届任期之外，均采用内部竞聘的形式进行选聘。

公司内部再制定《经理层成员选聘管理办法》，将经理层成员选聘的操作细节规定清楚，经过内部决策机制正式颁布下发，严格执行。

情景三：业绩考核不挑战

1. 情境再现

某改革企业在落实任期制企业化改革时，对经理层成员的考核指标“精心设计”，对共性指标权重定格设置为 50%，不同经理层成员的重点任务考核指标项多达十几项，目的是摊薄重要指标比例。

2. 情境分析

国企改革三年行动要求企业对经理层严格考核，考核指标结合本企业发展战略、经营预算、历史数据、行业对标等情况科学合理设置考核指标，并具有一定挑战性。

国有企业要求高质量发展，对经营业绩指标要求多数已经是逐年提升的，在这个基础上，各项重点任务的设置也需要具有挑战性。

办法建议一：战略引领。

改革是为企业发展服务的，是为实现战略目标服务的。如果我们的战略目标具有高度和难度，那么考核指标必然具有挑战性。

任期制和契约化改革是干部管理人事制度改革，更是企业市场化经营机制改革，是为了激活企业内部活力，产生内驱力，创造火车头牵引能量的点火装置。

在业绩指标设计上的自欺欺人，必然会延误改革实效，影响企业发展。

办法建议二：对标一流。

考核指标的科学设计是考验企业管理能力提升的一个重要课题。

具体到每项指标，比如经营业绩指标，如净利润、研发投入等，企业可以采取自身对标、集团内对标、行业对标、国际对标等方式，结合企业的发展周期、体量、行业特点、所处区域位置等，进行测算和模拟。

而一些重点管控的指标，更应该关注国家任务、技术攻坚、经济趋势、行业发展周期、产业格局、竞争对手动向等等，并尽量量化清晰，可衡量。

情景四：结果兑现刚带柔

1. 情境再现

某改革企业的上级集团对经理层成员的绩效薪酬和任期激励存在拖欠，同时还附加契约外的兑现条件，使经理层成员感觉到根本没有希望拿到任期激励。原本的正向激励起到了负向的效果。

经理层成员几个人一商量，在考核评价工作中打和平分，集体优秀。企业管理在任期制和契约化改革前后没有什么变化。

2. 情境分析

任期制和契约化改革从一开始就一直强调企业对经理层成员严格考核，并根据考核结果和契约约定严格执行，刚性兑现薪酬、刚性退出岗位。

这是改革提质增效的抓手，没有这个刚性兑现，前面的聘任、契约、各种考核都是形式，没有实质作用。

应该说，刚性兑现是一种契约精神的体现。这种契约精神是双向的，一方面企业要遵守契约，对于业绩完成达到考核目标，根据制度一是一、二是二地兑现绩效薪酬和任期激励，继续聘任。

另一方面，经理层成员也要恪守职责，实现业绩目标承诺。未实现，即考核不合格的，要遵守承诺，激励不取分文，退出经理层岗位。

当然，目前的政策并没有明确要求经理层的考核要强制排序，必须末等淘汰，所以也不能说上述的做法不符合要求。

办法建议一：权责利对等。

权责利对等是组织管理的基石。

付出需要回报，动机源于可能带来的收益，这是最真实的人性。

组织管理更需要注意这一点，做到充分的权责利对等，否则很多管理措施或目标都无法落地，成为空谈。

对于经理层的经营业绩考核指标，每家企业都做得明明白白。可是，有没有赋予经理层相应的权限，责任、权力和义务是否对等？有没有调整对企业经理层的薪酬制度，重点是对增量部分的激励？

如果没有，说明任期制和契约化改革需要重头来过。

办法建议二：坚守契约。

几乎所有国有企业，根据改革要求，都与经理层成员签署了聘任协议书和业绩责任书。

虽然这是企业内部的文件，但也是双方承诺的契约。有很多企业都要举行一个比较庄严和隆重的经理层成员签约仪式，表示双方郑重承诺。

从契约的内容角度，双方应该是平等的，各自的权利义务在契约中都应有所约束。那么在履约后，双方就应该坚守契约，兑现承诺。

第78问

如何对任期制和契约化经理层开展业绩考核?

对于任期制和契约化的改革主题，经理层成员的业绩责任考核也同样是重中之重。从政策上看，现有《操作指引》对业绩考核的相关机制着墨最多，不仅强调了“刚性考核”，还不惜篇幅地用“契约签订”“考核实施”两大模块对业绩考核的内容指标、目标值设定、考核实施、结果反馈甚至及格标准（70分）都进行了明确的规定，将严格的业绩考核作为薪酬兑现、岗位进退的基础。在任期制和契约化改革的官方政策解释《23问》（指国务院国资委改革办发布的《关于〈“双百企业”推行经理层成员任期制和契约化管理操作指引〉和〈“双百企业”推行职业经理人制度操作指引〉有关问题的回答》）中，更是提出了业绩责任考核“一人一岗，一岗一表”的要求。

上述政策要求、理论挑战与实践困难，要求企业在任期制和契约化改革的过程中科学合理地设计适合自身的考核机制。那么，究竟什么样的考核机制适合什么样的企业呢?

在国企改革“三年行动”攻坚克难的总体指引任期制和契约化改革的明确要求下，新阶段国有企业改革手段要进一步完善“一企一策、一企一考、一人一岗、一岗一表”，按照“权责利”对等的基本原则，有效承接之前各个阶段考核模式的优点，并针对不同成员有机调节权重所形成的较为科学的考核体系。具体分为以下三个方面（见表5-2）。

表5-2　经理层成员的考核体系

三个方面	经理层成员	
	总经理	经理层其他成员
责任红线事项	否决项	否决项
经营业绩指标	70% ～ 85%	30% ～ 15%
战略重点工作	30% ～ 40%	70% ～ 60%

1. 责任红线

一是要严守责任红线，根据国家法律法规，上级单位、公司相关规章制度的具体要求，围绕安全环保、廉洁履职、风险事项等关键问题设置责任红线指标，和经理层成员的岗位直接挂钩，不设置对应分值。触碰红线时，应免除职位，退出经理层岗位并承担相应责任。

2. 公司整体经营业绩

二是要充分体现公司整体经营业绩指标，以定量财务指标为主，凸显上级单位对公司整体的要求，并严格考核。

董事长应当结合自身对公司整体战略工作的思考，对经理层提出对应的考核目标，且不低于上级单位要求的完成底线。经理层班子应作为一个整体，根据董事会、董事长（或执行董事）的要求，承接上级要求的主要或全部指标和目标值，并根据任期制和契约化管理的要求，载于每个经理层成员的《业绩责任书》中，通过契约形式确保经营工作和公司整体业绩发展的方向高度一致。

但此时需要注意，虽然经理层成员每个人都应承担对应的公司整体经营业绩责任，但经理层成员岗位和权责各不相同，所以有必要结合经理层成员的权责要素，对上述核心指标在每位经理层成员业绩责任中的权重进行有机调整。一般来说，总经理总揽公司经营工作全局，对公司经营工作承担主要责任，经营业绩指标权重应相对较高；经理层其他成员限于自身权限，对经营业绩指标的影响和决定作用相对有限，承担次要责任，权重也应相对降低。

实务中，多数试点企业总经理的公司整体经营业绩指标权重一般在70%～85%之间；经理层其他成员根据自身分管业务、承担责任和风险的不同，权重一般以30%～15%为宜。

3. 个人战略重点工作

个人战略重点工作指标应根据经理层各成员的岗位特征、主管或分管内容和权责进行设置，不同岗位之间应差异化设置。其关键在于凸显个人重点工作的责任，也体现个人对整体市场化经营业绩的贡献程度。其中：

（1）总经理的个人战略重点工作指标应由董事会和总经理协商确定，并载明于总经理的年度和任期《业绩责任书》中；

（2）经理层其他成员的个人战略重点工作指标应按照总经理负责制的基本要求，由经理层成员和总经理协商确定，并载明于自身的年度和任期《业绩责任书》中。

再具体一点说，指标应根据岗位权责不同，针对不同岗位设置不同权重。一般总经理总揽经营工作全局，精力相对有限，个人战略重点工作权重可以相对较低；经理层其他成员在自身分管领域、分管事项方面承担较重责任，权重应相对较高。

多数试点企业总经理的个人战略重点工作指标权重一般在 15% ～ 30% 之间；经理层其他成员根据自身分管业务、承担责任和风险的不同，权重一般以 60% ～ 70% 为宜。

当然，当经理层成员分管业务与公司整体经营业绩指标存在重叠时，可以对重点指标项进行重复设计，进一步强化有关责任。

例如，当公司整体经营业绩指标包含“合同额、营业收入、净利润、现金流……”等定量财务指标时，按照经营分解要求和一般的考核逻辑，分管市场开发的副总经理的个人战略重点工作指标应至少天然地包括上述内容中“合同额、营业收入”两项内容。此时可以在其个人战略重点工作中再次出现上述两项指标，进一步对业绩责任进行强化，甚至可以根据总经理的任务分解要求进一步提升目标值，以确保经营工作能够达成预期目标。

通过上述拆解，不难看出，“责任红线指标”是对企业运行发展的基本要求进行固化，“公司整体经营业绩指标”则是对现有常见经营业绩考核的有机继承，而“个人战略重点工作”指标和差异化的权重设计，则体现了任期制和契约化管理下考核模式的升级和发展。至于具体的指标内容细节，则可以由各企业根据行业不同、发展情况不同、上级要求不同，结合自身领导分工来决定。只要掌握了上述原理，自然能做到以气御剑，用“大巧不工”的剑法，破解企业考核指标设计的实际难题。

当然，无论业绩责任考核在企业管理中起到如何基础和关键的作用，它终归是打通改革路径，实现企业发展的一种手段；而手段的最高境界，就是不拘形式，灵活应变。实际上，在国有企业对标国际一流的当下，如果考察世界一流企业集团对经理层成员的考核模式，也往往并不十分复杂，而应根据企业发展的基本思路，选择最为核心关键的点作为考核的要素。例如通用集团、波音集团等知名巨头，甚至考核的具体指标内容都不超过 5 项，但其经理人却能持续将企业做大做强。

因此，企业在开展业绩责任考核体系设计时，还可以在合乎规定、合乎政策、合乎改革要求的基础上，积极创新，充分发挥业绩责任考核的激励约束作用，持续强调契约精神、市场化导向，最终成为发展改革路上的先进企业。

第79问 经理层在任期制和契约化改革中如何实现薪酬与退出刚性兑现？

实际上，薪酬问题的根本，就在于“在契约中明确业绩贡献与薪酬兑现的关联规则”，让每位经理层成员“看得懂、算得明”。

这简简单单一句话，其实是一个系统工程，需要在改革过程中通过《聘任协议书》把薪酬基础水平约定好，通过《业绩责任书》把责任分得清，通过《考核管理办法》和《薪酬管理办法》管好怎么算、怎么发。

任期制和契约化薪酬核心要点

1. 薪酬基数确定

具体地说，年度考核影响年度绩效薪酬，而绩效薪酬又是年薪的大头（政策规定不得低于60%），这样才能起到充分激励和约束的作用；而任期考核则涉及任期激励，要通过得分核算任期激励的兑现系数，真正实现干得好拿得多。

根据知本咨询开展相关改革的工作经验，建议大家采用“比例杠杆+上限设定”的方式。对于鼓励发展的产业、高新技术企业或薪酬基数不大的新企业等，可以采用超过100分，高杠杆高上限的模式，让经理层成员勇敢往前冲，每多挣一分，都能多拿1.5%甚至更高的绩效年薪；上限可以定到1.3倍、1.5倍的绩效年薪封顶，甚至不设上限。而对于成熟且发展良好的产业，则建议采用超过100分，每一分匹配0.5%的绩效年薪比例来计算。上限也可以核定到例如1.2倍绩效年薪封顶，这样要做到140分的业绩表现，才能拿满激励，可以实现对现有盘子的再激励、再赋能。

2. 合理拉开收入差距

当然，任期制和契约化还提出了一个重要命题——“合理拉开收入差距”。要根据岗位价值、目标难度、考核结果等因素，合理拉开经理层成员间的薪酬差距，打破“高水平大锅饭”格局。

为了解决这一问题，应当给经理层足够的干事创业的空间，让他们自由地选择承担责任。不必在意大家初始基数有没有差距，而是要让愿意多承担责任的人，根据分管业务情况，多下硬指标、多担高指标，但也要让硬指标、高指标对应的分数能上去，涨得快；而经理层成员若是只想在个别业务上以稳字当头，找些“软骨头”，则要从机制上锁死其上升突破的空间。有了这样的导向，薪酬差距就自然拉开了。

因此，我们强调要在业绩责任确定的过程中就将差异拉开来，然后在干事创业的过程中实现拉开收入差距的结果。

当然，在此基础上，也可以考虑经理层班子成员兼职、分工等特殊情况，确实承担任务比较重的，也需要在薪酬基数上给予一定的照顾。

3. 中长期激励应用

任期制和契约化改革可以匹配各种可以使用的中长期激励手段，只要能够达成业绩目标，就可以在“年薪制＋任期激励”的基础上，进一步为经理层成员提供超额的报酬。

考核刚性退出要点

对于任期制和契约化经理层成员的退出，应强调考核的刚性退出，实现经理层成员职务“能上能下”。

退出问题主要包含两个方面，一是什么情况下退，二是退了怎么办。这需要从管理制度到契约文件，通盘配合实现退出管理的目标。

首先是什么情况下退。要综合考虑退休、解聘、辞职等多种情况。解聘退出的刚性，是针对“不称职解聘”而言，即考核不合格（70-）、干部能力评价不称职、触碰红线被问责追究等情况，要原地卧倒：终止任期、免去现职，及时解聘，退出经理层岗位，退出任期制和契约化管理，不予发放相关待遇和激励，仅保留劳动合同和专业技术岗位。

而若是因为到期个人原因不续聘，或者竞争择优中未能续聘的，则需要离开岗位。对于其中正常退出且任期内表现良好的经理层成员，保留干部身份，通过党组织干部评价和人事安排，经理层成员退出后可担任除经理层外的其他岗位。

这样一来，就解决了退出的刚性问题，同时兼顾了公平原则。更进一步讲，也体现出了岗位管理归董事会、干部管理归党委，任期制和契约化改革匹配国企治理、国企党建，三位一体的整体格局。

第80问 如何在任期制和契约化改革中突出企业科技创新要求？

如何在国企任期制和契约化的“牛鼻子”改革中落实创新要求呢？其实国务院国有企业改革领导小组办公室 2021 年 3 月印发的《关于加大力度推行经理层成员任期制和契约化管理有关事项的通知》（以下简称《通知》）早已给出了答案：设好创新指标，融入经理层考核。

《通知》中明确说到，在经营业绩责任书中，科技型企业还应当包括科技创新和科技人才队伍建设等内容。

虽然《通知》中的政策口径，是针对科技型企业，即科改企业的，但本次推进会释放出了一个关键信号：科改企业的先行先试已经取得良好的效果，即将在中央企业层面全线展开，其他企业也马上可以享受到相关的政策，针对关键核心技术攻关、打造原创技术“策源地”、培育现代产业链“链长”科技创新核心能力等三项任务，将在考核、分配、中长期激励等方面进一步加大支持力度。

那么，在实操中这些与创新相关的业绩指标应当如何设定内容、目标值和权重呢？其实关键在于建立好考核指标体系，并针对科技创新指标回答好两个问题：一是如何设定，二是如何融入。

如何设定的问题，关键在于“基础”和“实效”

首先，要在科技创新指标方面偏重“基础研发”“元研发”。

所谓基础研发，就是在基础材料、基础学科层面上的研发，或是针对底层“卡脖子”关键技术的研发，也可能是研发人才的突破和针对研发体系的研发。具体来说，可以按照四大类设置指标内容：

一是重大基础研发项目类，例如“每年完成国家/省级重点基础科研项目 X 项，每完成一项，额外加 X 分，最多共加分 XX 分”，或“国家/省级重点基础科研项目共 X 项，达到预期目标 Y 项，每少达目标一项，扣减该项 XX 分数”。当然，考虑到基础研发项目周期长、风险大的特征，也可以在年度考核中设置阶段性目标，在任期考核中设置整体完成预期目标。

二是重大关键技术突破类。例如“完成某技术研发项目并应用于某项业务并实现达产达效，共计加 X 分”“在现有业务环节建立智能化、自动化等关键应用创新技术系统，按阶段达成预期目标，如达成目标可加分 X 分”等。然而不同于基础研发等长远大计，关键技术突破的指标设定必须严把审核关，必须是在关键领域、环节能发挥关键作用并能够产生实际效果的，方可作为加分项纳入考核指标并载于经理层成员的业绩责任书中。

三是科研人员提升和激励机制建设类。人才是科研的基础，从人员引进、提升和激励角度进行创新，也属于科技创新的重要组成部分。可以设置的指标例如“增选院士以及引进国家级海外高层次人才”“全面建立科研人员中长期激励体系”等目标。

四是研发管理体系升级类。针对个别做到国内领先、世界一流的实体产业公司，可以参考先进模式，进行 RDM（研发管理）的突破，运用技术手段直接对整个研发体系赋能，从根本上突破现有研发的壁垒。例如建设 IPD（集成化产品开发）、Scrum（敏捷开发实践）、CMMI（能力成熟度集成）等，建立高层研发决策管理、集成产品管理、集成研发项目管理、研发职能管理、研发流程和质量管理体系。

除上述之外的传统的科研考核指标，如研发投入占比、研发队伍人数/职称、专利数量等，也可以进行考核，但不宜作为加分项。

其次，在明确研发方向的基础上讲求“实效”。

任期制和契约化考核是以市场为导向的考核，对其中的技术研发指标，应当在可核算的基础上强调实效性。

很多国有企业往往将研发的实效理解为研发成果是否有效产生，并达到某些级别的考核目的，例如将“通过国家级课题结题验收”或“获得奖项”作为对研发工作任务考核的关键。但实际上除了基础研发外，各项应用研发工作都是要为企业的市场化经营服务的。企业有必要建立研发贡献价值的导向，在应用研发的开端处就明确应用方向，并核算研发成果在后续产品端、市场端的应用占比和直接价值贡献，从而做到有效考核，并匹配对于相关人员的激励。

例如对经理层的考核，可以要求“某研发成果达产达效，并因此产生直接利润不低于X万元，节约成本不低于X万元”，或“某研发成果知识产权内部应用覆盖范围X%，占新签合同额比例Y%，或外部许可适用收益不低于X万元”这样的指标；同时建立内部机制，例如“有效应用了拥有自主知识产权的研发成果的产品或项目，均应按照项目合同额/利润向研发团队进行激励，持续X年，逐年递减”。只有建立这样讲求实效的研发导向，才能真正有效做到技术指标和市场化经营相结合。

当然，讲求实效，必然会对研发管理体系提出更多要求，例如采用信息化、项目制的管理来实现研发成果的可核算、可激励，因此就更有必要及时匹配健全的管理制度规范和体制机制，促进研发和市场相辅相成，跨越进步。

如何融入的问题，关键在于“加分”

企业要真正将技术研发有关事项融入任期制和契约化的经理层考核，有一个关键点要做到，就是将有关考核事项和指标打造为考核的“加分项”。

一方面，加分项在实践中要与科技创新事项具备较强的先天匹配。

创新发展事项，本身就是企业在发展道路上的探索和创新，具备先天的不确定性。如果按照百分制之内进行考核，会导致经理层成员缺乏在相关领域进行创新探索的积极性，不利于科技发展，也没有体现出科改推进会中强调的鼓励创新的基本要求；而如果作为加分项进行考核，可以有针对性地鼓励经理层成员将精力向有关科技发展的事项倾斜。

另一方面，加分项也是对原有百分制考核的合理合规突破。

很多企业对加分项有“心结”，实际上是因为打破了现有的考核机制。多数国有企业目前都按照百分制进行考核，在 100 分内，就囊括了经理层成员的各项经营业绩和工作任务等内容，而将科技创新作为加分而非含在 100 分内，就会让企业觉得“打破常规”，“复杂”和“麻烦”，缺乏改革的动力。

但拿先行先试的科改企业来看，科改示范行动现场推进会公报指出：“考核约束不宜‘一刀切’式套用国务院国资委对集团公司的经营业绩考核指标，而应更加侧重对科技研发投入、创新成果转化、市值（估值）提升等方面。”“要在坚持和加强党的全面领导、保证正确改革方向、防止国有资产流失的前提下，赋予‘科改示范企业’更大的改革自主权，特别要注意防止企业集团总部职能部门成为制约改革的‘中梗阻’。”“要鼓励科改企业打破传统考核框架，集中解决‘激发人才创新创造活力的激励机制还不健全、企业党建与改革创新发展等各项工作融合度不高，鼓励创新、包容创新的机制和环境有待优化’等重点问题。”

进一步说，结合《关于深入推进全面创新改革的通知》（发改高技〔2021〕484 号），政策上也提出了对国有企业在科技创新领域要在分配激励机制领域匹配政策支持，做到“能给尽给，应给尽给”（国新办 1 月 19 日、23 日新闻发布会）。这其中就提到了对科技创新重大项目要列入经营业绩考核，对取得重大成果的企业要给予更高的加分奖励。

总的来说，现有针对国企创新的政策利好越来越多，正是要牵好任期制和契约化改革这一“牛鼻子”，将改革创新“拓荒牛”引进门的关键时刻，企业一定要牢牢把握科创指标“基础”“实效”的关键，合理设置“加分项”，将任期制和契约化改革以及国企创新推上一个新台阶。

第81问 实施任期制和契约化管理要注意哪种关键性误区？

任期制和契约化管理，是本轮国企改革中在干部市场化机制方面采取的重要举措，也是新时期解决干部“能上能下”问题，经理层收入“能多能少”问题的关键办法之一。这种新的管理机制，之所以可以对“能上难下”“能多难少”的国企长期困扰现象产生直接的作用，主要是基于它的“三大基石”。

第一，战略目标与有限任期相结合。任期制和契约化，首先是一个时间明确、终点清晰的任期。这个时间段可以是3年或其他合适时间，这就给国企的上级股东一个很好的工具，把这个时间对应的战略规划目标和经理层的考核要求结合起来，解决过去战略执行责任难以落实，规划执行周期不明确等诸多问题。简单说，战略目标要通过有限任期进行“落地”。

第二，考核结果与解聘增压相结合。实行任期制和契约化，核心是签订考核契约。如果在契约规定时间内没有完成股东和董事会考核目标的要求，考核评分值没有达到70分，就需要解除契约、免去岗位，成为公司的普通一员。这项量化的刚性规定，解决了过去干部能上能下过程中无据可依、无人担责、不忍发力的重要问题。可以说，这项规定是任期制和契约化管理的“增压器”，是要“办事的”。

第三，业绩增长与收入增加相结合。任期制和契约化规定了包括基本薪酬、绩效薪酬和任期激励在内的经理层收入结构，并且强调“刚性兑现”。之所以必须“刚性”，就是要解决过去的“柔性”问题，建立一个只由业绩和效益说话，只由考核分值说话，将经理层收入变动和业绩增长直接挂钩的市场化机制。

如果能够真正理解好、应用好这三大基石机制，我们认为一定能够在很大程度上改变很多国企现状，激发组织活力和干部动力！

随着国企改革三年行动的深入推进，2020 年末有部分企业开始先行先试，一些企业在任期制和契约化实施中却“虚晃一枪”。

“虚晃一枪”有什么表现

所谓“虚晃一枪”，就是一个假动作。

1. 新瓶装旧酒

任期制和契约化涉及的所有问题，都不是崭新的领域。大部分国有企业早就有成熟的考核体系、年度目标责任制、薪酬体系，也有一直在采用的干部任用制度体系。实施任期制和契约化，企业面临的第一个问题是怎么把原有的这些制度体系和新的目标结合起来？

这个时候，有些企业出于“要简单”“要快”“要平稳”的考虑，索性来一个“乾坤大挪移”，把之前的年度目标考核责任书拿来，把之前各类聘任协议拿来，直接翻版改名成为任期制和契约化的相关文件，找人力资源部门整合整合，再打印出来，让现有的领导班子成员每个人都签个字，呈报上级单位，就算形式上完成了任期制和契约化。

2. 指标有学问

任期制和契约化的核心作用力，一是“不称职解聘”，二是“刚性兑现”。这些无疑给一些企业经营层带来了外部压力。怎么应对这个事情呢？如果能够比较简单地实现每年的考核得分都能超过 70 分，那么就好办了。

所以，考核指标的设定就显得十分关键了。要想比较容易超过 70 分，最简单的方法就是将考核指标持续增加，既有整体经营的，又有专项任务的，还有综合考核的；这样如果能够有 20 ～ 30 个指标或者更多的话，每个指标的权重就平均到 3%；再加上其他的一些加减分项设置，除了感觉这个指标体系很完善之外，带来的另一个好处是，任何几个指标的好坏，甚至是经营指标的问题，都不会对 70 分这个底线产生很大的实质影响。

另外，对于一些考核指标的评判方法，也可以进行相对宽松的规定，这样得分也会容易。比如某企业制定的任期制和契约化“个人 KPI 考核评价标准”是这样评分的：

工作绩效始终超越常规标准要求，90 ～ 100 分

工作绩效经常超出常规标准要求，80 ～ 90 分

工作绩效经常维持或偶尔超出常规标准要求，70 ～ 80 分

工作绩效基本维持或偶尔未达到常规标准要求，60 ～ 70 分

工作绩效显著低于常规正常工作标准，0 ～ 60 分

五档评分看似很完整、很客观，但详细一看，得到 70 分以下那是难上加难。除非这个干部不走正路、不按时上班开会，其他都是没问题的。

实行任期制和契约化，本意是加强责权利的对等，让国企经理层轻装上阵、奋力拼搏；但如果少数企业在指标值确定时蜻蜓点水、流于表面，这个作用显然将大打折扣。

如何抓住任期制和契约化的主要思想

虚晃一枪，徒具其表。这其中有时间紧、任务重的原因，有政策理解不到位的原因，但更为直接的原因是，在实操过程中，企业忽视了任期制和契约化管理的几个核心要素，导致最后只有一堆看似完整的文件体系，缺少了这项重要改革的主要思想。那么，主要思想在哪里？怎么抓得住？知本咨询有三点说明。

1. 重新就位

在任期制和契约化的政策中，规定可以采用多种聘任的形式，既可以推荐任用，也可以竞争聘用，这是结合实际情况的客观导向。

知本咨询建议，任期制和契约化，在聘任环节要更多地采用起立和竞聘的方式。这种做法的意思是，企业领导团队不能“就汤下面”，而需要让这些领导岗位人员起立，重新找位子、找差距、定目标。起立再坐下，不一定能有位置，也不一定能坐在原有位置上。通过重新就位，实现经理层心理上历史归零，完成再次奋斗准备，也给任期制和契约化一个零起点——崭新的

起点。

内部竞聘是一种形式，但这种形式是非常重要的。企业任职更需要通过这种形式来实现心理准备、业绩承诺。在能上能下这个关键性闭环里，为了顺利地实现未来“能下”的第二笔，就先要把今日“竞聘才上”的第一笔画好。

2. 标定航向

年度和任期绩效考核是任期制和契约化的核心标尺。这件事情有没有设计好、实施好是整个机制成败的胜负手。考核指标的目标方向怎么样才能既有压力又有动力呢?

其一，将战略规划和任期考核目标紧密结合。这本身也是任期制的核心要义，更是包括国有股东在内的所有股东基本要求。很多国企之前的考核指标都和年度预算指标挂钩，现在有了任期考核，增加了将规划指标和业绩实现相结合的手段，也解决了很多企业规划指标难以落地的问题。总体来说，任期考核不是年度考核的三年叠加，更不能随波逐流。

其二，考核指标要结构简单，导向清楚。无论是年度还是任期，对于一家公司经理班子的考核指标，不建议过多过细。KPI 考核的精髓在于指标一般是 3 ～ 5 个，如果超过 10 个或者达到 20 ～ 30 个，我们建议将其中辅助性的事项集中打包，作为辅助指标考虑，或者下移作为对企业中层采用的指标进行考核。只有指标简单了，数据真正量化了，市场结果才真正说了算，战略导向、业绩导向才能落地。

其三，目标要分层，激励要分线。建议将考核目标划分成三条基本线，达标线、平均线、优秀线；将简单的线性指标，细化为“三线值”的区间指标，制定不同的考核分值标准。达标是红线，达到平均是基本要求，追赶一流优秀是奋斗方向。这样设置三条考核目标线，可以更好地实现考核量化目标。

总之，我们需要制定一个需要努力奋斗才能达到的业绩目标，并且匹配有差异化、有竞争力的薪酬激励和事业激励承诺，做到既有压力，也有动力。

3. 三角发力

有责没权，养庸人；有权没利，养贪人；有利没责，养懒人；有责没利，养反人。

任期制和契约化管理是一个责、权、利结合统一的整体，所以必须从三个角度共同设计、发力才能得到最好的效果；如果只重视风险和责任的增加，或者只重视其他两个而忽视了责任，就会造成养庸人、养贪人、养懒人、养反人的一种或多种结果。

有成效的任期制和契约化，应该是一个“三力合一”的张力模型。

力 1：压责。通过考核指标、契约签订、任期明确等方式，让经理层承担起职责和风险压力。

力 2：授权。要相信契约，相信干部，通过明确岗位责任、明确授权清单，给予执行合同所必需的发挥空间和执行权力，减少国企系统内部的行政干预和不增值管控，可以让经理们安心、放手去经营、管理。

力 3：增利。充分激励和保护经理层的利益，通过业绩考核增量激励、任期增量激励、超额利润分享激励的方式，充分调动高层管理团队的积极性和主动性。此外，说了奖惩就要算数，签了契约就必须执行。

第82问

如何正确认识和评价国企职业经理人制度？

在国企改革三年行动整体部署当中，全面推动任期制和契约化管理，同时在一些市场化程度高的国企实施职业经理人制度，是国有企业建立健全市场化经营机制的重要组成部分。

1. 国企职业经理人改革对于市场化经营机制起到重要推动作用

国有企业建立职业经理人制度的基本目的，是为了在一些市场化程度较高的国企中健全和深化市场化经营机制、激发企业活力。

职业经理人制度促进了国企经营管理人才的有效流动。目前国企职业经理人实现了“市场化选聘、契约化考核、差异化薪酬、市场化进退”的市场化管理闭环，有效解决了传统模式下干部“终身制”任职的问题。

国企职业经理人制度建设推动了本企业干部队伍更加年轻化。职业经理人更有冲劲，心态更开放、市场化程度更高，能够充分靠近市场，充分理解市场，并借助自身经验优势，真正实现国有企业系统和行业市场最新动态的对接。

同时，职业经理人制度有助于市场化机制、市场化氛围在国有企业的建立，有助于强化国有企业内部的契约精神和市场化意识，取得良好的市场业绩。

建立职业经理人制度有助于促进企业治理法治化、规范化。例如中国石化、中国中车等企业下属的市场业务、创新业务，均已通过职业经理人改革实践实现了有效的干部管理机制改革，并取得了良好的成果。

2. 国企职业经理人改革是国企干部市场化机制改革的一小部分

国企干部市场化管理机制的基本逻辑，是要完善国有企业领导人员分类分层管理制度，解决三项制度改革中的突出矛盾和问题，有效激发微观主体活力。具体来说，改革分为两大模式，职业经理人制度改革是其中的一小部分。

国企干部管理的主导模式是国有企业经理层成员任期制和契约化管理，即对企业经理层成员实行的，以固定任期和契约关系为基础，根据合同或协议约定开展年度和任期考核，并根据考核结果兑现薪酬和实施聘任（或解聘）的管理方式。强调的是固定任期，签订契约，合理拉开薪酬差距和不称职解聘岗位。

职业经理人制度则是针对市场化程度更高的国有企业，强调内外结合的市场化选聘、从劳动合同到心理契约的契约化管理、高度市场化和差异化的业绩要求与薪酬水平，以及市场化的退出机制。

二者均是对国企传统干部管理模式进行的市场化改革，共享着任期制管理、契约化管理的基础，但在市场化程度方面存在递进关系。根据国企改革三年行动的要求，全国国有企业要全面推行任期制和契约化管理；同时，推行职业经理人制度的企业有明确的限定条件，那就是企业处于充分竞争的行业、人力资源市场化程度较高、董事会职权充分落实、内部决策执行监督机制到位。

在这些政策要求下，国企干部机制的改革，将以任期制和契约化管理作为主体，以职业经理人制度作为补充。二者各有特色，能够在不同层面上采用分类分层的差异化模式对国企经理人进行有效管理。

3. 国企职业经理人制度和党管干部机制不矛盾

国企职业经理人制度的设计，也充分考虑到了国有企业的体制和机制特色，和党管干部机制有效衔接，实现了党管市场化经理层成员的规范化和法治化。

在《“双百企业”推行职业经理人制度操作指引》（以下简称《职业经理人制度操作指引》）中，明确规定在开展改革时，控股股东及其党组织要对推行职业经理人工作发挥领导和把关作用，在确定标准、规范程序、参与考察、推荐人选等方面进行把关，确保了党委的有效管理。

4. 国企职业经理人制度有特定的企业适用范围

国企推行职业经理人制度，并不是对于所有企业都适用的。

从行业上来看，职业经理人制度要求主业处于充分竞争行业和领域，或者主要从事新产业、新业态、新商业模式，要确保试点企业有良好的市场化经营基础，才能让职业经理人制度发挥最大作用。

从区位上来看，职业经理人制度需要企业所处地区人力资源市场的发育完善，有良好的人才“蓄水池”，能够实现市场化的人员选聘。

职业经理人制度适合在董事会健全完善、董事会与经理层权责利对等并能做到有效制衡和监督的企业开展。在具备上述条件的企业中，职业经理人可以根据规范的公司内部制度、上级管控要求进行履职，同时保证国有企业风险防范。

5. 国企职业经理人制度的核心是充分市场化

一是经理层选聘市场化。通过落实董事会选聘职权，通过市场化机制依法聘任职业经理人，让市场上的优秀人才“为我所用”，真正做到五湖四海任人唯贤，激活国有企业干部选用机制。

二是业绩要求市场化。职业经理人制度能够以对标市场的业绩为目标，让优秀经营人才“揭榜挂帅”，帮助国有企业实现更高的业绩水平。

三是薪酬兑现市场化。在职业经理人制度下，经理层成员要做到权责利对等。在市场化的业绩要求下，应当匹配市场化的薪酬并刚性兑现，能够帮助国有企业打破干部薪酬“大锅饭”，引入良性的竞争机制。

四是人员退出市场化。职业经理人制度不仅是要做到干部的“能上能下”，还要在此基础上做到经理层人员“能进能出”。要按照合同契约约定，对于经考核不适宜任职的职业经理人严格退出，可以提升经营管理工作过程中经理层成员的责任感、使命感、危机感和紧迫感。

第83问 国企职业经理人制度实操成功有哪些关键注意事项?

1. 国企职业经理人制度的成效关键在于经理层班子“全员改革”

在本轮改革《职业经理人制度操作指引》和官方政策解读意见中，明确了原则上应当在改革企业的经理层成员选聘的过程中，全面推行任期制和契约化管理，或者全面推行职业经理人制度，即提出了“全员改革”的要求。

“全员改革”的要求基于几点原因。首先，如果在一部分经理层岗位上开展任期制和契约化改革，容易导致班子履职的“心态失衡”矛盾。对于仍然沿用传统干部管理的经理层成员，会认为自身薪酬水平和职业经理人差距较大，缺乏激励动力；而采用职业经理人制度模式开展管理的经理层成员，则认为自身承担的岗位退出风险过高，导致难以平衡。

进一步说，由于经理层岗位存在级别差异，总经理和副总经理如果不能完全采用同样的管理模式，在业绩责任确定和经营任务分解时，矛盾会进一步凸显，导致职业经理人制度改革的效果不佳。

因此，要发挥职业经理人制度改革的真正效果，关键在于落实好“全员改革”的要求，解决好职业经理人制度“平衡难”的问题，让班子成员能够一体履职。

2. 国企职业经理人制度需要在企业内外不断培育联通人才市场

培育内部人才市场，就是要在企业和企业集团之内，针对干部队伍建立市场化人才池，充分挖掘愿意对接市场、迎接挑战的优秀人才，从而在集团企业内部让市场化人才流动成为可能。

联通外部人才市场，一是要积极开展社会化招聘，对于关键行业、关键企业、关键市场可以开展全球化的人才招聘，深入挖掘人力资源市场，并积极联系人力资源平台和猎头公司等主体，精准选择最合适的人才。二是要在职业经理人市场化、流动性的基础特征上，把经理层成员和企业的归属感融合起来。三是要将内外部人员“蓄水池”进行有效对接，形成更大范围的人员选择空间和人才流动去向，这样才能保障国企职业经理人制度持续发挥作用。

3. 国企职业经理人制度要求企业内部的管理机制配套成型

开展职业经理人制度改革，需要企业事先建立多项配套管理机制，这是形成满意改革成效的前提条件。

一是授权机制。职业经理人制度要求依法落实董事会职权，这就意味着需要董事会明确自身权限的边界，明确上级控股股东方或股东会对其的授权。在此基础上，董事会再将在自身权限范围内有关权限分类下授给以总经理为首的经理层，并由总经理根据经理层分工对履职所需的各项权限进行分解，深度发挥职业经理人制度对企业管控治理优化的促进作用。

二是明确职业化经理层人员的责权利。要通过权责清单、岗位说明书等书面文件，明确经理人的岗位职责、履职规范、业绩要求和关键事项，以上率下，通过从经理层到职能部门的职责分解，建立精细化的企业岗位职责和岗位通道管理体系。

三是建立以劳动合同为核心，以岗位聘任协议和业绩责任书为附件和补充的契约文件体系。劳动合同应当对于岗位聘任和退出、业绩与薪酬约定、权限下授、考核政策、追索扣回和容错免责等问题在条文中予以明确约定。岗位聘任协议和业绩责任书则应对职业经理人的聘任、权责利和业绩要求等内容进行详细约定，要和劳动合同保持高度一致，并根据落实董事会权限和落实总经理负责制的要求，按照规范程序签订，从而提升经理层成员乃至企业全员的契约精神和责任意识、市场化意识。

四是干部机制的配套调整。职业经理人要放弃干部身份，就需要有系统的配套机制支持。对于接受改革的经理层成员，要有明确的改革前做出的身份承诺、改革中公正选拔聘任、改革后严格落实权责等配套措施的支持。而对于不接受开展改革的成员，也应当由干部关系所在党委，根据其干部身份和级别要素，进行适当的岗位安排，例如外部董事库、党政班子专职成员等，以此为改革及时破除阻碍，同时也充分尊重现有干部的合法利益，允许其在企业系统内非经理层岗位上履职。

4. 国企职业经理人制度要重视在选聘和使用上的科学性

国企职业经理人制度需要将选人用人置于科学的框架下。很多改革企业原有的干部管理、业务运营模式和新的市场化制度存在不匹配情况，这往往导致职业经理人改革效果不佳。具体体现为三个方面。

一是聘任时，一些企业片面强调形式的声势和影响，忽视了高级经理人员选聘的客观规律。这些企业往往通过广而告之的“全国招聘”或者“全球招聘”等形式营造市场化选聘的氛围；但是由于时间限制、信息限制等原因，这种方式往往难以起到应有的效果。同时忽视了这类企业高级管理人才更加适用于“猎头”等精准招聘通道，最终导致一些企业的职业经理招聘工作雷声大、雨点小。

二是重视选聘，但不重视使用，未能设计好“权责利”对等的考核与激励机制。一些企业简单地认为和职业经理人的关系就是简单的“契约关系”“业绩合同关系”，忽略了一个组织对于高级管理人员必要的关注、培养、荣誉激励、文化影响等综合人才机制的作用，使得对内部职业经理人的管理和对其他人员的管理分属两种类型、两个体系，职业经理人的短期意识、打工效应更加明显。

三是放任人员流失。很多企业在职业经理人任职时，不注重合理、细化设置任职期限，不能做好有效地授权放权，未能有效设计绩效监督反馈和申诉的机制；当职业经理人履职出现问题时，简单按照市场化机制实现人员退出，反复换人，但并未解决根本问题。

要想解决“重选、轻用、任流”这一职业经理人制度实施偏差问题，关键在于搭建科学合理的选聘机制。全面配套的用人机制为职业经理人明确岗位职责，匹配相应的经营管理权限和创新党管干部机制，坚持严管与厚爱相结合，建立职业经理人对企业的归属感，避免职业经理人制度成为“形式改革”。

5. 要打通任期制和契约化管理经理与职业经理人的转换通道

职业经理人制度改革和任期制、契约化改革并不互斥，二者之间在市场化程度这条主线上是逐步递进的关系。两种干部管理机制相辅相成，可同时存在，并应该能够相互转换。

目前，任期制和契约化管理构成了国企干部管理的“大循环”，在全体国有企业形成了干部管理 + 岗位管理的人员“能上能下”机制。而职业经理人制度，是对这个大循环进行有机补充和深化的“小循环”，是强化了干部“市场化进退”的关键举措。要做到大小循环相互贯通，就是要让业绩优秀，处在市场化前列的契约化干部能够“走出去”，放弃身份，强化激励，突破自我，做出更好的业绩表现。而对于表现尚佳的职业经理人，在其退出时也应该在企业系统范围内留好通道，允许其在其他契约化经理人岗位上发挥人才的作用，扩大国企干部人才“蓄水池”。

同时，在企业整体层面上，随着企业市场化经营机制改革的开展，对于现有采用任期制和契约化改革的企业可以提出更高要求，进一步向职业经理人制度推进。通过大小循环联通，才可以保证市场化、规范化、契约化的企业文化能够逐步建立，也才可以保证干部市场化管理改革的总体平稳性。

第84问

任期制和契约化模式与职业经理人制度有何区别?

新一轮国资国企改革中，要求全面推行任期制和契约化管理，支持鼓励具备条件的企业推行职业经理人制度，从而加快完善市场化选人用人模式。这两种选人用人模式有何异同?

下面我们将就任期制和契约化管理与职业经理人制度在认定、管理、薪酬、退出等多方面进行对比梳理，进一步帮助公司了解两者的区别以便更好地进行操作。

任期制和契约化模式与职业经理人制度适用范围

根据《职业经理人制度操作指引》，推行职业经理人制度的岗位一般包括“双百企业”的总经理（总裁、行长等）、副总经理（副总裁、副行长等）、财务负责人和按照公司章程规定的高级管理人员（见表5-3）。

表5-3　任期制和契约化模式与职业经理人制度1

条目	经理人任期制和契约化模式	职业经理人制度
实施范围	总经理、副总经理，其他可以参照	总经理、副总经理等高级管理者
管理方式	任期制和契约化	市场化选聘、契约化管理、差异化薪酬、市场化退出的原则管理
身份认定	体制内管理	市场化人才（市场来、市场去）
选任方式	委任制/聘任制（原选任方式不变）	聘任制
管理主体	控股股东或董事会（原方式不变）	董事会

续表

条目	经理人任期制和契约化模式	职业经理人制度
实施企业	不设条件，全面推行	双百企业和中央企业所属各级子企业和地方国有企业（含所属各级子企业，下同）参照执行
契约关系	签订年度和任期经营业绩责任书	劳动合同、聘任合同和经营业绩责任书（年度和任期）

职业经理人是指按照“市场化选聘、契约化管理、差异化薪酬、市场化退出”原则选聘和管理的，在充分授权范围内依靠专业的管理知识、技能和经验，实现企业经营目标的高级管理人员。而经理层成员任期制和契约化模式，是指对企业经理层成员实行的，以固定任期和契约关系为基础，根据合同或协议约定开展年度和任期考核，并根据考核结果兑现薪酬和实施聘任（或解聘）的管理方式。

经理层任期制和契约化是职业经理人制度的基础和前提，职业经理人制度是经理层任期制和契约化进一步发展的必然结果。职业经理人制度的特点是“市场化进出”，这正是经理层任期制和契约化缺少的部分。

用一个公式可以概括职业经理人制度与经理层任期制和契约化模式之间的关系：职业经理人制度 = 经理层任期制和契约化模式 + 市场化进出 − 国企干部身份和行政级别。

人事管理

在人事管理方面，任期制和契约化模式与职业经理人制度主要不同之处有：

一是增加了市场化选聘的步骤。

二是劳动合同的签订不同。

职业经理人上岗要依法签订劳动合同；尤其是本企业内部人员选聘为职业经理人的，一般应重新签订劳动合同（经理层任期制和契约化模式无此要求）（见表 5-4）。

表 5-4 任期制和契约化模式与职业经理人制度 2

条目	经理人任期制和契约化模式	职业经理人制度
劳动合同管理	劳动合同不变，身份不变	一般应重新签订劳动合同
组织人事档案	保持不变	一出：人事档案 一进：党组织关系
实施程序	六个步骤：方案、审批、选聘、签约、考核、运用	五个步骤：方案、审批、签约、考核、运用
职责分工	控股股东及其党组织：领导把关 董事会：方案制定、报批及实施（未成立由控股股东及党组织） 党组织：前置研究程序	控股股东及其党组织：领导把关 董事会：方案制定、报批及实施（主体） 党组织：前置研究程序
岗位管理	经理层人员的岗位职责、权责清单	
市场化选聘	未刚性要求，视需要开展	需要开通
人员来源	以企业内部人员为主	本企业内部人员、股东推荐人员、社会参与人员、人才总结机构推荐人员（不受企业内外、级别高低、资历深浅限制）
担任党组织职务	没有特殊条件，可以担当	符合相关条件可以担任

三是人员来源不同，职业经理人制度选人通过市场化选聘，不受企业内外、级别高低、资历深浅限制。

薪酬体系

在薪酬方面，任期制和契约化模式与职业经理人制在薪酬结构、薪酬导向和薪酬的兑现与支付上基本相同（见表 5-5）。

表 5-5 任期制和契约化模式与职业经理人制度 3

条目	经理人任期制和契约化模式	职业经理人制度
薪酬结构	基本年薪、绩效年薪、任期激励（鼓励开展）	基本年薪、绩效年薪、任期激励（以岗定薪，以绩定奖）
薪酬导向	强调业绩导向（业绩薪酬不低于 60%），任期激励是与职业经理人任期经营业绩考核结挂钩收入	

续表

条目	经理人任期制和契约化模式	职业经理人制度
薪酬兑现	一岗一薪酬，刚性兑现（拉开差距）	
薪酬支付	可参照职业经理人制度	绩效年薪、任期激励先考核后兑现，可结合企业实际情况延期支付
薪酬水平	未做岗位要求，可根据需要调整	业绩与薪酬双对标：对标 + 协商
履职待遇和福利	可以按现有管理方式确定	董事会与职业经理人协商确定
薪酬审批权	可以按现有管理方式确定	董事会确定
追索扣回机制	建立薪酬追索扣回制度，并在聘任合同中予以明确	

1. 薪酬结构与导向

任期制和契约化模式与职业经理人制度薪酬结构可以包括基本年薪、绩效年薪、任期激励，也可以实施各种方式的中长期激励和履职待遇及福利。其中：基本年薪是职业经理人的年度基本收入；绩效年薪是与职业经理人年度经营业绩考核结果相挂钩的浮动收入，原则上占年度薪酬（基本年薪与绩效年薪之和）的比例不低于 60%；任期激励是与职业经理人任期经营业绩考核结果挂钩的收入。

另外《操作指引》中鼓励“双百企业”综合运用国有控股上市公司股权激励、国有科技型企业股权和分红激励、国有控股混合所有制企业员工持股等中长期激励政策，探索超额利润分享、虚拟股权、跟投等中长期激励方式，不断丰富完善职业经理人制度的薪酬结构。

2. 薪酬支付预兑现

任期制和契约化模式与职业经理人制度基本年薪按月支付，绩效年薪、任期激励先考核后兑现，可结合企业实际情况延期支付，中长期激励收入在董事会与职业经理人签订的聘任合同约定的锁定期到期后支付或行权。

《职业经理人制度操作指引》特别强调刚性考核和薪酬刚性兑现，要求“绩效年薪、任期激励先考核后兑现，可结合企业实际情况延期支付”且

“实行薪酬追索扣回制度”。与此同时，《职业经理人制度操作指引》明确规定职业经理人的薪酬结构包括基本年薪、绩效年薪、任期激励、中长期激励和履职待遇及福利，按照“业绩与薪酬双对标”原则实现职业经理人薪酬水平的市场化。

3. 薪酬水平

任期制和契约化模式未做岗位要求，可根据需要调整。而职业经理人制度规定薪酬总水平应当按照“业绩与薪酬双对标”原则，根据行业特点、企业发展战略目标、经营业绩、市场同类可比人员薪酬水平等因素，由董事会与职业经理人协商确定。

4. 追索扣回机制

除以上三点外还需要注意，在解除（终止）聘用和劳动关系后（聘期届满考核合格但不再续聘的除外），原则上不得兑现当年绩效年薪、任期激励和其他中长期激励收入。“双百企业”应根据有关规定建立薪酬追索扣回制度，并在聘任合同中予以明确。

任期管理考核与退出

职业经理人制度中的契约化管理与经理层任期制和契约化模式，最大的不同在于考核指标不同，职业经理人制度的考核指标目标值要求具有较强的挑战性，力争跑赢市场、优于同行；经理层任期制和契约化模式的考核目标值则是科学合理、具有一定挑战性（见表 5-6）。

表 5-6　任期制和契约化模式与职业经理人制度 4

<table>
<tr><th>条目</th><th>经理人任期制和契约化模式</th><th>职业经理人制度</th></tr>
<tr><td rowspan="2">任期 / 聘期管理</td><td>任期期限由董事会（或控股股东）确定，一般为两到三年，可延长</td><td>聘任期限由董事会决定，原则上不超过三年，可延长</td></tr>
<tr><td colspan="2">到期重聘；未能续聘的，自然免职（解聘），如有党组织职务，原则上应一并免去。任期期限、最多连任届数和期限等一经确定，不得随意延长</td></tr>
</table>

续表

条目	经理人任期制和契约化模式	职业经理人制度
考核指标	科学合理，具有一定挑战性	力争跑赢市场、优于同行
考核模式	年度考核 + 任期考核（适当区分、有效衔接）	
指标要求	目标值应科学合理、具有一定挑战性	应当具有较强的挑战性，实现力争目标
退出机制	经考核认定不适宜继续任职的，应当中止任期，免去现职	退岗退企，如有党组织职务应当一并免去

另外一点是在于退出机制。经理层任期制和契约化模式针对考核不合格的情况处理有一定的弹性，只是进行任期的终止和免去现职；但职业经理人制度，《职业经理人制度操作指引》再一次强调了刚性考核结果的刚性应用，列举了应解除（终止）聘任关系的情形，并强调了聘任关系和党的职务要一并免去，保证了公司经营层和党组织管控双重领导关系中的一次性清除，真正做到了“不留余地”。

经理层的任期制和契约化模式与职业经理人制度是企业深化改革中的重要抓手，同时也是激发企业活力、增强企业竞争力的重要举措。想要用好这些手段，除了明确两者特点和区别，企业还需要根据所属分类、企业发展需要、内部人才储备等情况进行适合的灵活处理，不适宜采取一刀切的管理方式。

经理层的任期制和契约化模式与职业经理人制度将是国有企业经理层长期存在的两种管理制度，只有厘清两者区别，结合自身企业情况才能更加全面地认识任期制和契约化模式与职业经理人制度管理、用好任期制和契约化模式与职业经理人制度管理，真正解决好企业在改革发展中存在的主要矛盾和问题。

第85问 国企职业经理人选聘有哪些核心要点?

对于一家已经准备好推动职业经理人制度改革的企业来说，面临的实际操作环节，将会遇到“选、用、退、流”四个环节的核心管理问题，应该怎样考虑管理思路，以保障改革的顺利实施呢?

“选”的机制是第一个。“选”的概念很容易理解，就是选择、选拔、选用的环节。不同于一般的招聘选人，国企职业经理人的选用，涉及的管理范围更大，管理流程更复杂。

1. 国企什么样的岗位可以选用职业经理人

根据最新意见精神，“将在央企二级企业和地方国企扩大试点，逐步增加国企高管的市场化选聘比例”。这个原则基本框定了职业经理人选择的基本级别边界。不过，仔细考虑这项原则，还是感觉有操作难度。职业经理人制度试点不在央企一级企业领导岗位扩大，基于的考虑是干部管理权限问题；很多中央企业领导岗位本身对应行政级别，并由中组部提名和管理，从央企二级企业开始进行，从干部管理方面是能够理顺的。然而，对于地方国企来讲，同样问题依然存在，省级和副省级城市国资委管理的一级企业集团领导岗位，多数也需要本地党委组织部提名和任用；如果从地方各级国资委这个口，是无权随意拿出进行职业经理人制度改革的，所以，也只能从其可以管理的二级企业实行扩大和落实。也就是说，可以在中央或者地方国企的二级集团负责岗位，尽可能多地推动职业经理人机制落地。

2. 如何产生国企职业经理的候选人

市场化选聘的原则，使得国企职业经理人的招募，通常采用公开面向全社会报名的方法，并在招聘公告中指明需要候选人满足的条件。规定的硬件需要包括：

（1）政治条件（这是前提和基础）；

（2）年龄（不能太大，一般要离法定退休十年以上）；

（3）工作经历（总体工作不少于十年，类似岗位不少于三年）；

（4）教育水平和身体条件（基本需要大学教育起点和满足工作要求的身体状况）。

国企职业经理人选聘，还需要涉及的问题是，如何将党组织推荐和公开招聘结合起来。其实，党组织推荐人选也应该纳入招聘报名的环节，最终在通过诸多拼比审核后，党组织行使考察和推荐的权力。

3. 如何设计国企职业经理人的选拔流程

如何保证选拔的公开、公平和公正十分重要。因而，设计和执行好国企职业经理人的选拔环节，科学地、高效地实现对人才的鉴别，找到合适的岗位人选，就显得格外关键。这个选拔过程如何设计才是科学合理的呢？

通过知本咨询多年帮助大型国企集团开展招聘和竞聘组织的经验来看，职业经理人的选拔程序如图 5-2 所示。

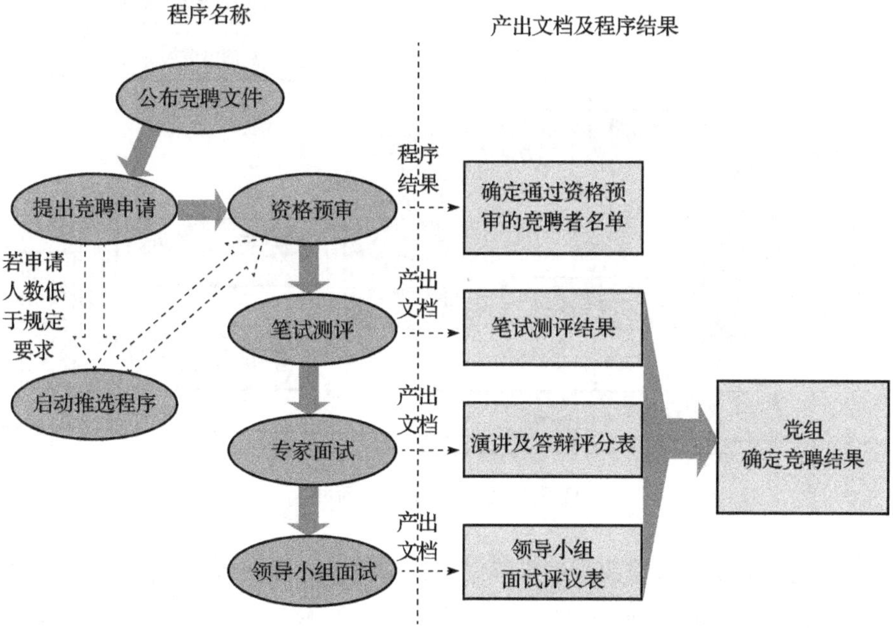

图 5-2　职业经理人的选拔程序

首先是申请和资格预审的环节。在这个环节中，通过对报名人员硬件条件的比对分析，筛除不合格的人员，并及时通知本人。

其次是进行综合性的笔试测评。目前可以开展的测试有很多类选择，包括知识类、素质类、逻辑类、能力类、心理行为类等，能够客观量化评价候选人的相关水平。

最后是进行专家面试或者领导小组面试，通过面试可以深入地交接和交流思想，观察和分析候选人的人岗匹配程度，并由未来的组织领导人进行直接判断。笔试测评和面试测评，是市场化招聘职业经理人的核心环节，采用的方法有很多，基本的目标都是按企业要求量化、准确地给候选人排队。候选人员测评流程如图 5-3 所示。

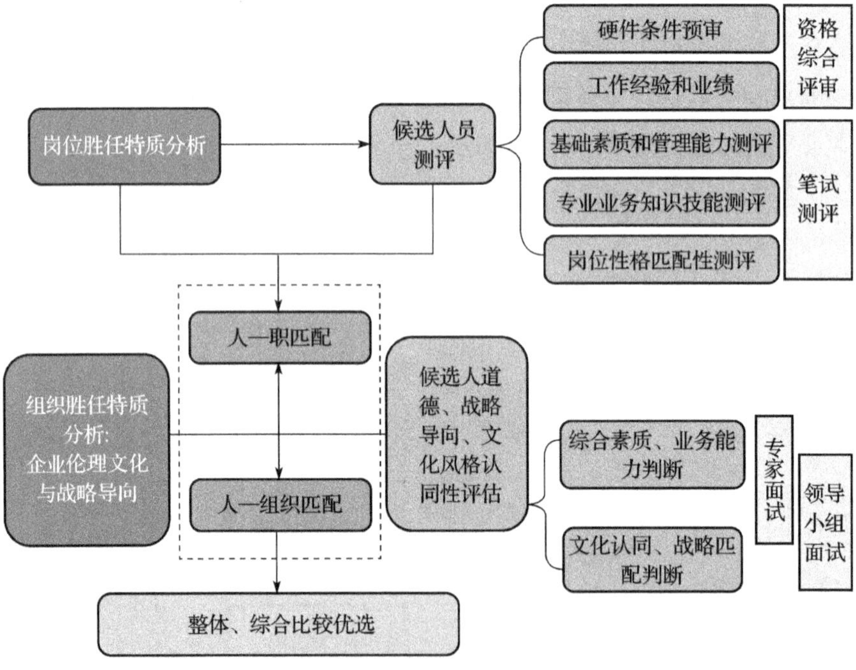

图 5-3　候选人员测评流程

要注意的是，选拔流程的最终结果，都需要党委或者党组进行确认，严格践行党管干部的原则。

国企职业经理人选拔这一关，涉及诸多技术和管理问题，需要内外结合、上下结合才能科学、平稳。大中型国企的高级管理岗位，对人的要求是复合的，同时做到科学性和艺术性的识别并不容易。好在还有考核、奖罚等市场化机制在后面，即便选得暂时不合适，也没那么可怕。这可能就是市场化的真正价值。

第86问 国企职业经理人制度要避免走进什么重大误区?

一个好的意愿，不一定能得到期待的结果。同样，一个好的机制工具，如果没实施好，也可能走偏、走岔、走进误区。

职业经理人制度的改革成功，要注意哪些细节问题？怎么样才能保证效果呢？我们解剖一个近期案例，一起讨论一下。

案例：2 年，总经理从入职到辞职

作为一家有多年历史的地方证券公司，A 公司具有当地良好的市场地位，制定了有雄心的战略规划。当地国资监管部门积极推动市属国企的市场化改革，鉴于 A 公司属于金融行业，国内人才市场相对完善，企业考核激励机制也有强烈的市场化要求，所以就决定将 A 公司作为本市国有企业推动职业经理人制度建设的第一家企业。

2018 年 8 月，A 公司面向全国公开招聘企业总经理和三名副总经理，引起了行业高度关注。经过资格审查、面试、组织考察、背景调查等多个程序，最终选定了四名职业经理人员，并于 2019 年初任职。

总经理原本是该市金融监管部门的高级干部，主动辞去公职和级别加入公司；三名副总经理中有的来自国内其他证券公司，都具有亮眼的工作背景。新组建的 A 公司经理班子，按照职业经理人管理模式开展工作，并且在公司内部逐层推进干部职业化机制，内部管理有很多新变化。

职业经理人的机制对这家证券公司的业绩带来怎样的影响呢？数据显示是很不错的。2019 年，公司净利润同比增长近 100%，主要经营指标增速位居行业前列；2020 年在上年快速增长的基数上，净利润仍然取得两位数增

长。扣除行业的外部市场影响，A 公司确实提升了业绩水平并且增加了竞争力，市场化机制的正向推动作用明显。

转折出现在 2021 年年初，这个时候距离四位职业经理人受聘刚到两年时间……

2020 年底，一位副总经理辞职。

2021 年春节，另一位副总经理辞职。

2021 年 4 月，总经理辞职。

四名职业经理人，一下走了三个。一家公司高级管理团队，出现集中离职的情况，特别是职业经理人在任期未满的时候密集辞职离任，这种现象值得深入研究思考：为什么一个好的职业经理人制度，在这家企业会出现“过山车”式的变化？问题背后的原因是什么呢？

原因探究：“重选、轻用、任流”

先看看一些金融业内人士对职业经理辞职现象的原因分析：

观点 1：

“市场化招聘职业经理人出任总裁，通常会被股东方寄予很高期望，面临很大压力。”“新招聘的总裁需要在一定时间内对公司营业收入、券商排名、IPO 进程等带来实质性提升。倘若达不到期待，则可能被更换掉。”

观点 2：

“由社会化招聘职业经理人搭建的新领导班子，在与旧领导班子的磨合上往往存在很大挑战。改革过程中难免遇到既有势力的阻挡，产生诸多问题。”“问题顺利解决则罢，若迟迟解决不了，则极可能导致两种结果：其一，新领导班子无法忍受公司氛围，主动跳槽；其二，新旧领导班子产生不可调和的矛盾，新领导班子缺少支持而被迫离职。”

观点 1 和观点 2，观察问题焦点不同，但有一个共同点，那就是职业经理人的成败不仅是这些市场化经理人员决定的，来自股东和股东代表、企业原有团队人员等“治理攸关方”的影响往往也起到关键性作用。

可以进一步延伸这个观点。国企推行职业经理人制度，期待用“市场化选聘、契约化管理、差异化激励、市场化退出”的基本方法来建立强激励和硬约束对等的高级管理人员管理机制。

随着越来越多的企业开始尝试和推动这个机制，人们关注的重点，要从怎么选到职业经理人，转换到怎么把高层职业化管理落实到位并持续成功。

在这个时候，就必须建立一个整体观、全局观，不仅关注职业经理这几个人的转变，还要深入讨论国有股东需要什么配套转变，企业内部需要什么配套机制，如何给职业经理人一个正能量、可持续的经营绿色空间。

遗憾的是，根据知本咨询的粗浅观察，国有企业在职业经理人制度实施方面，还存在系统上的管理误区，那就是：重“选”、轻“用”、任“流”。

1. 什么是“重选”

职业经理人制度是从市场化公开选聘开始的，既有国企集团内部人员转换身份竞聘，又有广纳五湖四海优秀人才，结合在一起，选聘环节就显得很突出。

很多国企都特别关注选聘这一点，希望通过这个模式找到久久期待的优秀经理人，帮助企业实现经营目标。在此驱动下，一般都是在国内广发信息，扩大宣传，甚至有些公司提出“全球选聘经理人”，把视野放在全世界。

这是很对的，但是不能过于强调，也不能让选拔过程变成秀场。放眼世界500强企业选聘高管人员，有多少是广贴“英雄榜”实现的呢？有多少是在30天左右的招聘时间压力下完成的呢？

高级经理人员作为一种稀缺资源，必须找对通道，真正通过猎头等国际化、市场化的高端人才招募方式，在尊重市场人才流动规律的原则下进行。所以，国企职业经理人的选聘环节要从“重形式”转移到“重结果”上来。

2. 什么是“轻用”

这个意思是说不少国企对于招聘入职的职业经理人，有一个先天的简单假设：“高薪请来的职业经理，我们就是一个契约关系。你的责任是完成任务，我的责任是给你薪酬。其他事情都不用想太多。”

这就导致一个结果——国有企业长期形成的干部培养和开发体系和这些

职业经理人基本无关。

经理人在这样双轨制的培养环境下，归属感、责任感都成为新问题，心态里的“短期效应”“打工效应”“找下家效应”就会产生，频繁跳槽带来的国企高层不稳定风险也凸显出来。

所以，国企职业经理人确实需要在使用、培养等方面下更大的功夫，不能简单“一签了之”“给钱了之”。

3. 什么是“任流”

“轻用”观念引发的另一个问题，就是“任流”。有些国企对于职业经理人的退出、离职采用了特别放任的态度，也有观点认为这是天然的、必需的。

国有企业的董事会负责聘用和考核职业经理人，他们的进退完全由考核结果决定，这种契约化、透明化、规则化的激励约束机制，利用得好肯定是一个正向推动力。但如果股东方和董事会把握不好，在制定目标、考核业绩、日常沟通方面缺少耐心和同理心，把市场化退出作为“紧箍咒”“指挥棒”不断强化，认为这批职业经理人不行可以再换一批，这样的导向带来高层领导人员频繁变动，对企业的负面影响可能是直接的、长期的。

所以，国有企业职业经理人虽然难免市场化进退，但也不建议随意进退。国有股东请保持充分的信任和耐心，给身为职业经理的高级干部充分的时间和空间。董事会不能放任，董事长不能任性。

让国企职业经理人制度保持健康可持续发展，就要解决好“重选、轻用、任流”这个系统性的问题，重新调整职业经理人机制的着眼点和发力点，核心是找对人才选拔的路径，打通人才使用的路径，建立人才归属稳定预期。

第87问 经理层薪酬谁来定？怎么定？

薪酬的确定和发放是任期制和契约化模式改革中最敏感的问题之一。多数国有企业在改革前，经理层成员的薪酬都由上级审批后才发放，但改革后是否还能这么操作，还是一定要由本级审批？这是很多企业在改革中遇见的现实问题与困惑。

先说结论：实行经理层任期制和契约化模式后，经理层薪酬审批权应该由试点企业董事会决定。要避免按照“老办法”由上级决策，否则会造成改革“走形式”“不合规”“难推进”三大问题。

1. 从改革理论层面上讲，上级保留决策权，会导致改革“走形式”

（1）任期制和契约化模式改革，是市场化经营机制改革的最主要内容之一。

从“市场化”的角度来看，把薪酬权保留在上级本身就是“机关化”和“非市场”的行为。市场化改革的本质，就是要把各项权限，按照权责利对等的原则向最靠近市场的一端转移；让直面市场的单元能够以最快的速度去响应市场的需求，解决市场问题，并及时获得市场化的回报。因此，如果将薪酬决策权保留在上级单位，就会导致流程长、决策慢、激励不及时、市场化程度不够的问题。

（2）任期制和契约化模式改革和规范法人治理制度高度相关。

从规范法人治理制度的要求上看，落实董事会对经理层的聘任、考核和薪酬权是公司法、公司章程、国企改革政策的必然要求。其中天然包含了薪酬审批权限，这是任期制和契约化模式改革的题中应有之义。

（3）任期制和契约化模式改革强调“契约化”管理。

任期制和契约化模式改革要求在契约中明确薪酬，包括薪酬水平、结构、薪酬和考核挂钩的机制等。既然契约是由公司董事会和经理层成员依法签订的，那么相关事项就应当由签约双方根据契约规定的权利义务来决定，因此不适合由上级来审批薪酬事项。

（4）任期制和契约化模式改革是手段不是目的，应当服务于企业高质量发展。

任期制和契约化模式改革服务企业发展的机制之一就是要明确权责利，激励经理层成员干事创业，从而将企业带上市场化发展的良性轨道。将薪酬决策权保留在上级，本身就是改革从一开始授权就不彻底的象征；而如果没有薪酬刚性、及时、有效、合规兑现的保障，就难以激发经理层成员的创业热情，就会导致改革流于形式。

2. 从政策要求层面上看，上级保留决策权，本身“不合规”

（1）《操作指引》明文规定。

“根据‘双百企业’董事会建设情况实际，由‘双百企业’董事会（或控股股东）与经理层成员签订岗位聘任协议和经营业绩责任书（年度和任期），依法依规建立契约关系，明确任期期限、岗位职责、权利义务、业绩目标、薪酬待遇、退出规定、责任追究等内容。”其中，就包含了“薪酬待遇”要由试点企业董事会明确的要求。

实际上，政策文本中开宗明义地强调了，是要根据“董事会建设情况实际”开展工作。也就是说，括号内的“或控股股东”五个字，是针对董事会尚未建设完善的、采用执行董事模式进行管理的企业，才可以由控股股东方及其党组织明确经理层成员的薪酬，否则应当严格落实董事会的权责。

（2）《操作指引》明文规定。

“考核期末，董事会（或控股股东）依据经审计的财务决算数据等，对经理层成员考核内容及指标的完成情况进行考核，形成考核与奖惩意见，并反馈给经理层成员。经理层成员对考核与奖惩意见有异议的，可及时向董事会（或控股股东）反映。最终确认的考核结果可以在一定范围内公开。”

其中“考核与奖惩意见”，天然包含了考核与薪酬挂钩以及薪酬兑现的要素，因此必须由董事会进行决策。而在董事会决策的过程中，上级控股主体通过自身在下属企业董事会中的席位，对考核与奖惩意见进行表决，本身就贯彻了两级管控的意志，也完全没有必要将经理层成员的薪酬权收归上级。

3. 从改革实践角度上看，上级保留决策权，容易造成改革“难推进”

（1）任期制和契约化改革的目标对象都是公司高管，改革的推进需要建立在班子成员对改革“高度认同”的基础上。

任期制和契约化改革，是要做到改革目标对象，即经理层成员的权责利对等。如果董事会对经理层有授权，压责任，但不能对经理层成员的薪酬，即“利”的部分进行决策，而是将相关权限交给上级单位，会导致经理层成员难以产生认同感。

具体地说，如果薪酬决策主体不改变，经理层成员可能会认为改革“换汤不换药”。甚至会认为，把薪酬决策权留在上级本身就是想人为“找平衡”，不想“认契约”。

而实际上，任期制和契约化改革就是要让经理层成员能够在良好完成业绩责任的基础上，获得匹配的激励。此时决策主体多一层，多一个，就会导致激励更难落实。

（2）任期制和契约化模式改革需要确保长效运行，上级保留决策权在运行过程中会徒增大量困难。

任期制和契约化模式改革不是把现有模式换个名字，重签契约即可，而是要形成长效运行的有效体制机制。如果对经理层成员的薪酬决定权无法落实，就会导致每年薪酬兑现和任期薪酬兑现都需要上级决策。但上级一来不了解企业运行的实际情况；二来自身未必进行改革，未必了解任期制和契约化管理的各项要求；三来也缺乏时间精力去审查契约，兑现薪酬。因此，从对经理层成员实际管理的角度上来讲，也应当将薪酬权限下授到试点企业本级董事会。

实际上，如果我们仔细深入研究政策，就会发现政策已经编制了一张绵密的“网”，只要严格落实政策精神，按照政策各项要求设计管理体系，履行相关程序开展改革，就不必为此担心。

首先，《23 问》明确了，任期制和契约化模式改革“不得涨薪或变相涨薪”。这本身就是对经理层成员薪酬的约束，上级集团可以要求试点企业在设计经理层成员薪酬时严格遵守政策，保持薪酬水平不变，这样就不会对薪酬水平造成影响。如果试点企业违规涨薪，上级集团完全可以对其任期制和契约化模式改革方案不予通过。

其次，从流程上讲，《操作指引》也规定了，上级控股股东方要对试点企业的相关工作方案进行审核把关。也就是说，在下属企业“定规则”的时候，上级控股股东方是可以要求试点企业对经理层成员薪酬的水平、结构、挂钩机制、差异化等方面进行明确说明的，甚至还可以规定上限。实际上，这一对“方案”“规则”进行审核把关的过程，本身就是由上级控股股东方及其党组织决策的，而不必再在每年的薪酬兑现过程中强调上级的审批权。

最后，从结果反馈和纠偏的角度来看，《操作指引》也明确了要在契约中建立追索扣回制度，对于存在问题的薪酬发放，可以采用追索扣回的机制来控制整体风险。

因此可以看到，上级控股股东方实无必要在经理层成员薪酬权上过分谨慎。只要按照政策开展改革，各种问题自然迎刃而解。

综上所述，实行经理层任期制和契约化模式改革，应该严格按照政策，让试点企业董事会履行经理层薪酬审批权，而上级控股股东方则应当协助试点企业定好规则，同时把握住薪酬“水平”“上限”两个关键点，做好自身对改革相关方案的审批即可。这样既能够充分释放试点企业市场化经营活力，又能确保合规，还能有效贯彻管控意志，一举三得，真正做到改革“形神兼备”。

第88问 党委副书记、纪委书记、工会主席等岗位如何进行契约化管理?

国有企业任期制和契约化模式改革所有的政策制度、办法方案都指向了经理层的几个领导干部，而对于同属班子成员的专职/兼职党委副书记、纪委书记和工会主席等非经理层岗位却没有有效的安排。归根结底，就是非经理层的岗位要不要纳入、如何纳入任期制和契约化管理的问题。

在2020年2月的《操作指引》中，其实并未对经理层以外的岗位进行任何形式的规定，且《操作指引》中明确了实施范围就是由董事会聘任的、公司章程规定的高级管理人员："一般包括'双百企业'的总经理（总裁、行长等）、副总经理（副总裁、副行长等）、财务负责人和公司章程规定的其他高级管理人员。"

随着改革的进行，2020年6月时，负责改革的有关部门已经得到了很多企业的反馈，提问关于董事长、党委副书记、纪委书记等岗位可否纳入的问题，因此在官方答疑，即《23问》中，明确了："对于非经理层成员的董事会成员、党组织领导班子成员等，由'双百企业'的控股股东及其党组织根据相关人员管理权限和企业领导人员管理有关规定，结合'双百企业'实际情况，综合研判后自行决定是否参考两个操作指引推行相关工作。"

而在2021年3月出台的《关于加大力度推行经理层成员任期制和契约化管理有关事项的通知》中，则进一步规定了："对于各权属子公司董事长等非经理层成员可以结合实际探索实施任期制和契约化管理。"

这些规定真正将改革的探索创新要求和权限明确到了企业。从中不难看出，上级领导部门是发现了改革过程中，班子作为一个整体履职，不宜部分改革的现状。因此，逐渐放开了对于岗位的限制，并要求企业积极探索创新管理模式。既然政策允许，那么到底如何执行呢？这还得一个一个岗位，区分专职兼职来看。

党委书记（董事长）

党委书记（董事长）这个岗位，属于可纳入可不纳入的范围。例如中铁系统内多家改革企业就明确了不纳入的要求，突出了董事会独立于经理层才能管好经理层的要素；而中交系统则要求全体管理层包括董事长一并纳入，体现了责任层层压实的动机。

实际上，如果不纳入，则程序规范、流程也相对简单。毕竟董事长作为董事会，即聘任主体的总负责人，是要和经理层签订契约的那个人；如果将其也纳入改革范围，将出现“自己聘任自己”情况，这必然产生很多的麻烦。但如果经研判有必要纳入的，则需要额外设计流程。

在聘任和契约签订过程中，根据公司法，董事长是董事会依法选举产生的，因此董事长并不存在所谓“聘任”的过程，《聘任协议》也就没有必要签订，仅需要根据上级控股股东方要求，明确其经营业绩责任，并由上级代表与其签订《业绩责任书（年度 / 任期）》即可（上级代表一般为上级控股股东方董事会或党委领导）。当然考虑到双向进入交叉任职，则还有必要给党委书记、董事长岗位匹配必要的党建考核指标。而在退出环节，董事长如果完成不了指标，要参考契约化刚性退出该怎么办呢？主要手段有两个，且都需要明确约定、严格实施。一是如果董事长履职不力，未能达到年度业绩指标要求，应由董事会向股东会（或控股股东）提请罢免董事长。此时就不是解聘，而是要走罢免的流程。二是如果董事长未能达成任期业绩指标要求，应规定在董事会换届时，不得参选下一任董事长。这样才能做到契约化模式管理要求的“刚性退出”。

党委书记（执行董事）（总经理）

如果企业是执行董事模式，原则上对执行董事的任期制和契约化模式管理与董事长是一样的，也不签订《聘任协议》，只签订《业绩责任书（年度 / 任期）》。唯一的区别在于，根据官方政策解释，执行董事模式下，如何进行管理的方案制定权，就不在企业本级手里了。具体方案应当由上级控股股东方主导确定并指导实施。

但很多国有企业，往往会出现执行董事兼总经理的情况，此时必然会出现总经理岗位要聘任，但执行董事岗位是股东会选举产生的矛盾。此时常见的手段是，将整个的聘任权限上移，由控股股东方代表与其签订总经理《聘任协议》和《业绩责任书（年度 / 任期）》，其中《聘任协议》中仅写明聘任总经理岗位，避免“自己聘任自己”的问题。而《业绩责任书》则要综合总经理和执行董事的责任确定。

党委副书记（总经理 / 副总经理）

还有一个特殊岗位是党委副书记，需分两类来看。对于专职党委副书记，由于党委副书记也是由上级任命或选举产生，一般不存在岗位聘任，不签聘任协议；而其党建工作任务，也不同于经理层《业绩责任书》，可以不突出经营业绩指标，而更多地体现上级、本级党委对于年度 / 任期党建工作的要求，确定以定性为主的党建工作任务契约。

但很多企业的党委副书记往往兼任总经理或副总经理岗位，此时类似于执行董事，聘任时仅聘任经理层岗位，但在业绩责任书中，需要明确分管党务工作、群团工作等工作内容。

工会主席

工会主席这个岗位，其实和党委副书记岗位非常类似，一般不存在聘任的问题，仅需要明确工会工作的重点任务即可。但考虑到工会工作的特征，多数企业中，工会主席往往兼着副总经理岗位，此时应当聘任副总经理岗位并签订《聘任协议》。当然，也有一些企业是党委副书记兼职工会主席，此时就无须再履行聘任程序了。

纪委书记

纪委书记这个岗位极其特殊。原则上根据中纪委的有关要求，纪委书记岗位必须独立于经营岗位设置。也就是说，原则上纪委书记兼任任何经营岗位都属于违规。

同时，纪委的工作任务也难以下达。主要是因为纪委受到上级纪委和本级党委的双重领导，一方面需要严格按照上级纪委的年度 / 任期（中长期）工作要求和任务来履职，每年都必须严格完成各项纪律监督、执纪检查事项；另一方面还需要在本级党委领导下，加强纪律管理，加强组织建设等。因此，一般纪委书记在明确纪委工作任务时，本级说了不算，需要优先考虑上级纪委要求，再由本级党委进行管理和考核。最终的结果可以参照任期制和契约化模式管理的考核计分方式打分并匹配对应的兑现方案，但这一兑现方案仍然需要上级纪委审批。

还有，在纪委书记的业绩责任中，原则上是不能出现公司经营业绩责任的，否则就会丧失监督主体的独立性，不能确保有效的纪律监督。

当然，目前的国企班子的现状是，仍然有很多纪委书记兼任了副总经理的岗位。此时就应当留出充足的分值权重，在聘任经理层岗位后，签订《业绩责任书》时，在业绩责任书中把严格落实上级纪委的工作任务，作为考核的一个重点项目；考核结果中，该部分也要由上级纪委审核方能作数。

| 第6章 |

C H A P T E R 6

国企职工参与民主管理

第89问 如何理解国企职工参与民主管理与治理优化的关系？

国有企业职工参与公司治理的基本方式主要有两种，一是依法进入董事会和监事会直接参与公司治理；二是职工通过职工代表大会和工会的民主管理形式参与公司治理。职工代表大会在当代公司企业中仍然存在，它是职工们实现民主管理的保证。实行企业民主管理，是国家通过法律形式认可的国有企业职工基于公民身份的各项权利而设置的制度。可以让职工群众拥有更多贴合实际的民主权利，让企业职工群众真正参与到企业民主管理中，让企业民主管理的作用最大化发挥。

下边从民主管理的主要途径、职工民主管理在公司治理结构中的地位及意义三个方面理解国企职工参与民主管理与治理优化的关系。

1. 加强国有企业民主管理的主要途径

我国国有企业的民主管理主要有三大形式，即职工代表大会制度、厂务公开制度和职工董事及职工监事制度。所以，要切实加强国有企业的民主管理，首先就要坚持并不断完善职工代表大会制度。职工代表大会制度是一项被职工以及国有企业及管理者认可的管理制度，也是在一定程度上容易推广、运行的民主管理机制。其次，要建立健全职工监督制度。要在国有企业的董事会、监事会中逐渐加入职工代表，将董事会、监事会的责任明确分化，形成各尽其责、协调运作的公司法治结构。最后，要健全职工代表大会的监督制度。在企业之中，职工是权利的主导者，因此应该建立职工与企业领导者之间的制约关系，而且监督是存在于两者之间衡量各自根本利益的一种方式。民主管理作为国有企业的一种管理形式应当从根本解决问题，建立健全职工董事、监事机制，企业的工会主席、副主席代表职工分别进入董事会和监督会，这样一来既可以让经理层快速了解职工代表的意见及建议，又利于将董事会的决策深入到职工层面上去。

国有企业在重大决策上要听取职工意见，涉及职工切身利益的重大问题必须经过职代会审议。所以，要坚持和完善职工董事制度、职工监事制度，鼓励职工代表有序参与公司治理。

2. 职工民主管理在公司治理结构中的地位

职工作为劳动者本身，在维护劳动者利益方面有积极的意义。职工这一拥有劳动者权利的主体，熟悉生产过程中的各个程序并且亲临生产，能够对生产过程中的技术问题、生产管理问题、经营方案问题提出建设性改进意见。在市场起主导作用的市场经济社会里，公司股东高度分散，尤其在大型上市公司中，更是缺少职工民主参与公司治理的基本条件。职工没有公司治理参与权，最大原因在于职工缺乏股份和风险承受意志，把风险出让给了公司的出资者。所以，应当把职工这一身份性较强的主体打造成一个有机整体，彻底改变职工在公司治理中的弱势地位。

3. 职工民主管理在公司治理中的意义

第一，职工具有部分信息优势，有利于发现管理层的不当行为。公司治理的核心问题之一就是解决所有与经营分离情况下产生的各种委托、代理问题。相比而言，职工在一定程度上更能获悉股东、债权人等“外部人”无法得知的内部信息，更能发现“内部人”的隐蔽行为，因而在公司治理领域贯彻经济民主原则，吸收职工参与公司治理对解决内部人滥用控制权具有积极意义。

第二，职工可以提出合理的生产经营方案和建议。科学合理的生产经营方案是治理中经营决策取得成功的基础性条件。作为劳动者，职工在企业中亲临生产一线，熟悉自己工作岗位的生产技能与规律。职工对于生产经营方案的科学性和合理性最有发言权，他们能提出合理的生产经营方案和建议。

第三，职工民主管理有利于维护职工自身利益。将企业的所有权配置于职工，职工享有和行使所有权的行为无论其效率如何，利益指向聚于职工自已当无疑问。因此，从职工行为的主观性来讲，职工民主管理有利于维护企业中职工的利益。让职工享有企业剩余，在职工具有风险承受能力且愿意承担经营风险的前提下，可以满足职工经济利益的风险增长需要。

第90问 职代会制度如何进行更加有效的应用？

国有企业职工参与民主管理，不可能使每一个员工都直接以负责人的身份去管理企业，只能选出部分代表；这些代表通过一定的组织方式来进行，这个组织形式就是职工代表大会。职工代表大会是国有企业实现民主管理的基本形式，是职工行使民主管理权力的机构。而为了使职工更好、更规范、更有效地参与企业的民主管理，就需要对职工代表大会从制度上进行一定的约束与规范。通常所称的职代会制度一般便指职工代表大会制度。

中央企业"十四五"规划指出，要"研究制定职工代表大会建设指导意见，维护职工群众知情权、参与权、表达权、监督权"。因此，国有企业要充分发挥民主管理的作用，要健全以职工代表大会为基本形式的民主管理制度。具体而言，职代会制度的有效应用，需要确保职工民主参与决策，明确职代会应行使的职权。

1. 明确职工民主参与决策的基本方式

要健全以职工代表大会为基本形式的民主管理制度，探索职工参与管理的有效方式；要推进厂务公开、业务公开，保障职工知情权、参与权、表达权、监督权，维护职工合法权益，充分调动工人阶级的积极性、主动性、创造性；重大决策应当听取职工意见，涉及职工切身利益的重大问题必须经过职工代表大会或者职工大会审议；要坚持和完善职工董事制度、职工监事制度，保证职工代表有序参与公司治理。

现阶段，一些国有企业的厂务公开民主管理已成为一种固定模式。下面就具体从新形势下，国有企业如何推进厂务公开工作的落实，进而推动企业更好发展等方面对该种模式进行分析。

（1）以制度化管理为基础，建立健全长效机制，确保厂务公开工作运行有序。

要建立和规范与厂务公开工作适应的一系列民主管理制度，把厂务公开民主管理工作纳入法治化轨道上。这其中，一是要树立厂务公开民主管理制度的法律地位，将职工董事、职工监事、民主评议干部、联席会议制等，通过一定的程序吸收相关的法律法规，使之成为职工参与民主管理的一种必经程序；二是要固定相应的法律责任，让不履行法定义务、对抓厂务公开不利、工作敷衍塞责、造成不良影响和经济损失及侵害职工民主权力的责任单位、责任人，承担相应的责任；三是在工作内容上要丰富完善，坚持把企业重大决策问题、生产经营管理方面涉及职工切身利益的问题作为厂务公开的重点；四是要进一步健全和完善工会与同级行政的联席会议制度，建立共商决策机制，重点解决涉及企业改革、职工群众利益、工会工作等一些主要问题。

（2）以规范化管理为保证，坚持与职工代表大会密切融合，保证厂务公开工作有力推进。

可以定期召开职工代表大会，审议通过有关公司改革发展、生产经营、年度计划以及涉及职工切身利益等方面的重要议题。在职代会规范运作的基础上，抓好职工代表提案的征集和审理工作。职代会前，发布提案征集通知；职代会期间，提交上届职代会提案落实情况和本届职代会提案征集情况的报告；职代会后，提案审查委员会要对提案的合理性召开审查会议。对不合理的提案在退返时附上文字理由；符合要求的提案在立案后可送给公司党政主要领导审阅，然后落实到相关部门或人员负责；全部提案实际操作情况可及时提供给提案者本人签署意见，保证提案件件有着落，事事有回音。

（3）以程序化管理为手段，创新"互联网+"新模式，确保厂务公开整体推进。

在新形势下，可创新"互联网+厂务公开"新模式。要适应互联网时代厂务公开的新变化，将"互联网+"的理念运用到厂务公开工作中，充分利用OA、外网等互联网形式开展厂务公开工作，探索建立各级工会联动、职工需求带动、线上线下互动的网上厂务公开新模式，使企业民主管理在"互

联网 +”时代焕发新活力。

2. 明确职代会应行使的职权分为五大类

职代会可定期听取厂长工作报告；参与审议企业经营方针、长远和年度计划、重大技术改造和技术引进计划、职工培训计划、财务预决算、自有资金分配和使用方案；审议通过厂长提出的经济责任制方案、工资调整计划、奖金分配方案、劳动保护措施方案、奖惩办法以及重要的规章制度；审议决定职工福利基金使用方案、职工住宅分配方案和有关生活福利的重大事项；评议、监督各级领导干部，并提出任免和奖惩的建议。

3. 要将职代会制度与企业相关制度紧密结合

职代会只有与企业相关制度水乳交融才能发挥出更大效应。应当立足行业背景，结合企业实际构建一个科学高效的职代会制度。要保证“三结合”：一是要与人力资源管理相结合。后备干部的推荐任用、现任干部的业绩考核、人才培养机制等方案应经过职代会平台“过滤”。二是要与经营管理相结合，充分发挥广大职工群众在企业经营管理中的主体功能。三是要与党员干部廉政建设相结合。职代会依照法律对党员干部进行监督、评议、考核是职工代表行使民主权利的表现，也是党员干部廉政建设的迫切需要。

4. 要创新发展职代会制度流程

创新发展职代会制度是时代发展的需求。一是职代会预先报告制度。通过预先报告，掌握和预判会议前后的基本情况，提前做好预案。二是提案收集落实制度。建立提案常态化收集机制，发挥好提案委员会的督办功能，确保提案件件落地。三是民主评议领导干部制度。将职工代表的评议情况作为对部门领导和后备干部二级考核的重要依据。

第91问 职工参与民主管理有哪些权利必须得到保证?

习近平总书记在2016年10月举行的全国国有企业党的建设工作会议上指出，坚持全心全意依靠工人阶级的方针是坚持党对国有企业领导的内在要求。要健全以职工代表大会为基本形式的民主管理制度，推进厂务公开、业务公开，落实职工群众知情权、参与权、表达权、监督权，充分调动工人阶级的积极性、主动性、创造性。企业在重大决策上要听取职工意见，涉及职工切身利益的重大问题必须经过职代会审议。要坚持和完善职工董事制度、职工监事制度，鼓励职工代表有序参与公司治理。

企业民主管理是指企业职工依照法律法规和政策规定，参与企业决策、管理和监督，企业的经营管理者尊重、支持和保障职工知情权、参与权、表达权、监督权等民主权利行使及落实的有组织的制度性、规范性活动。

职工参与民主管理，其“知情权”“参与权”“表达权”“监督权”等必须得到保证。

1. 知情权

要强化民主管理，首先要维护确保职工的各项权益。知情权是实现企业民主管理的客观要求。

知情权是维护企业职工其他合法权利的前提。我国劳动者享有劳动权、保障权、参与权等权利，企业职工有权知晓涉及这些权益的相关信息。只有在明确相关信息的条件下，才有可能维护其合法权利。

知情权是提高职工参与度、促进企业发展的基础。信息透明度越高、信息公开越真实，职工的参与积极性越会得到鼓励和提高；同时职工的参与度和工作积极性越高，越有利于企业的发展和壮大。

2. 参与权和表达权

中华全国总工会等部门发布了《关于印发〈关于国务院确定的百家现代企业制度试点中工会工作和职工民主管理的实施意见〉的通知》，文中对我国职工参与权的实现途径进行的描述如下：

（1）依法确保职工代表进入公司董事会；

（2）依法确定职工代表在监事会中的最低比例；

（3）通过工会或职工代表大会参与公司的经营与决策；

（4）职工享有的个体性参与管理权利。

具体应包括：①选举权、被选举权；②了解权；③发表意见权；④奖金获得权；⑤申诉权等。

3. 监督权

监督权是指公民有监督一切行使公共权力人员的权利。它是公民参政权中的一项不可缺少的内容，是国家权力监督体系中的一种最具活力的监督。

它包括公民直接行使的监督权和公民通过自己选举的国家代表机关代表行使的监督权。另外，公民的许多权利具有监督国家权力的性质。这里，作为参政权的一项内容的监督权，是一种直接的政治监督权。它主要包括五项内容，即批评权、建议权、申诉权、控告权、检举权。

第92问 职代会参与民主管理事项清单包括哪些内容?

职工代表大会制度是各单位实行民主管理的基本形式，是职工参与民主管理，实施民主监督的重要途径。

新时代《职工代表大会民主管理事项清单》包括四大类民主管理事项。

1. 保障“知情权”事项

企业职工知情权是职工的一项基本权利。保障职工知情权是工会组织维护职工权利的其中之一。

具体包括听取董事会、总经理工作报告；员工具有多渠道知晓企业重大决定的权利，可以通过厂务公开栏、发布栏等公开渠道，了解关系企业发展的重要事项、涉及职工切身利益的相关问题等内容。为了扩大职工的知情权，集团可以制定《职工代表大会制度》，要求各分、子公司每季度必须召开一次职工代表大会，目的就是为了向全体职工讲明当前企业的生产状况、经营形势、面临的问题及奋斗方向，对于不能按时组织召开的，集团对分、子公司的总经理进行年薪考核。

2. 保障“参与权”事项

职工的参与权是指公司职工以劳动者的身份通过一定形式，在一定程度上参与公司经营管理活动的权利。

具体包括通过工会或职工代表大会参与公司的经营与决策，参与企业战略规划、年度预算和决算、资本性支出计划、利润分配；依法确保职工代表进入公司董事会，依法确定职工代表在监事会中的最低比例，员工可以参与企业高层次的决策，通过职代会民主选举成为职工董事，进入公司董事会代表职工行使决策权利。

3. 保障“表达权”事项

表达权也是职工的一项基本权利，涵盖了宪法所规定的包括言论、出版，以及创作自由、对工作人员提出批评建议的权利等。

具体包括对企业重要改革方案、企业重组合并分立等重大资本运作方案、企业薪酬福利制度、企业重要规章制度等发表意见。

4. 保障“监督权”事项

职工的监督权是公民有监督一切国家机关及其工作人员的公务活动的权利。它是职工权利中的一项不可缺少的内容，是国家权力监督体系中的一种最具活力的监督。

监督权具体包括监督民主评议企业经营层。通过进行自我管理与自我监督，为企业提供合理化建议；通过职代会民主选举成为职工监事，进入公司监事会代表职工行使监督权力，主动提出改进公司管理、促进企业发展的建议。

第93问

如何建立工会参与公司治理的新模式？

国家治理制度体系建设、国家治理能力建设、民主化建设、法治化建设和多元主体合作，被认为是国家治理现代化的五个重要元素。中国工会应该在党中央的领导下，找准工会组织在国家治理体系中的定位，共同推进国家治理体系和治理能力现代化。

1. 健全职工民主参与机制，切实保障职工合法权益

工会要在坚持和完善人民当家作主制度体系中落实好职工民主政治权利，推动健全保障职工主人翁地位的各项制度。在企业层面，要积极推动企业民主管理制度建设，落实职工民主权利。根据企业的实际情况，不断完善职工代表大会制度，调整职工代表大会的形式和职能，拓展职工参与民主管理的渠道和方式。通过推动企业建立职工董事、职工监事制度等多种方式，提高职工参与企业管理的有效性。

2. 健全完善劳动法律和制度，依法维护职工权益

工会应加强源头参与，推动完善以《工会法》为主要代表的工会法律制度，积极参与涉及职工利益法律法规的制定修改，将劳动就业、收入分配、社会保障等职工切身利益问题，作为源头参与立法和政策制定的重点；同时在户籍制度改革、国有企业改革、收入分配制度改革、社会保险顶层设计中及时反映职工群众的诉求。

3. 助力经济高质量发展，促进就业夯实民生之基

工会应大力弘扬劳模精神、劳动精神、工匠精神，发挥劳模的榜样作用，为高技能人才搭建舞台，打造大国工匠品牌，持续推广劳模和高技能人才创新工作室的优秀经验。工会应充分发挥其教育职能，加强职工技术技能培训，培养职工群众首创精神，激发广大职工创造活力，着力建设知识型、技能型、创新型产业工人队伍。工会还应紧紧围绕现代化经济建设事业的目标，广泛深入持久开展多层级、多行业、多工种的劳动和技能竞赛，提高职工参与率和受益面。

第94问 如何发挥职工代表在企业民主管理中的作用？

中共中央纪委、中共中央组织部、国务院国资委、监察部、中华全国总工会、中华全国工商业联合会 2012 年 2 月印发的《企业民主管理规定》明确规定："与企业签订劳动合同建立劳动关系以及与企业存在事实劳动关系的职工，有选举和被选举为职工代表大会代表的权利。依法终止或者解除劳动关系的职工代表，其代表资格自行终止。"

1. 职工代表在企业民主管理中的作用

（1）发挥主体作用，落实职代会职权。

要坚持把职代会作为发挥职工代表作用的主渠道。企业可以制定《职工代表大会条例实施细则》等规章制度，形成民主评议领导干部制度、职工代表提案工作制度、职工代表巡视检查制度、职代会质量考评制度等配套管理模式。在规范职代会运作的同时，明确职工代表的职责权利。

（2）发挥管理作用，加强监督管理。

要切实落实职工代表的知情权、建议权和监督权等权利，延伸发挥职工代表作用。开展职工代表巡视，企业可以组织成立职工代表巡视组，对职代会的相关决议、优惠政策、带薪年休假、安全管理及劳动保护的措施等情况进行巡视，形成固定的巡视报告，转交给领导批示，下达巡视通报书，提出整改措施建议，监督整改，做好复检工作。应当拓宽工会工作领域，通过多渠道发挥职工代表作用，职工代表可以参加各个层面的听证会、交谈会和民主议事会。

（3）发挥参谋作用，强化提案落实。

在召开职代会前，职工代表可以广泛调研，收集职工意见，提出书面提案。可以将职工代表提案分成生产经营、人事劳资、职工福利等类型，提出承办意见给主要领导批示后，将提案和批示送报相关职能部门进行处理。

（4）发挥能动作用，增强工作责任感。

可以建立职工代表培训制度，坚持系统培训与重点培训相结合，增强培训的针对性，提升职工代表的履职能力。全面推行职工代表述职评议制度。严格的管理制度和有效的激励措施，可以使职工代表主动深入基层，听取职工呼声，反映职工诉求。

2. 职工代表的权利

（1）在职工（代表）大会上，有选举权、被选举权。

（2）听取讨论行政工作报告，对行政工作提出意见和建议。

（3）审查同意或否决职工工资改革及调整方案、劳动保护和女职工特殊权益保护措施以及职工奖惩办法等重要规章制度。

（4）讨论通过集体合同草案。

（5）审议决定职工福利基金使用方案、职工住房集资、出售方案等有关职工生活福利的重大事项。

（6）评议、监督企业领导人员，并提出奖惩和任免的建议。

3. 职工代表的义务

（1）学习并模范遵守法律、法规和企业的规章制度，积极参加民主管理等专业知识的培训，不断提高自身素质和参与企业民主管理的能力。

（2）密切联系职工群众，代表职工利益，反映职工意见和要求，积极向职工（代表）大会报送提案，及时向各级工会组织提出意见和建议。

（3）每年向本选举单位工会书面报告一次履行职责的情况，并接受考评。

（4）认真执行职工（代表）大会的决议，完成职工（代表）大会交付的任务。

（5）遵守劳动纪律，积极做好本职工作，为企业和谐发展作贡献。

第95问

如何发挥党建在国有企业民主管理中的作用？

在国有企业开展党的建设工作有利于推进基层的民主政治建设，为民主管理的制度建设奠定基础。而党建的广泛联系群众、组织动员、党员先锋模范等优势有利于更好地推行企业民主管理制度，发挥在民主政治建设中的政治优势。所以，党建在国有企业民主管理中具有引领作用。

1. 国企党建的政治功能

一般而言，我国国有企业具备政治功能、社会功能和经济功能。从政治功能来说，坚持党的领导是深化国有企业改革、做强做优做大国有企业必须坚持的政治原则、政治方向和核心要义。在企业管理过程中，应当把党和国家的决策部署和方针政策与企业的发展战略和工作任务相结合，将党的政治建设融入企业全体职工的思想意识和实践中。

2. 国有企业治理主体的特殊性

国有企业民主管理治理结构的特殊性体现在主体、目标、机制等方面。具体而言包括以下几点。

（1）治理主体的特殊性。

治理主体的特殊性是指企业除了传统的“老三会”党委会、职工代表大会和工会外，还有股东会、董事会、监事会组成的现代企业制度下的“新三会”。此外还有相关政府主管部门和企业员工等。而国有企业党组织的设置及其职责定位为党建与企业民主管理融合提供了组织保障。

（2）治理目标的特殊性。

治理目标的特殊性是指企业除了追求经济利益外，还要提高国有资本运营效率、增强国有经济活力、将党对国有企业的领导上升为公司治理机制的法理层面等目标。而国有企业党建与企业民主管理的目的具有一致性，追求的目标都是保障国家的经济增长、维护国家和人民的利益。

（3）治理机制的特殊性。

治理机制的特殊性是指党的领导是企业管理的核心和关键。表现在决策层面时，既要按照“新三会”的治理规则执行决策，也必须尊重“三重一大”的决策机制。在外部监管方面，则需要履行一些业务上必要的报备、报批、核准程序。此外，如《中国共产党章程》《中国共产党党组工作条例》《公司法》等法律文件的规定为国有企业党的建设与企业民主管理融合提供了制度保障。

3. 党建引领国有企业民主管理的作用

通过党建引领国有企业民主管理有利于巩固党的执政基础，有助于增强国有企业民主管理实效。从目前以党建引领国有企业民主管理的理论实践来看，在完善国有企业民主管理中发挥党建引领作用主要有以下几种。

第一，开展思想政治工作。这是国有企业基层党组织的基本职能，也是在国有企业民主管理中的优良传统和政治优势。

第二，国有企业党组织参与企业发展中的重大问题决策制度。首先，民主集中制是国有企业党组织参与决策的原则。其次，根据“三重一大”决策制度，针对关系到党的方针政策落实、职工群众切身利益、企业重大改革发展等重大问题，在参与企业决策中进行把关定向。

4. 推进以党建引领国有企业民主管理的建议

对新时代下，加强国有企业以党建引领民主管理的建议主要有四点。

（1）加强国有企业思想政治工作。

一方面，可以强化在国有企业民主管理建设中的主体责任感。中间，一是要明确企业民主管理建设中企业各层级负责人的工作清单和监督责任清单。二是要划分各主体岗位职责和任务分工，签订明确到个人的岗位目标责任状。其中企业党委作为第一责任人，在企业民主管理建设中起示范领导作用。

另一方面，国有企业党组织要领导党员干部、工会、共青团等各类群体和组织做好职工群众工作，通过突出政治领导提升基层党组织的组织能力，最大程度地凝聚共识，发挥党的领导优势。

（2）加强国有企业基层党组织建设。

首先要坚持民主集中制，确保民主决策制度落到实处；其次要进一步加强国企领导班子和干部队伍建设；最后要加强企业基层党组织领导作用。

具体而言，要增强企业党委班子建设，落实好党委在企业内部的集中统一领导。实行党委班子集体领导的关键就在于落实好党的民主集中制，认真召开民主评议党员、主题党日、民主生活会、谈心谈话等组织活动。要创新以党建引领国有企业民主管理的新途径和机制。

（3）构建制度保障。

制度保障主要包括两方面：一是治理体制方面；二是监督管理方面。在治理方面，要将国有企业党的建设工作与国有企业民主管理建设工作相结合，将党的领导体制嵌入国有企业的治理结构中。在监管方面，要完善企业内外部的民主监督制度，加强国有企业中职工群众在企业民主管理中的监督机制。

（4）提高企业职工政治社会化水平。

要营造国有企业健康正向的政治生态。在构建企业政治文化的过程中，国有企业职工群众受固化的传统封建思想影响颇深，如“不在其位，不谋其政”的思想，习惯于只做眼前事，对于企业改革、企业建设类的事情参与度低，较为盲从。因此，党建工作要有针对性地提高企业内部党内党外职工群众的思想认识水平和政治社会化水平。

第96问 国有企业职工代表履职能力如何培养与提升？

职工代表是企业发展过程中按照民主的方法选拔出来的一些职工，这些职工代表了广大职工的心声和意愿，也代表着广大职工行使权利、表决意愿，是广大职工与企业之间进行沟通与联系的桥梁和纽带，也是企业实行民主管理的最直接参与者。职工代表需要对广大职工负责。因此，国有企业职工代表履职能力的强弱不仅关系到职工代表能否发挥应有的作用，而且关系到职工代表大会的基本职权能否得到有效行使及国有企业民主管理水平能否得到提升。

1. 职工代表履职能力现状

目前，国有企业职工代表履职能力的现状主要体现在三方面。

（1）履职意识不强，认识不到位。

（2）履职能力低下，作用发挥不明显。

（3）履职质量不高，参政议事能力较差。

2. 职工代表履职能力培养与提升的路径

（1）优化职工代表民主选择的程序。

一是严格职工代表的选举标准。

二是认真做好职工代表资格审查工作。

三是积极推行职工代表竞选制。

（2）强化培训学习，建立培训机制。

国有企业需要加强对职工代表业务知识的培训力度，尤其是对职代会换届选举产生的新一届职工代表必须进行岗前知识培训，培训其如何运用提案、专题调研、参与视察活动、会议期间意见表达、宣传贯彻职代会决议等方法，履行好自己的职责，进而确保高质量完成职代会的各项任务。

（3）实施动态管理办法，健全考核机制、创新激励机制，提升职工代表主动履职能力。

为充分挖掘职工代表的主观能动性，增强职工代表的履职责任心，提高职工代表队伍的整体素质，国有企业需健全职工代表动态考核和激励机制。要积极建立和完善职工代表评议和动态考核制度。此外，按照评议和考核的结果对职工代表予以表彰奖励或撤换补选等，可有效促进职工代表将履职的压力转化为前进的动力。

（4）强化制度保障。

规范的制度保障是提高职工代表履职能力的前提。完善的制度是确保职工代表发挥作用的前提和基础。企业需要了解职工代表的思想动态以及最为关心的事情，这样才能根据相关的法律规定有针对性地制定与之相关的制度法规等，从制度上保障职代会扎实有效推进各项工作。

| 第7章 |

C H A P T E R 7

国企大监督体系建设

第97问

什么是国企大监督体系？

国企大监督体系的概念是一个丰富而综合的系统，应当从整体国企改革发展背景入手，从体系演进、中国特色、现代企业三个层面去解读其含义；循序渐进，逐层深入，构建对国企监督主体、监督事项、监督运行机制的全面综合理解。

整体背景

随着国有企业改革发展进入深水期，各项国企党建、国企治理与经营管理的机制基本建成，就有必要及时跟进和匹配有效的监督机制，这就是建立国企“大监督体系”。具体可以分为三层含义，一是始终坚持两个“一以贯之”，构建中国特色现代企业制度。二是强化治理体系和治理能力建设。三是通过监督工作的体系化，实现国有企业真正按照“权责法定、权责透明、协调运转、有效制衡”的基本原则有效运行。要实现此目标，大概要做好以下几点。

一是要以两个“一以贯之”为根本遵循，以建设中国特色现代企业制度为总体方向。“大监督”绝非“1+1=2”的简单叠加，而应当是“1+1>2”的全面整合和体系化建设。建立大监督体系，一定要将中国特色现代企业制度看作一个整体，按照两个“一以贯之”的原则，做到在企业党委的统一领导下，把业务监督与法务监督、财务监督、人事监督、纪律监督、审计监督等监督有机融合，在依法合规履行各自监督职责的同时，建立目标一致、协调联动、统筹规划、信息共享、专业互补的工作体系。

二是要服务规划治理体系和治理能力建设。大监督体系是企业治理体系的重要组成部分。要从上下协同、内部联动的角度设计各项监督机制，把监督机制作为全面覆盖国企治理体系的上层建筑。要设计动态运行的“面”，做到监督力量不断增强，各项权力放而不乱。因此在大监督体系下，各级主体都应当是监督者，也同时都是被监督者，通过制度建设、机制革新，让各个组织、每个人员各司其职、各负其责，做好全面监督工作。

三是要落实“权责法定、权责透明、协调运转、有效制衡”的治理基本原则。近年来，党中央全面推进“依法治国”战略和强化“依法治企”要求。其中“法定和透明”正是大监督体系的建设基础，“协调和制衡”则是大监督体系的建设目标。监督工作与国有企业经营管理工作绝非割裂的独立存在，监督权也绝非超越其他权力的“外部强制力”，而是“内部制衡力”。建立大监督体系，就是要将监督和企业有效运转协同起来，共同服务企业发展。

大监督体系的发展和演进

大监督体系是根植于现代企业制度运行中基本内外部监督工作机制的，包含业务监督、综合监督、责任追究三位一体的监督工作闭环，是党的领导下，多位一体的各方监督主体、各级监督机制协同有效运转、交互嵌套的全方位立体化监督体系。

国企监督工作的发展，整体来说经历了三个大的阶段。一是随着早期“国企深改”形成的内部监督机制的成熟和外部监督机制的建立；二是在“职能转变”改革阶段逐渐清晰的监督闭环和监督协同；三是在最新一轮“中国特色现代企业制度建设”改革阶段提出的“大监督体系”。因此，要历史地看问题，就是要将大监督体系的概念建立在发展的视角上。

首先，企业运行中各个环节的监督，其实是随着“公司制”天然形成的。在公司制的概念中，最重要的概念之一就是委托代理关系，即所有权和经营权的分离。既然所有权找到了经营代理人，那么代理人就自然地要接受委托人的监督，因此形成了监事会的机制。同时，为了确保委托人即董事会本身的监督权，风险审计委员会、审计法务风控等机构也逐一产生。

其次，在国务院发布的《关于以管资本为主加快国有资产监管职能转变的实施意见》中，进一步提出要“构建业务监督、综合监督、责任追究三位一体的监督工作闭环，强化监督协同”。这一监督机制的新提法，适应了国资监管职能转变，即从传统的“管资产”，向“管资本”转化的新情况，因此监督机制也要进行深化改革。从“管资本”的角度出发，紧抓资本管理中“防风险”的要求，在业务监督的基础上，增加各项综合监督的内容，这就包括了多项综合监督手段。在中共中央、国务院联合下发的《关于新时代加快和完善社会主义市场经济体制的意见》中，则对“综合”监督手段进行了进一步的具体界定，即：“完善和发展市场经济监督制度和监督机制……促进党内监督、监察监督、行政监督、司法监督、审计监督、财会监督、统计监督、群众监督、舆论监督协同发力。”

最后，在上述内外监督的全面格局和综合闭环的运行机制的基础上，构建的“多位一体的大监督体系”应运而生，工作逻辑从“由内而外扩展工作界面”“构建动态机制形成闭环链路”正式向“搭建整体性、综合性、立体式的监督工作系统”转变，实现了监督机制的全面升维。

大监督体系的“中国特色”

党的领导是国有企业的“根”和“魂”，也是大监督体系的力量之源。从这个角度来看，大监督体系就是党领导下的监督。从这个角度来看，要定义大监督体系，就要从大监督的领导主体出发，阐明应当构建怎样的机制，以达成怎样的目的。即：

大监督体系是在党的领导下，将全面从严治党与全面从严治企相结合，将党内监督与业务监督相衔接，进一步整合监督资源、健全监督体系、形成监督合力、提升监督质效，切实加强重大风险防范，保障党的路线方针政策和中央重大决策部署落实落地，从根本上提升企业治理水平，促进企业依法合规经营，更好地增强竞争力、控制力和抗风险能力，为企业高质量发展保驾护航的综合监督格局。

“大监督”“大监督体系”本质上是一种综合监督的格局，具体包含如下几层含义。

一是从根本上要将全面从严治党与全面从严治企相结合，将党内监督与业务监督相衔接。对企业的各项业务监督，必须要建立在党内监督的机制之上。

二是从手段上，要整合监督资源、健全监督体系、形成监督合力、提升监督质效，加强重大风险防范。党组织要发挥领导作用，就是要高屋建瓴，从整合各方资源、人员的角度，关注重要事项和重大风险。

三是从目的上说，大监督体系首先是要确保党的路线方针政策和中央重大决策部署落实落地，把控整体方向；其次是要从大局出发，通过监督手段提升治理水平，促进依法合规经营，更好地增强竞争力、控制力和抗风险能力，管好发展大局；再次就是要通过具体的监督手段和责任处理，为企业高质量发展保驾护航，促进监督事项落实。

大监督体系与“现代企业”

大监督体系既是党领导下的全面监督机制，同时也是现代企业运行的综合体系。从“现代企业”制度角度来看，大监督体系是要按照现代管理科学、企业治理和业务运行的基本原理，按照合规、高效的原则，构建企业开展监督活动的资源、人员、组织的运作架构。即：

大监督体系是指企业有效整合内部纪检、审计、法务、合规、内控等监督检查资源，在保持各自专业优势的同时，通过人员、方法、信息等要素的复用、协同、融合形成监督合力，达到降低工作成本、提升工作效率效果的目的而构建的工作组织体系。

建立现代企业制度下的大监督体系，要从管理科学入手，但更不能忘记法治化、规范化的要求。要用监督的权力，把企业的各项权限装进制度的笼子，更要确保监督权限本身的合法合规；要严守各项党的监督法规和各级法律、行政法规、部门规章等制度，按照现代企业治理的逻辑，将大监督体系的各项静态组织、人员和动态运行机制与现代企业制度运行深度融合，避免出现“两张皮”“不适配”的情况。

综上所述，大监督体系的概念是一个综合的整体，我们更倾向于将国企大监督体系的概念描述为：在坚持党对监督工作的统一领导，坚持两个“一以贯之”的基础上，全面协同国企董监高等多级各类治理主体，采用业务监督、综合监督等多种手段，调动党内监督、纪检、审计、法务、合规、内控等监督检查资源，设立多位一体的立体化架构；通过高效协同人员、信息、方法等要素，形成组织合力和运行机制闭环，保障党的路线方针政策和中央重大决策部署落实落地，服务中国特色现代企业制度建设和国资国企监管机制转变，护航企业高质量发展的综合监督体系。

第98问

大监督体系的“大”主要体现在哪些方面？

在新形势下国企改革针对监督体系的有关文件中，反复强调了“大监督”这一概念。这是对传统的国资监管、国企监督有关工作的全面拔高，也是随着中国特色现代企业制度建设，国企监督工作所应追求的必然目标。那么，这个“大”字主要体现在哪些方面呢？

协同性——从大而全到大而强

大监督体系的大，首先体现在“强大”上。即将传统监督模式下相对独立的监督主体和监督方式进行有机的重构和组合，强调协同，强调战略，让多位监督主体发挥各自所长，在统一规划下开展监督工作。

传统监督模式，主要有三方监督主体，即企业的党组织及其纪律组织领导有关部门开展政治监督和纪律监督；监事会领导审计、法务、财务等关键部门开展责任监督；工会和职代会进行民主监督。但是在国有企业常见的治理结构和组织形式之下，上述三者的交集相对较少，仅体现在关键少数层面。

大监督体系下，要建立充分协同的监督机制，就要从两个方面入手。一是“大而全”。要将监督的主体补全，在持续强化上述三大监督主体的基础上，发挥股东会 / 国有控股股东方以管资本为核心的监督监管作用，落实董事会对经理层的履职监督职能，强调业务过程中各部门的专业监督的作用，建立发挥风险内控、调查监督的各类专业委员会等。二是“大而强”。要建立协同联动的有效机制，建立共享平台让底层信息互通、专业意见共享，建立部门向多方主体平行汇报的机制，让事项和信息能汇总到各级监督主体的顶层机构，便于及时发现问题和纠偏。

预测性——避免简单的扩张式增大

大监督体系的大，还体现在时效性层面。国有企业在开展监督工作的时候，往往偏重事后监督发现问题，却容易忽视事前事中的风险预警和提示。这很大程度上是因为事后监督更容易体现监督主体的实绩。

在传统监督向大监督模式转型的过程中，要着重建设预测性的监督体系。针对每一项管理或者业务流程，应当有成熟稳定的监督主体参与机制。例如可以建立制度，开展业务可行性研究、财务风险评估、法律意见出具等，严格把控流程，提供充分的事前监督意见。在此基础上，要利用好大监督体系的综合协同优势，以事项为单位进行有效的数据统计和分析，然后比对在监督体系建立前后，不同监督工作推进力度下的整体风险控制概率和节约的成本，将监督主体的考核导向由“查了多少案子”变成“综合控制了多大风险”“效能提升了多少”，这样才有助于大监督的“大”发挥其应有作用，避免“大”成为一种粗放的扩张倾向。

精确性——一企一策而非大而无当

大监督体系的大，绝非大而无当，而是要开展精细化管理；应从传统监管者视角构建监督框架并统一落实的模式，转变为根据监管企业的所有制、属性和业务设计差异化的监督框架。

由于监督往往涉及上下级集团管控的有关事宜，在传统监督模式下，监督体系建设更强调统一性，由上级集团统一规划，向下提出统一要求。

大监督体系要从“管监督事项”向“管监督机制”转变，根据下属单位不同情况设置差异化的监督模式。具体来说，上级单位需要明确的不再是具体的监督机构和人员，而是要明确构建监督机制的基本原则和风险管控要求、监督条线要求，并给予下属单位授权，然后由下属单位纪委、监事会、董事会等监督主体根据其业务实际，构建规模适中、效能强大、内部运行机制良好、向上信息通道畅通的各类监督体系，再匹配人员、制度等。

但需要注意的是，在大监督体系建立的时候，一定要牢固树立“四个意识”，做到“两个维护”，坚持党在国有企业监督体系中的领导地位，坚持落实全面从严治党，坚持建好党风廉政建设责任制，坚持依规建立纪律组织及其部门，并把有关人员、制度等配齐配强。而不能以“一企一策”为由弱化党组织的各项监督。

持续性——大流程而非小闭环

大监督的“大”，还体现在监督工作的持续性上，也就是监督工作对各项被监督主体、被监督事项的伴随。

在传统监督模式下，监督工作主要以项目制为主。无论是事前监督还是事中、事后监督，都呈现出一种小闭环的状态。各级监督部门和监督主体根据自身的流程，从事项发起、信息收集和调查，到形成报告、决策和反馈，完全针对一个截面就可以完成监督工作的闭环，进而通过多个闭环的连续叠加，贯穿被监督的企业经营管理过程。相当于在业务和管理的线条上，增加了多个小圈，每个圈都是通过一个或者几个节点和主线相交，通过抓取关键点来实现监督。

在大监督体系下，就是要将这一模式变革为监督大流程，让整个监督工作闭环中，有一个相对较长的流程和被监督的业务、管理流程伴行。具体来说，就是要让监督找到一个尽可能早的合适的切入点，然后嵌入经营过程，基于过程控制和数据分析发现问题，及时反馈和持续整改。

科技性——大内核，小外延

科技性是国有企业大监督体系的鲜明特征。大监督的科技性的体现，恰恰就是要将监督的内核做大做强，让技术手段能够全面覆盖到企业监督工作的各环节，让监督的综合效率提升，用现有的甚至更少的资源实现同样甚至更大的效果，从而缩小监督工作的外延和形式。

监督的较高水平，就是让人感觉不到监督的存在，但当任何问题出现苗头的时候，就能第一时间进行纠正；同时当问题真正暴露时，能够准确地溯源责任，提出解决方案并修改和调整现有机制，避免类似事件发生。这一系列目的的达成，必须依赖较强的技术手段。

从业务的角度来看，技术手段可以实现对传统模式下由人难以监控到的环节，进行有效的远程自动化控制，促进生产研发各个环节的管理优化，做好风险预警。从经营管理的角度来看，技术手段也可以对现有管理流程进行留痕和追踪，并及时抓取与统计容易出现偏差的关键节点，从而延伸监督触角和强化数据的关联分析，让违规行为无处遁形。大监督正是要在这里通过制度理性和技术手段增大其范围，增强其能力，同时又让传统模式下充满不确定性、随意性的监督工作形式逐渐缩小。这样，就能实现新的高水平的监督形态。

综上所述，大监督体系的“大”，主要就体现在协同性、预测性、精确性、持续性和科技性五个大的层面。大监督不是要脱离现有的监督体系形成新的监督主体和独立王国，而是要将现有的体系进行整合、升级、重构，让监督的作用能够得到更好发挥，真正促进国企高质量发展。

第99问

如何理解国有企业健全依法治理体系的重点工作内容？

2021年10月17日，国务院国资委发布了《关于进一步深化法治央企建设的意见》(以下简称《意见》)，提出了着力健全包括依法治理体系在内的五大工作体系，提升五大依法治企的能力。

依法治理体系是五大工作体系的中心和重心

《意见》提出：要着力健全领导责任体系、依法治理体系、规章制度体系、合规管理体系、工作组织体系。

其中，依法治理体系、规章制度体系和合规管理体系属于法治企业建设的内容；领导责任体系和工作组织体系，则属于法治企业建设的领导组织体系。依法治理体系处于五大工作体系和三大内容体系的中心位置，规章制度和合规体系都为健全规范的公司治理所必备。

在着力健全法治五大工作体系时，应秉要执本，瞄准依法治理体系重点发力，有利于健全五大工作体系、提升五大能力时事半功倍。健全依法治理体系时应当高度重视公司章程的基础性作用，格外重视股东行权或集团管控方式的法治契合程度。

定好、用好章程，夯实依法治理之基

《意见》强调：高度重视章程在公司治理中的统领地位，保障章程依法制定、依法实施。国企改革越深入，依法治企越重要，这一点从近几年对公司治理机制的十六字方针变化中就可以看出：

定位清晰、权责对等、运转协调、制衡有效【国发〔2015〕54号】

各司其职、各负其责、协调运转、有效制衡【国办发〔2017〕36号】

权责法定、权责透明、协调运转、有效制衡【2020中央全面深化改革委员会】

“权责法定”现已成为公司治理要求的排头兵。公司章程是现代公司制度体系的内部根本大法和治理基础设施，其基本结构和治理要素本身具有较强的法律强制性。同时，国家法律法规尤其是《公司法》为公司在合规前提下依法自治留出了很大的空间。

不论是在深化国企改革中，还是依法治企推进企业法治建设中，制定好公司章程、恪守公司章程无疑非常重要。对于一个具体的国有企业而言，要制定好自己的公司章程，应当坚持“守法自治”的原则。

一方面，要按照《公司法》《民法典》和《企业国有资产法》等法律，22号文、36号文、《中国共产党国有企业基层组织工作条例（试行）》《国有企业公司章程制定管理办法》和《意见》等政策法规，参照《中央企业公司章程指引（试行）》，认真、全面地制定合法合规的公司章程。

另一方面，要合理充分地运用法律赋予企业章程自治的权利，国有（控股）股东应与其他股东充分协商，合理制定章程条款，切实维护各方股东权利。要着重规定清楚股东（出资人）、股东（大）会、董事会、经理层、监事会、党组织和职工代表大会的治理定位和主体权责。

在《公司法》暂未将党组织前置明确纳入国家法律之前，将党组织前置明确纳入公司章程后可获得《公司法》第二十二条（股东会或者股东大会、董事会的会议召集程序、表决方式违反法律、行政法规或者公司章程，或者决议内容违反公司章程的，股东可以自决议做出之日起六十日内，请求人民法院撤销）赋予的撤销请求权，党组织的前置权将由政策文件类规定不遵守也难受法律保护的不利情境，上升到受法律保护、法院支持的有利地位，依法夯实党的领导在国有企业中的实现。

董事会作为经营决策主体方面，明确规定其“定战略、作决策、防风险”的基本职责，并将体现治理定位和基本职责的职权规定清楚。同时，为确保公司章程的适度稳定性，建议将纳入年度动态管理的进行授权的规定在公司章程中做接口性表述，具体授权事项尤其是量化类情况也应纳入单独的授权决议和清单之中，以共同确保职权受到法律有效保护。

经理层作为执行机构和日常经营管理主体方面，要明确规定“谋经营、抓落实、强管理”的基本职责，并将体现治理定位和基本职责的职权规定清楚。

其他主体可做类似规定，从公司章程的角度确保各治理主体不缺位、不越位，不相互替代、不各自为政。

股东和集团采用治理型管控方式依法参与治理

《意见》指出：多元投资主体企业严格依据法律法规、国有资产监管规定和公司章程，明确股东权利义务、股东会定位与职权，规范议事决策方式和程序，完善运作制度机制，强化决议执行和监督，切实维护股东合法权益。

国有企业，尤其是二级及以下企业，几乎没有例外地需接受集团管控，差别在于不同企业的不同特点和实际情况。从管控事项或重点的角度分类，多数企业在运营型管控、战略型管控和财务型管控中选用一种或并用两种模式。

随着混改的重点由“混资本”转向“改机制”和依法治企进程的加快，治理型管控的要求或倡导越来越突出。治理型管控最能体现依法治企的要求，特别是治理型管控方式下股东或控股股东管控的实现方式和程序方面。治理型管控应当是依法治企下集团管控实现方式的理想方式，尤其是对相对控股的混改企业。

在治理型管控方式下，国有股东应当在现代企业制度框架下遵循公司法，按照市场化规则，以股东角色和身份参与企业决策和经营管理，不干预企业日常经营。股东以资本为纽带，按照出资份额通过股东（大）会表决、推荐董事和监事等方式行使股东权利，实施以股权关系为基础、以派出股权董事为依托的治理。

在治理型管控方式下，股东（大）会是公司的权力机构。股东（大）会主要依据法律法规和公司章程，通过委派或更换董事、监事（不含职工代表），审核批准董事会、监事会年度工作报告，批准公司财务预决算、利润分配方案等方式，对董事会、监事会以及董事、监事的履职情况进行评价和监督。

对于纳入集团管控的事项，应尽可能减少或避免行政性、机关化直线管控实现的方式，而应将集团对合理管控事项的管控方式合理嵌入子企业的公司治理框架下，以治理主体依法按章程行权的方式实现管控意图。

董事会依法科学决策

在制定并遵循好公司章程和股东依法行权的基础上，要依法落实好公司法规定的董事会各项法定职权，并在董事会成员结构中配齐具有法律专业背景或擅长解决法律问题的人员。

董事会应当推动完善合规体系和违规责任追究机制的建立健全和有效运作，确保企业法治化建设有机融入公司治理和管控中。董事会研究讨论或审议涉及法律合规相关议题时，应将合法合规性审查和重大风险评估作为重大决策事项履行前置程序，在该类议题的决策过程中还应落实总法律顾问列席董事会的制度，为董事会研判决策事项的风险与收益的综合平衡性提供专业支持。

第100问 科技创新合规免责清单应该怎么建？有什么内容？

国务院国有企业改革领导小组办公室以视频形式召开推广“科改示范行动”经验、强化科技创新激励专题推进会，专门提到“建立完善支持科技创新的合规免责清单”。科技创新合规免责清单，应该包括哪些内容？怎么样建立？在具体实操方面如何推进？

免责清单主旋律：法无禁止即可为

《关于支持鼓励“双百企业”进一步加大改革创新力度有关事项的通知》，明确指出鼓励“双百企业”按照“法无禁止即可为”的改革精神，主动探索、锐意创新。

技术创新，要比管理创新、组织创新更有难度，更有风险。面对没有政策依据、没有成功案例、没有前车之鉴的技术探索，我们是不是有决策决心？我们是不是敢于向前？我们是不是要大胆投入？

法无禁止即可为，对于当下的国企改革，特别是科技创新领域，只要不违背现有的法律法规、政策原则，都是鼓励探索的。

知本咨询认为，“法无禁止即可为”就是最好的科技创新决策判断基本依据，可以作为主旋律明确写在免责清单的最醒目位置。这也是引领整个清单的基本思想和基本原则。

免责范围：四大技术创新环节

原则确定后，国企创新免责范围需要关注四个技术创新环节：

环节1：创新战略。

所有技术创新工作，都是从战略思考和战略方向判断开始的。在创新战略的部分，企业面对的风险是巨大的。

首先是技术创新的拓展领域确定。由于企业都在进行主责主业确定，从产业的角度看，主业和非主业投资都是明确的，但是从很多技术发展应用看，有时候看不太明白是不是符合企业的主业方向。特别在一些前沿技术领域的探索，可能会造就新的核心产业。就像特斯拉公司，这家企业技术创新从电动汽车到火箭发射，再跨到能源供应等广阔领域，充分显示了技术无边界的特点。

下面的问题是，国有企业如果推动技术应用的跨界创新和前沿拓展，是不是需要肯定？如果这种大范围技术搜寻和探索出现了风险，是不是可以免责容错呢？

知本咨询认为是很有必要的，这个在技术领域战略选择方向的免责，实际是给企业提供了重要的创新空间。

环节2：创新投资。

这个环节直接涉及钱的问题，因而更加关键。科技创新一定要投入资源，特别是需要经费和资本注入。

这样的资源投入前后划分成两个阶段。先是企业内部的科研经费投入，通过科研项目的形式开展技术研发工作；之后是企业通过出资的形式，投资某项技术，利用技术成果转化孵化来进入市场。

在这个过程中，失败和损失的风险远远大于成功和收益可能。

比如在医药行业，国际上惯常提及的一万个创新药研发，最后只有一个能够产业化变为产品，接近万分之一的成功率就充分说明了科技成果和形成生产力之间有一道巨大的失败鸿沟。

在此情况下，怎么鼓励国企决策者冒这个风险，积极主动向前走，而不是望而却步呢？

除了学习风险投资这类的金融工具，分散部分风险之外，合规容错机制就显得特别重要。

环节 3：创新组织。

新时代的环境，让国外国内、上上下下都意识到，技术创新只靠单打独斗是基本没出路的。所以开放型创新、联合型攻关越来越成为一种主流的创新形式。

国企技术创新，从政策和实践上，都在推动创新联合体的广泛采用，政产学研用联合在一起，共同组成创新团队。

看起来非常好的组织，为什么也需要免责清单的保证呢？

原因是，加入创新联合体的各种单位，有的是高校，有的是科研院所，有的是民营企业，有的是科学家团队或者是个人，大家依据的政策口径和做事原则不一样。

国有企业的监督管理机制细密严格，如果没有专门针对上述不同机构、不同机制留出创新合作的政策空间，就有可能因为一个费用成本报销问题、一个科技人员利益安排问题等小事，影响到创新联合体等合作性创新模式的实质性进展。

环节 4：创新人才。

技术创新的核心在于激发人的潜能和力量，这一点估计大家都同意。在企业实践中面临的问题是，如果一些人才使用政策和机制，与技术创新的人才个性特点不完全一样怎么办？能不能破格使用？突破的空间有没有？

不拘一格降人才，国企技术创新需要科学家、高级技术人员和专家，但行业急需的这类人才往往比较紧俏，很难找到。企业花费巨大精力，在国外和国内寻找，找到以后虽然感觉是企业急缺的人才，但发现将这个人选纳入自己的创新激励体系是挺难的。

比如，这个人才有自己的其他专职工作，有的是大学科研机构的科技专家，有的还是在校学生，有的是外籍，是不可能和我们签订劳动合同的。那么在使用上是不是可以开辟专用通道，在中长期激励方面能否采用市场通行的方式？这些问题必须解决。

分析到这里，我们需要的科技创新合规免责清单就基本成型了（见表 7-1）。

表 7-1　科技创新合规免责清单

序号	内容	说明
创新战略		
1	在新兴领域进行技术培育和研发，如果与企业产业领域的主责主业设定不完全一致，可以免责	
创新投资		
2	在科研项目或者科技投资项目识别中，由于技术专业性和过程变化，出现判断不准而产生沉没成本，可以免责	
3	在科研经费使用中，由于外部环境原因和对技术认识不够原因，导致项目预期节点成果难以实现，或者项目中止，可以免责	
4	在科技成果转化孵化过程中，由于市场因素和技术因素等综合原因，使得应用效果和效益达不到估计水平，可以免责	
创新组织		
5	在与产业链上下游或者社会机构联合推动研发创新中，采用市场惯例或者合作单位的政策，与国企组织管理习惯不完全相同的，可以免责	
创新人才		
6	在创新人才使用和薪酬激励中，由于环境特点和人才需要而采用的市场化方式和多样化安排，与国企人才管理习惯不完全相同的，可以免责	